DIOGENES TASCHENBUCH 195/2

de
te
be

D1994474

8,40

ULRICH BRÄKER

Tagebücher und Wanderberichte

—

Der große Lavater

—

Gespräch im Reiche der Toten

—

Etwas über William Shakespeares Schauspiele

HERAUSGEGEBEN VON
SAMUEL VOELLMY
UND HEINZ WEDER
VORWORT
VON HEINZ WEDER

DIOGENES

Umschlag: Bräkers Haus auf der Hochsteig bei Wattwil, 1761 von ihm gebaut.
Stich nach einem Aquarell von Heinrich Thomann aus dem Jahre 1794.

Frontispiz: Ulrich Bräker und seine Frau Salome.
Gemälde von Joseph Reinhard, 1793.

Veröffentlicht als Diogenes Taschenbuch, 1978
Lizenzausgabe mit freundlicher Genehmigung des Birkhäuser Verlages, Basel
Alle Rechte vorbehalten
40/78/8/1
ISBN 3 257 20582 1

Vorwort

I

Johann Heinrich Füßli, der Zürcher Verleger des 18. Jahrhunderts und Freund vieler bedeutender Köpfe (ich denke an Johann Heinrich Voß, Friedrich Matthisson, Klopstock, Wieland, David Heß, Martin Usteri, Johann Gaudenz von Salis-Seewis), dieser Verleger veröffentlichte 1788 und 1789 in seiner Zeitschrift ‹Schweizer Museum› die ersten Abschnitte aus Ulrich Bräkers Lebensgeschichte. Durch vielseitige Lektüre zu Bildung gekommen, verschaffte sich Bräker Zugang zu literarischen Kreisen in seiner näheren und weiteren Umgebung, reiste dann und wann zu Freunden und vertiefte sich im Gespräch in die weitläufigen Probleme, die er in seinen Texten dargestellt, beschrieben und erläutert hat. Tagebücher schrieb er unregelmäßig, aber mit Eifer und einem ausgeprägten Sinn für das Wichtige. Beschäftigtsein war für ihn entscheidend. Von bäurischer Art, mit dem Hang zu plebejischer Gebärde, liebte er die Spekulation; er kannte die Auffassungen seiner Zeitgenossen und philosophierte an alltäglichem Gegenstand über Leben und Tod. Seine unmittelbare Umgebung, die Landschaft des Toggenburgs, und seine Nachbarn, die Bauern, Garn- und Tuchhändler waren wie er selber, interessierten ihn. Bräker, der selbstbewußt und doch bescheiden sich als einfältigen Laien bezeichnete, vermittelte seine Wirklichkeit. Im *Gespräch im Reiche der Toten*, das mit 1788 datiert ist, steht unterm 5. Oktober, Sonntag: «Dieser Tage über sind unterschiedliche Leichen begraben worden. Unter anderem auch eine angesehene Dame von ungemein gutem Rufe, und ein bemittelter Mann, der wegen seinem Vermögen geachtet, seiner Talente wegen verachtet und seiner Handlungen wegen verlacht wurde. Da ich beide gar wohl kannte und so darüber nachdachte, was wohl jetzt im Reiche der Toten dieser beiden Los sein möchte, bewog es mich, diese im Schattenreiche einander sprechen zu lassen. Die Herren Philosophen und Theologen mögen mir gütigst verzeihen, wann ich schon ein bisgen überecks und querfeldein komme. Dann ich bin ein einfältiger Lay und schreibe nur meine Gedanken.» Bräker interessierte die verlorene Seele, Sentiment als bewußt verwendetes Element der literarischen Mitteilung, nicht frei von Koketterie, aber ohne ästhetische Gebärde und intellektuelle List. Bräker experimentiert in seinem *Gespräch im Reiche der Toten*, er entwirft Fragmente zu einem Jüngsten Gericht, das in seinen Perspektiven und Dimensionen an Bauernmalerei erinnert: die Vorstellungen stimmen, die Vorgänge entsprechen der Überlieferung, eine naive Transzendenz wird inszeniert. Am 16. November 1788 fährt er im ‹Gespräch› mit einem Anhang zum vorausgegangenen 5. Oktober fort: «Möchte wieder einmal ein bisgen schwärmen und das aus folgenden Ursachen: Erstens bin ich ein bisgen unpäßlich, zweitens befällt mich abermals das um diese

Zeit gewöhnliche Heimweh. Schon diese Herbsttage, so erwünscht schön sind, macht doch das Zurückweichen der holden Sonne, das Entlauben der Bäume und Absterben der ganzen Natur mir solch wehmütige Sehnsucht nach neuem Aufleben. Drittens der nahe Winter, der in der Einbildung schon schwer auf meinem Nacken liegt. Viertens das ewige Einerlei, der enge Würkungskreis und dermalen verdrießliche Geschäfte. Fünftens das allmähliche Absegeln auf dieser Welt, da man von Zeit zu Zeit einen Mitbruder, Mitschwöster zur dunkeln Grube hingeleitet und in 24 Stunden vergessen ist. Ich habe große Lust, mich ein Weilchen in jene Schattengefilde zu versetzen, jene enthüllten Schatten nach meinen Begriffen oder vielmehr nach meinen Gefühlen schwätzen zu lassen. Charon hudelt Szepter- und Kronenträger hinüber.»

Und am 31. Dezember teilt er in einem Anhang zum 16. November mit: «Keine Tage sind mir heiliger, wichtiger, erfreulicher als die letzten eines Jahres und die ersten eines neuen. Da ich aber meine dankbaren, fröhlichen und hoffnungsvollen Gesinnungen in dem vorigen Tagebüchel zur Genüge hergestammelt, so habe ich große Lust, mein voriges krüppelhaftes Gesprächsel im Reiche der Toten noch ein bisgen auszufeilen. Ursach: Ich habe letzthin meinen Sohn Jakob im Traume gesehen und gesprochen. Es sind auch wieder Mitbrüder, Mitschwöstern hinübergesegelt und viele arme Mitmenschen liegen dermalen bey lebendigem Leibe unter Eys und Schnee begraben, vor Kälte, Hunger und Frost erstarrt, vor welche der Tot Wohltat wäre. Also, meine Seele, versetze dich am Ende eines so guten Jahres noch ein Weilchen in jene Schattengefilde, welche auch auf dich warten. Meine sprechenden Schatten kann ich taufen wie ich will, genug wann sie mich und ich sie kenne, genug zum Vorbericht.» Das Gespräch endet mit einem Monolog, dessen Träger Bräker als Ich bezeichnet. In diesem Text wird deutlich, wie stark Bräker aus seiner Biografie heraus dachte und schrieb, sein Leben war das Modell seiner Philosophie, seiner Spekulationen und Träume. Seine Schriftstellerei war für ihn Hypothese und Axiom, er sprach über Don Quijote und den Unsichtbaren, ewig Allgütigen in einem Atemzug. Bräker beherrschte in seiner Naivität die Kunst des beliebigen Arrangements, er war auf unmittelbare Weise ein Macher, überraschend oft, aber mit überzeugender Sicherheit. Im *Gespräch im Reiche der Toten* hatte Bräker die ihm und dem Gegenstand adäquate Form gefunden, es ist daraus eine geschlossene Abhandlung entstanden, eine Meditation über das Jenseits, eine bäurisch danteske Folge harmloser Torturen, ein Capriccio eines gläubigen Christen.

2

Ulrich Bräker wurde am 22. Dezember 1735 im Näbis bei Ebnat-Kappel im Toggenburg geboren. In der Familie waren elf Kinder. 1755 ging Bräker auf Reisen, nach Deutschland, er kam in friderizianische Dienste, desertierte in der Schlacht bei Lobositz und kehrte, ein

Jahr später, ins Toggenburg zurück. Er begann mit Baumwollgarn zu handeln, liess sich bei Wattwil ein Haus bauen und heiratete 1761 die Salome Ambühl. Bräker notierte: «An Aller Seelen (3. November) wurden wir copulirt. Herr Pfarrer Seelmatter hielt uns eine schöne Sermon, und knüpfte uns zusammen. So nahm meine Freyheit ein Ende...». Sieben Kinder gingen aus dieser Ehe hervor, drei starben früh. Die Ehe war für Bräker anstrengend, die beiden stimmten in Ansichten und Meinungen, vor allem in Erziehungsfragen und in Dingen der täglichen Routine nicht überein. Über seine Schriftstellerei äußerte sich Salome abfällig. Bräker schrieb Tagebücher, die Studien über Shakespeares Schauspiele, Dialoge, ein Romanfragment und seine Lebensgeschichte. Mit seinen Arbeiten brachte er es zu Ansehen, zu Ruhm, er gewann Freunde. 1798 starb er.

3

Im Jahre 1780 entstanden die Shakespeare-Studien. Bräker, der bewundern und urteilen konnte, hat seine ganze Naivität aufgewendet, Shakespeare zu verstehen. Bräker, der mit seinem sozialen Status des armen Mannes immer wieder kokettierte, nannte seine Shakespeare-Aufzeichnungen *Etwas über William Shakespeares Schauspiele. Von einem armen ungelehrten Weltbürger, der das Glück genoß, ihn zu lesen.* Hundert Jahre nach der Entstehung wurden diese Aufsätze 1877 im Jahrbuch der Deutschen Shakespeare-Gesellschaft veröffentlicht. Eine zweite Ausgabe erschien 1911 in Berlin. Weitere Ausgaben folgten. Bräker schrieb seine Bemerkungen über alle 36 Stücke 1780, in einem Jahr. Er benutzte nicht die Wielandsche Ausgabe, die von 1762–1766 in acht Bänden erschien, sondern die Eschenburgsche. Er hielt sich genau an die Reihenfolge, die Anordnung und die Titel der Stücke, wie sie Eschenburg in seiner zwölfbändigen Ausgabe, 1775–1777, verwendete. Bräker hatte ein eigenes Einteilungsprinzip entwickelt: schöne und mittlere Stücke, und solche, die ihm nicht gefielen. Den ‹Sommernachtstraum› mochte er nicht, auch der ‹Sturm› konnte ihn nicht bewegen. Wenig profilierte und unkomplizierte Figuren, von der Struktur und der Sprache her, lagen ihm, ihnen gehörte seine Sympathie. Oft gelang es Bräker, Shakespearsche Figuren und Szenen auf Anhieb zu erfassen und in seiner schwärmerisch unbeholfenen Art ihre Funktion zu beschreiben. Er bricht dann aus seinen Monologismen aus und spricht Shakespeare als Kollegen, als Freund an, beglückwünscht oder tadelt ihn, anekdotenhaft, ein ehrfürchtiger Bauer. Nachdem er die meisten Stücke gelesen hatte, versuchte er selber Theater zu schreiben, wieder, wie in seinen anderen Texten, von seiner Umwelt inspiriert, aber mit Blick auf sein größeres Vorbild. Einer dieser Versuche ist überschrieben ‹Die Gerichtsnacht oder Was ihr wollt. Meinetwegen Baurenkomödie, Baurenphilosophie, Theologie, das Leben des Pöbels, Ehstand, lediger Stand, Baurengeschwätz, Raisonierung vom Himmel, Erde und Hölle, was ihr wollt, Recht und Unrecht, wie man will, geschrieben bei nächtlichen

Stunden im Herbstmonat 1780. Der Schauplatz ist in und ussert dem Dorf, an verschiedenen Orten.› Bräker war ein von Bildung, Kenntnissen und Wissen völlig unbelasteter Leser, vorurteilslos vor allem in literarischen Dingen, er war bereit, sich beeindrucken zu lassen, er setzte sich der Faszination aus. Als er später seine Lebensgeschichte niederschrieb, mag vieles, das ihn bei der Lektüre der Shakespearschen Stücke bewegt hatte, mitgespielt haben.

4

Das Hauptwerk Ulrich Bräkers ist seine Lebensgeschichte, die 1789 bei Füßli in Zürich unter dem Titel *Lebensgeschichte und natürliche Ebentheuer des Armen Mannes im Tockenburg* erschien. Bräker beschrieb die wirtschaftlichen Miseren, äußerte sich über Politik, repetierte kommentierend seine Deutschlandreise, stellte Zusammenhänge her und erklärte an allgemeinen Themen seine Meinung zur Lage. Bräker war ein launischer Mensch. Die Unsicherheit seiner äußeren Lebensumstände förderte Zweifel, Mißmut, Ärger und Zorn, und in flüchtigen Augenblicken idyllisierte er Existenz und Umwelt. Seine Aufzeichnungen sind eine Bestandsaufnahme sozialer und politischer Zustände, Bräkers Kritik trifft ein System. Obwohl seine Überlegungen nicht die Folge eines politischen Denkvorgangs sind, zeigt er am praktischen Beispiel, was er politisch meint. Im Denken Bräkers gibt es keine differenzierten Kriterien, seine Erklärungen und Kommentare sind schematisiert, und dadurch wird die persönliche Entfaltung verhindert oder eingeschränkt. Extremsituationen mißfallen ihm, er zweifelt an der Aufrichtigkeit derer, die sie repräsentieren. Bräkers ironische Distanz zu sich selber hat sich mit zunehmender Bildung und Erfahrung gewandelt, sie war für ihn zuverlässig in der Beurteilung existentieller Zustände und Veränderungen. Im Tagebuch für das Jahr 1798 beginnt Bräker mit der Bemerkung: «Wird wenig anders in diesem Büchel vorkommen, als was mein Vaterland Toggenburg betrifft, wie auch etwa Sächel, die Bezug auf unser Helvetien haben.» Sein naiver Optimimus, seine oft zornige Kritik und sein überraschender Fatalismus ergeben divergenteste Effekte: einmal trifft er ins Schwarze und dann wieder redet er heiteren Unsinn. Aber dieses heterogene Denken macht die Faszination seines ganzen Werkes aus. Er verfolgte an sich selber die Entstehung des Schriftstellers. Bräker wurde anerkannt, seine Autorschaft Gegenstand von Gesprächen und Diskussionen. Die Natur, aus der heraus seine Figuren handeln, ist immer seine eigene: gescheit, naiv, genial, einfältig, erfinderisch. Seine Lebensgeschichte, literarisches Beispiel und Beleg existentiellen Geschehens, war seine Chance und sein Verhängnis, Bräker hat sich beides gefallen lassen, denn er glaubte, daß es gut sei, wie es sei.

Heinz Weder

Auszüge
aus den Tagebüchern der Jahre
1789–1797

1789

7. März

Schreiben an den König von Preußen

Sire!

Der es wagt, an S.M. zu schreiben, ist ein freyer Schweizer und hat nichts von Preußen her weder zu hoffen noch zu förchten. Ein armer Lay, der einst auch ein paar Monate unter des Großen Friedrichs Fahnen diente. Sither sind ihm alle Nachrichten von Preußen her wichtig und vor allem aus interessant.

Aber dermalen, Sire, kommen gar unangenehme Nachrichten von Preußen her, die, wenn sie wahr sind, jeden biederen Schweizer, jeden redlich denkenden Deutschen und alle rechtschaffenen Christen in ganz Europa ärgern müssen. Es heißt nämlich, Sire, Sie lassen ansehnliche Armeen ausrücken, und diese sollen wider Joseph und Katharina agieren, dem Türken zum Guten. Um Gotteswillen, was denken Sie, Sire? Was hat Ihnen der menschenfreundliche Joseph gethan? Was hat Ihnen Katharina, die Vormauer der Christenheit, die Geißel Ihres Erbfeinds, des Türken, in die Wege gelegt?

Es ist sogar weder wahrscheinlich noch glaubwürdig, daß diese Mächte, Eure Nachbarn, unredliche Absichten auf dero Staaten haben sollten, sonderlich dermalen da sie in den Türkenkrieg verwickelt sind. Ihnen, Sire, hätt ich das in meinem Leben nie zugetraut, daß Sie so auf eine heimtückische Art sich zu den Feinden Eurer Nachbarn, zu den Feinden der ganzen Christenheit schlägt. Das kann Friedrich Wilhelm nicht thun, ohne im Hirn verrückt zu sein. Thut ers, so glauben Sie, Sire, er ladt sich gewüß über kurz oder lang frömde, unsööde Gäste in die Haare. Aber nein, das thut der friedliebende Wilhelm nicht. Hat sich ja von Anfang seiner Regierung als ein friedliebender Vater seiner Unterthanen gezeigt, als ein Rächer der Ungebühren. Als ein Verehrer der christlichen Religion zeigt er sich ja in seinen Edikten und kirchlichen Verordnungen.

Da wird er ja zum Mameluken werden und treuloserweise den Feinden der Christenheit beystehn. Das wäre meschant von einem Preußenkönig. Einem berüchtigten Franzmann dürfte man das wohl zutrauen, aber nicht einem biederen deutschen Fürsten. Nein, Wilhelm, ich kanns nicht glauben, daß Sie dergleichen Gesinnungen hegen.

Glaube vielmehr, Ihre Absicht sey, die unruhigen Polaken im Zaun zu halten und auch auf alle Fälle bereit zu sein. Mir unbedütendem Erdenklotz sind Sie zwar nicht Rechenschaft schuldig. Aber an einem höheren Ort, das glauben Sie sicherlich, Wilhelm, wird die Rechenschaft nicht ausbleiben. Die Augen aller edeldenkenden von Europa sind auf Sie gerichtet und werden Euch vor ihren Richterstuhl zitieren, trotz aller Aufwieglern, Schurken und Hofschranzen, die sich bemühen werden, der unedlen Handlung eine edle, glänzende Farbe anzustreichen und Unrecht in gegründetes Recht einzukleiden.

Auch hier hats noch Millionen wackere Schweizer, die Feuer und Flammen speien, wenn Ihr diesen Schritt, welchen Gott verhüte, thut. Wir würden Euch mit Legionen alter Schweizerhelden, mit neugeschliffenen

Schwertern in den Weg stehen, wie der Engel Bileams Esel, mit altem Schweizermut beseelt würden wir Mann an Mann stehen und weder vor Euren langbeinigten Storchen, noch vor der Mündung Eurer Kanonen und feuerspeienden Drachen zittern.

Besinnt Euch also wohl, Wilhelm, was Ihr thut.

In Erwartung des Besseren verharre zeitlebens ein alter Schweizer und Preußenfreund.

An den König von Schweden

Eure schwedische Majestät wird einem Schweizer nicht übelnehmen, daß ers nicht übers Herz bringen kann, an Sie zu gelangen, wenn anderst Ihr Thron nicht mit lauter Hofcabalisten ummauert ist, daß keine vernünftige Stimme durchzudringen vermag.

So höre denn, Gustav, welche Nachrichten von Schweden zu uns in die Schweiz kommen. Bey dero Thronbesteigung konnten die Nachrichten nicht genug Prelekens machen von dero hoher Tugend und guten Talenten, von Ihrer Menschenliebe, friedfertigen Gesinnungen und hoher Weisheit, daß man ein Schwede zu sein gewünscht hätte, um glücklich unter dem Szepter eines zweiten Salomon zu leben, wo Silber und Gold wie Stein auf den Gassen rollieren müssen. Freylich hat Sie nachher das Gerücht in einen Katholiken verwandelt. Kann sein, daß es wahr ist. Dann dato bringen die Nachrichten gar nichts, das der so hohen Weisheit ähnlich sieht.

Gustav, welcher Dämon hat Euch überredet, daß Ihr Euch in den jetzigen Türkenkrieg mischen sollt? Welcher Satan riet Euch, Ihr sollt im Trüben fischen? Eure verlorenen Länder der Katharina wieder abjagen? Jetzt sey die rechte Zeit, weil sie mit den Türken alle Hände voll zu schaffen habe. Man werde schon Grund und Ursach erfinden, daß bald alle Welt glauben soll, Schweden hat gerechte Sache.

Nein, Gustav, da wird nichts drauß. Die kluge Welt laßt sich nicht so licht betriegen. Man siehts Euren Manifesten an der Stirn an, daß alles Lug und Trug ist. Was kann Katharina dafür, daß Eure Unterthanen, unzufrieden mit Eurer Regierung, rebellieren? Müßt Ihr noch sagen, Katharina habe die Empörung angesponnen? Nein, Schwedenkönig, das ist nicht ehrenfest, bey uns würde man sagen erzlümpisch, seinen Nachbar so zur Unzeit anzufallen, da er sonst mit einem Christenfeind genug zu thun hat. Aber glauben Sie nur, die Russen werden Euren Nordmännern gleich noch die Spitze bieten, Schweden wird in Ewigkeit nicht mehr werden, was es einst war, als es über ganz Deutschland brutalisierte, wo wir noch jetzt traurige Denkmäler ihrer Wut am Bodensee haben.

Ich wollte Euch gutmeinend geraten haben, macht Friede, weils noch Zeit ist, sonst könntet Ihr eine wackere Schlappe bekommen, Eure Grenzen beschnitten und Ihr noch derbe benasenstübert werden. Dann die Russen sind gar rauhe Kärls. Laßt die zwei Kaisermächte ungeschoren sich mit den ungehobelten Türken herumschlagen und bleibe hübsch zuhause. Daß ihr doch, ihr Erdengötter, die Erde nicht mit Liebe teilen und im Frieden besitzen könnt! Und wenns ja muß

Krieg sein, würds mich billig dünken, ihr christlichen Mächte ständet als Brüder zusammen und putztet den Türken wieder übers Meer nach Asien hinüber und teiltet seinen Anteil in Frieden. Das wäre meine unmaßgebliche Meinung.

In der Erwartung, Sie werden sich warnen lassen und mäusgenstill zuhause bleiben, bin ich Freund der Biederleuten.

1790

7. Februar

An den Schatten Friedrichs II.

O blicke herüber, großer Friedrich, größter unter den Königen, die je ein Weib gebar. Blicke herüber aus der Unterwelt, aus dem stillen Reich der Schatten, wo du, Heldenkönig, du und so viel tausend deiner Heldensöhne ruhig träumen, blicke herüber und schaue, wie es zugeht auf unserm Erdball. Dann sage uns, du Tiefblicker, was will es noch werden? Der du in deinen Tagen in die tiefsten Geheimnisse der Kabinete hineinblicktest. Der du so hell in die Zukunft hinsahest und so richtig geweissagt, sage was soll es noch werden? Ganz Europa kocht Feuer und Flamme, lodert, wie in der Erde verschlossene Winde, schreckliche Erschütterungen. Zwei Kaisermächte stehen gegen den Erbfeind der Christen und sind ihm überlegen, sie würden ihn züchtigen, diesen allgemeinen Feind von Europa. Aber Europas Fürsten sehen scheel zu. Eifersucht kocht in ihrem Busen. Sie wollen lieber den Türken begünstigen, als ihren Glaubensgenossen ihre Siege gönnen. Ich weiß zwar, daß man mit Religionsparteilichkeit schlecht bei dir ankommt, weiß, daß du auch einst Hülfe bei dem Großsultan gesucht; aber es war Verwegenheit, halbe Verzweiflung, die dich zwang, ein Fall, in welchem man auch vom Teufel Hülfe annähme, wenn er nicht selbst ein hilfloser Tropf wäre. Es wäre den europäischen Mächten ein Leichtes, diese unversöhnlichen Feinde aus diesem Weltteile zu verjagen, wie die Kananiter aus Kanaan, und die Vorsehung scheint zu winken. Aber die habsüchtigen Fürsten achten dieser Winke nicht, wie ehemals Israel die Ermahnung seiner Proveten, und gerade deine Verwandten, ein Schwedenkönig und dein Nevö und Thronfolger scheinen die Ärgsten zu sein.

Gustav hat der Katharina schon stark Hindernusse in den Weg gelegt und dein Nevö liegt schon lange zu Felde, mit gezücktem Schwert, brennenden Lunten und gespannten Hahnen, wie politische Schreyer sagen. Gleichwohl sind noch keine Thaten geschehen. Er steht in der Mitte, und ganz Europa sieht mit bangen Blicken auf ihn hin, was Wilhelm thun werde. Vielleicht hättest du noch eher drein geschlagen. Das Gleichgewicht von Europa, o des mißgünstigen Vorurteils unter euch, ihr Großen dieser Erden, das ihr unter euren Untertanen nicht leiden würden. Vielleicht siehst dus jetzt erst recht ein, großer König in deinem Schattenreiche, wie ungerecht es sey, das Leben von Millionen Menschen aufs Spiel setzen, eure falschen Vorurteile, eure unedlen Leidenschaften zu befriedigen. O blicke herüber, großer Friedrich, dein guter Genius raune deinem Nevö ins Ohr: Thue dem menschenfreundlichen Joseph kein Leid, begünstige die Christenfeinde nicht, laß jene Mächte säuberlich fahren mit jenen Mahometsbuben, um sie nach Asien zu verweisen. Was haben diese Despoten in Europa zu befehlen? Dein freundlicher Geist komme zwiefältig über Wilhelm, wie Elias über Elisa, daß er dann Friede gebiete. Noch kann ichs nicht glauben zufolge den Nachrichten, die heilig versichern, Wilhelm seye der friedliebendste Menschenfreund, religiös und gerecht. Nein, wenn es wahr ist, kann er keine Christenfeinde begünstigen und sein Bruder Joseph, der ihn nie beläidiget, kränken. Joseph, reisefertig, nahe an Charons Nachen, wird es zwar nicht mehr rächen, aber ein anderer wird das rächen, daß sie die bekutteten Ungeheuer wider ihn aufgehetzt und seine Brüßler Söhne zur Empörung gereizt. Weh dem Nordenkönig, wann er den russischen Bären bis zur Tollwut reitzt! Auch Preußen wird dein Schutzgeist verlassen über kurz oder lang; verräterische Niederträchtigkeiten müssen gerochen werden. Der Selim wird fallen oder Friede machen (der Himmel kann doch noch die Pläne der Fürsten zernichten). Dann gnads ihnen Gott! Ihre Helfershelfer sind feige Memmen. Der Franzmann hat mit sich selbst zu schaffen. Der Engelmann ist ein brutaler Meergott, der sich unabhängig dünkt, wie ein Löwe in seiner Höhle, der auf Raub lauert, gleichviel, auf welchem Weltteil, von welcher Nation, Freund oder Feind, derselbe herkomme. Holland grollt noch lange auf Preußen. Der Pollake bellt am Stricke. Einst wird er doch seine Banden zerreißen und nach Freyheit schnauben. O großer Friedrich, gerechter König, blicke herüber auf dieses Gewirre! Schau, welch ein Chaos das werden kann. O sende deinen Schutzgeist herüber, daß er dem Löwen Zwietracht den Rachen zuhalte. Du weißt, welch Millionen Menschen, welche Ströme Blut das Ungeheuer Gleichgewicht schon dahin fließen gemacht. Wenn deine deutschen Heldensöhne wollen ihren Mut per vorce zeigen, sende sie hinüber, jenseits der welschen Gebürge. Da lasse sie hin ziehen und Pervorce-Jagden anfallen, um aufzusuchen die höllischen Raubnester der Klöster und der von dem höllischen Schadenfroh erfundenen Inquisitionsmarterhöllen, laß sie Jagd machen auf die Hermandat, daß sie hingeben ihre Gefangene wie die verruchte Madame Bastille in Paris. Da würde der Himmel lachen und sich freuen die Engel und selig preisen die um die Menschheit verdienten deutschen Heldensöhne. O wie würden sie sich zitternd und bebend verkriechen, die heiligen Hallunken, die bekutteten Henker, wann sie sehen Schwadronen Preußens Totenköpfe, grün und rot pepeltzte Schnurrbärte ihre unterirdischen Gewölbe erbrechen, Schlüssel herschnurren hörten, hörten: Geht heraus, ihr armen Schlachtopfer der höllischen Furie, zeigt eure Henker an! Wir wollen euch rächen. O wie würden sie vor Freuden hüpfen, jene armen Gefangenen, jene unglücklichen Schlachtopfer der höllischen Furie. Hand und Füße würdens ihren Rettern küssen und ein Hosianna anstimmen.

Hingegen jene schwarze Rotte, jene eingefleischten Teufel, die sich anmaßen, über die Gewüssen der Menschen zu herrschen, über ein Gut, das der Schöpfer jedem Erdensohn privilegiert hat, die sich erfrechen, durch höllische Marter die geheimsten Gedanken aus ihren armen Gefangenen herauszuhenkern, Gedanken, die vielleicht nie in ihnen aufgestiegen sind! O blicke herüber, Menschenfreund Friedrich. Einige von dieser schwarzen Rotte haben dich aus dem Elysium verjagt und in den Tartarus verbannt. Des wirst du aber herzlich lachen und nichtsdestoweniger hoch über diese Glatzköpfe hinschauen. Dann Charon macht ihrer Gewalt ein Ende. O sende deinen guten Genius herüber, daß er die toleranten Mächte beseele und vereinige, daß sie zusammen schwören, dies Menschen entehrende, scheußliche Ungeheuer (Inquisition) vom Erdboden zu vertilgen. Daß sie den Menschen ihre Freyheit wieder geben, die ihnen der Schöpfer gab, die sie ihnen auf eine schändliche Art geraubt haben. Großer Fritze! Gewüß, in deinem Schattenreiche noch groß, du kennst dieses hundertköpfige Tier, mit seinen Millionen Hörnern, und weißt, welches Mordsspektakel dasselbe von jeweltenher angerichtet, weißt (du magst eine Offenbarung glauben oder nicht glauben, so ist es doch wahr), daß nur die Priester Ursache waren an aller Proveten Tod, daß sie unser größte Lehrer zum Kreuz verdammten, und was dieselben sither vor Blutbäder angerichtet, eine zahllose Menge Menschen von besserer Art hingemordet und sich nicht gescheut, ihre blutdürstigen Hände an gesalbte Häupter zu legen. Auch du, großer Fritze, bist einst kümmerlich ihren Schlingen entgangen. In einer Monarchie, wo dies Otterngezücht eingenistet, eine richterliche Obergewalt eingeräumt ist, dürfte sich freilich kein souveränes Haupt erfrechen, tolerante Gesinnungen blicken zu lassen. Selbst das Haupt der Kirche braucht nur ein Ganganeli zu sein und menschlichere Gesinnungen zu üßeren, muß ers mit seinem Leben bezahlen. Ob Josephs tötliche Krankheit natürlich sei, weiß der Himmel allein. Jeder kann glauben was er will. Das weiß man gewüß, daß die schwarze Höllenrotte Gift genug im Vorrat hat, geschwind oder langsam tötendes, nachdem es die Umstände erfordern, Gift, das durch die dicksten Mauern und Wälle hindurchdringt, das weder Siegel, noch Schlösser, noch tausend Schildwachen abzuhalten vermögend sind. Jahrhunderte werden noch vergehen, ehe es ein Spaniol wagen darf, dieser Hydra einen Kopf wegzuhauen.

O blicke herüber, großer Fritze, sende deinen guten Genius in Josephs Niederlande, wo diese Raupen alle gesunde Vernunft zerfressen. O taue von oben, töte du dieses Geschmeiß, diese Pestilenz der gesamten Menschheit. Erhört das Seufzen der Menschheit, ihr obersten Mächte.

1793

Pfingsten: Militärische Musterung in Lichtensteig.

«Nun auch etwas anders»

Den 14. ds. hatten wir hier ein festlicher Tag, dergleichen bey Manns Gedenken, ja zu keinen Zeiten im Toggenburg gefeiert worden. Nämlich auf eine solche militärische Art. Vor vier Wochen schon ward eine doppelte Huldigung vor unsere junge Mannschaft, die noch weder den Landes- noch dem Fürsten Eid geschworen, ausgeschrieben. Nun ging es an ein Exerzieren, Mondur, Gewehr anschaffen, von unserm Herrn Landvogt Müller, der sich schon auf manche Art um unser liebes Vaterland verdient gemacht, angefeuert. Die junge Mannschaft wetteiferte rühmlich an Fleiß und Exaktität, es einander zuvorzuthun. Auch viel Eltern sparten weder Müh noch Kosten, ihre Söhne aufs sauberste auszustafieren. Nur Filze, unwüssende Haberechte und alte Betmütterchen seufzten und murrten, doch nicht gar lang, über den nach ihrer Meinung erschröcklich großen Unnutzen, wohl gar sündlichen Aufwand. Aber ihr Gequak ward nicht geachtet. Endlich erschien der lang gewünschte Tag. Man stund in Sorgen wegen der Witterung, weil der Himmel einige Zeit immer trüb und drohend aussah und würklich an diesem Morgen stark drohte und einige Regentropfen fallen ließ. Doch er hat die Gebete der toggenburgischen Mägdchen und zärtlichen Mütterchen erhört. Dann es sind gewüß manch tausend heiße Seufzer gen Himmel geschickt worden um gut Wetter, daß der Himmel diese Freude nicht verhunze. Endlich gegen Mittag klärte sich der Himmel zur allgemeinen Freude auf. Eine Gemeinde nach der andern kam herangezogen mit ihrem Gemeindehauptmann an der Spitze, in bester Ordnung, soviel es sich immer in so kurzer Zeit erwarten ließ. Die Hauptleute und andere Offiziere sind meist junge Leute und sehr wenig auswärtig gediente Männer darunter, also im Exerzieren und Manövrieren ebenso weit zurück als die Gemeinen. Aber bei Anfängen läßt sich in allen Sachen nichts Vollkommenes erwarten. Ich habe an andern Orten unseres Schweizerlandes nirgends etwas Vollkommenes gesehen, sowie ich zum ex. in Preußen gesehen, schon man sich seit Jahrhunderten her in den Waffen geübt. Mit der Zeit dürfte es mit unsern militärischen Übungen schon besser gehen, wann die Anführer immer so gesinnt und alles so willig ist wie jetzt. Jede Gemeinde brachte ihren Fahnen und ihre Spielleut mit, mehr und minder passend und regelmäßig. Im ganzen dünkte mich doch die Musik das Schönste und Feierlichste, auch durchgängig das Regelmäßigste bey diesen solennen Aufzügen. Einige unserer volksreichsten Gemeinden oder Hauptmannschaften wetteiferten brüderlich um den Vorzug an bewaffneter Mannschaft, Ordnung und Harmonie. Die kleineren und entfernteren taten auch, was sie konnten, nach dem sie Anführer hatten. Jede Hauptmannschaft hatte in etwas ihren Vorzug, entweder in Größe oder in Kleinheit, die einte in der Musik, die andere in der Ritterey, eine dritte in Grenadieren u.s.f. Aber keine beneidete die andere um ihre Vorzüge, sondern bezeugte noch ihr Wohlgefallen daran. Junge konnten auch den alten Schlendrian, die bey solchen feierlichen Aufzügen üblichen Harlekins und Hanswursteleyen nicht zurücklassen. Man sah verfärbte Narren die feyerlichsten Handlungen tanzend in Kapriolsprüngen nachmachen, auch alte Schweizertrachten. Doch ists ja in aller Welt so. Die Schweizer müssen ja an einigen auswärtigen Höfen noch ihre alten Pomphosen und Trachten beybehalten, und keine Komödie gefällt, wo nicht Harlekins und Rüppels da vorkommen und ihre Rollen närrisch genug wüssen zu spielen.

Endlich wars zwölf Uhr, da alle Gemeinden bey einander auf dem Platz zu Lichtensteig versammlet waren. Unser ganze Landrat von 60 Männern bestieg die Bühne. Herr Landrats-Obmann und Pannerherr Stadler hielt eine schöne Rede an die versammelte Mannschaft. Darauf wurden die Eidsformel vorgelesen und der Landeid geschworen. Hierauf wurde die Landsobrigkeit abgehört. Junker Landvogt von Müller hielt gleichfalls eine zierliche Rede (beide Reden werden im Druck erscheinen, sonst würde ich dieselben hier einrücken). Darauf wurde unserm huldreichsten Fürsten der Eid der Treue geschworen und die Mannschaft entlassen. Da wieder unter fliegenden Fahnen und klingendem Spiel eine Gemeinde nach der andern abzog. Eine große Menge Zuschauer, unter denen viel Frömde zugegen waren, bezügte laut ihren Beyfall wegen der guten Ordnung und brüderlichen Eintracht. Dann es lief alles so willig, friedlich und einig ab, als es lange nie geschehen war. Und einen Anfang von solcher militärischen Einrichtung hatte man in unserm Toggenburg nicht gesucht. Ich selbst, der ich vor Vaterland und Freiheit ganz militärisch gestimmt bin, war bis zu Tränen gerührt und freudetrunken, so viele Toggenburg junger Söhne, unter einer so gütigen und gelinden Regierung, so friedlich und einig als gute Brüder bey einander versammlet zu sehen. So willig und bereit, dem lieben Vaterland und einem so guten Landesvater den Eid der Treue zu schwören, so schön montiert, so mutig und willig ihre Waffen tragend daher ziehen und sich so folgsam leiten lassen, wahrlich vor einen empfindsamen und vaterlandsliebenden Toggenburger wars Herzenfreude, diese festliche Versammlung anzusehen. Die entfernteren Gemeinden zogen schnurstrack fort und hielten unterwegs ihre brüderlichen Mahlzeiten. Die benachbarten Hauptmannschaften aber quartierten sich in Lichtensteig ein, hie und da eine Gemeinde in einem Wirtshaus, steckten ihren Fahnen zum Fenster hinaus und zechten brüderlich. Alle Wirtshäuser waren bis oben angefüllt. Nachher machte wieder jeder Hauptmann insbesondere seinen Umzug und Manövre durch die Gassen von Lichtensteig. Vor der Landvogtey feuerten sie wacker drauf los. Jede Gemeinde insbesondere gaben unserm wohlverdienten Herrn Landvogt zu Ehren etliche Salven und – man sah diesen edlen Menschenfreund aus dem Fenster mit Vergnügen einigen, die es gut machten, Beyfall zulächeln und Hände zuklatschen. Dann er ist auch ganz militärisch gestimmt und dies macht den jungen Burschen Mut und Freude. Mir wars, ich sah Friedrich den II. auf dem Dänhoffschen Platz in Berlin ein Plonton sein Bravo zurufen. Lichtensteig ward ganz von Rauch und Pulverdampf angefüllt, daß man kaum einige Schritte vorwärts sehen konnte. Endlich nahm auch eine Gemeinde nach der andern ihren Abschied und zogen ihren Weg freudig nach Hause und man hat nicht gehört, daß einem einzigen von aller versammelten Mannschaft im ganzen Lande das geringste Leid oder Verdrießlichkeit begegnet seye, wie es sonst nur bei halb regulierter Landmillitz oft zu geschehen pflegt, weil sie noch nicht recht mit Pulver umzugehen wüssen, so wird gemeiniglich hier und da einer beschädigt oder gar übel blessiert, aber nicht das geringste hat man von unserer jungen Mannschaft gehört. O hätten die Frankreicher so edle Gouvernürs, solche Anführer und solche redlich, billig und treue Truppen, ohne eine zahllose Menge Schelmen und Spitzbuben in ihrem Busen zu nähren, sie würden noch so viel hunderttausend Feinden der Freyheit gewachsen seyn. Freilich fehlt es auch in unserm Land an argwöhnischen, unwüssenden Preußköpfen, Murrer und stätigen Haberechten nicht, welche auch die besten Absichten und Handlungen argwöhnisch bekritteln, mißdeuten und tadeln, deren, die ihre Freude sähen, wenns Aufruhr absetzen würde und Mißharmonie zwüschen Obrigkeit und dem Volk entstände. Aber — — —

1794

10. Januar

Ein Gegensatz, der mich aufrichtet und mir mein Leben erträglich macht, ist erstlich die edle Gesundheit, das allerköstlichste Himmelsgeschenk, welches wir Sterbliche nie genug schätzen lernen, bis wir dieselbe verlieren. Wenn ich so darüber nachdenke, welche sozusagen ununterbrochene edle Gesundheit ich genieße, welche körperlichen Kräfte ich noch besitze, so munter und stark als vor dreißig Jahren, wahrlich, ich müßte mich meiner kleinmütigen Sorgen und Klagen schämen. Zweitens sind meine Freunde wahre, echte Herzensfreunde und Halbfreunde auch mitunter. Welch ein seltenes Glück vor einen armen Erdbürger, ein Glück, das unter hunderten meiner armen Mitbrüder kaum einem widerfährt. Welch ein schätzbares Glück, solch angesehene, zum Teil reiche und, welches etwas Seltenes ist, dennoch wahre und thätige Menschenfreunde auch als meine Freunde auf gleichem Lebenswege zu wüssen. O meine edlen, meine wahren und warmen Herzensfreunde, wüßtet ihr welche Freude ihr eurem Mitbruder macht – dann ich bin überzeugt, daß ihr euch nicht schämt, ihn Bruder zu nennen. Wüßtet ihr, wie ihr ihm sein sonst ziemlich saures Erdenleben versüßet, mit welcher Wonne er an euch denkt, wie ihn jede Zeile von euch entzückt, wie er euch segnet und vom Himmel euer Wohlergehen erfleht. Ewig fern sey von mir – daß ich nicht alle meine Kräfte anspannen sollte, so lange als möglich meinen herzguten Freunden nicht lästig zu fallen. So tröste ich mich mit euch, ihr lieben Engel in Menschengestalt, wann mich meine Neider verfolgen und mich kleinmütige kindische Sorgen anwandeln.

Drittens mein Vaterland, welches mich meines Lebens auch froh macht wegen des edlen Friedens, so darin herrscht, wo man sicher unter seinem Dache kann aus- und eingehen, sicher ruhen und schlafen, frey handeln und wandeln, frey von Furcht feindlicher Überfälle, ein Land wo Eintracht und Duldsamkeit, wo noch so viel Biedersinn und Bravheit anzutreffen ist, ein Land wo noch so viel Menschenfreunde wohnen, wo durchgängig noch so viel gemeinschaftliche Bruderliebe, weniger Haß und Verfolgungssucht anzutreffen ist als irgend in einem andern Land in der Welt. Nein, Schweizer sind keine Franzosen und Franzosen werden ewig nie Schweizer werden. O wer jetzt müßte an solchen Orten wohnen wo der jetzige Kriegsschauplatz ist, wo erbitterte Heere von hungerigen wütenden Soldaten stehen und auf Raub lauern, ärger als die hungerichten Wölfe, und wenn ich zahlte Güter, Scheunen und Speicher voll Frucht und Lebensmittel, auch einen gestickten Beutel mit Geld hätte, doch Tag und Nacht müßte gewärtig sein, wenn so ein Schwarm hungeriger Wölfe dahergesprengt käme, meine Güter verheerten, meine Speicher ausplünderten oder gar mir alles zu Asche verwandelten und ich froh sein müßte, nackend mit dem Leben davonzukommen. Oder in einem Lande, wo weder Treu noch Glauben ist, wo Söhne gegen Väter, Brüder gegen Brüder stehen, wo der niedrigste Pöbel, Straßen- und Räuberpack den Meister spielen und von einer tyrannischen Regierung unterstützt werden, wo gar kein Eigentum mehr Schutz findet und der redlich Denkende nur nicht muxmachen darf. Weh einem solchen Lande und seinen braven Einwohnern!

Echte Freunde verschafften auch Gelegenheit abermal zu einem kleinen Reischen, welches Erholung und Wiederkehr ins Leben ist, Erholung vor Geist und Körper! Macht mich wenigstens eine Zeit lang alles Jammers, Kummers und Sorgen vergessen, bey lieben Freunden und dem Betrachten so vieler andern Gegenstände, herrlicher Gegenden majestätischer Alpengebürge, niedliche Städtchens und Dörfer. Ussert einem Bettler von Profession wird schwerlich einer so wohlfeil reisen. Gastfreyheit und Empfehlungen meiner lieben

Freunde machten, daß ich dennoch lebte wie ein Herr. Freylich kommt man nicht überall gastfrey durch. Aber dann spart man und eilt weiter.

1794
Christmonat

Lieber noch einen Blick auf das Angenehme, so ich auch in diesem Jahr genossen. Und da steht die edle Gesundheit auch wieder obenan, welche ich auch ununterbrochen genossen. Dann meine edelsten Freunde und Gönner, mehr in der Ferne als in der Nähe, was die mir vor Freude machten! Gott lohns ihnen in Zeit und Ewigkeit. Wiederum einige kleine Reischen, o die gaben mir neues Leben, neuen Mut, neue Stärke. Wann ich mich so auf einige Tage von den widerlichen Geschäften losreißen konnte, liebe Herzensfreunde in der Ferne alle Jahre einmal besuchen und genießen kann – o diese erprobten edlen Menschenfreunde machen mir mehr Freude als sonst meine ganze Verwandtschaft. Freylich tut es allemal ein bisgen weh, von diesen wohllüstigen Herzensergießungen, von diesen reichlich besetzten Tischen weg sich wieder in den Angstkarren und an den Schmaltisch anspannen lassen. Doch tut die Rückerinnerung das ganze Jahr durch wohl. Dann die Hoffnung, aufs Jahr wieder das Gleiche genießen zu können, mildert die Wehen, macht, daß man frisch in die Hände speit und hurtig angreift, was das Metier erforderte.

Briefe

Niemand verbittert und verbietet mir meine Muße im Briefschreiben an meine Herzensfreunde. Ich kann

Zeit und Weile nehmen und allen Herzensergießungen freyen Lauf lassen. Habe erst dieser Tage zwei auf B. an herzliebe Freunde und hüte einen an meinen lieben Imhof versandt. Welch ein Vergnügen ists, sich so trotz der Entfernung mit Herzensfreunden, mit edlen Menschen unterhalten zu können, ihnen Gesinnungen und Gedanken mitzuteilen. Und welch ein Vergnügen, solche auch von ihnen zu vernehmen, ihre Briefe zu lesen. Wie manchen hab ich schon geküßt und zwanzigmal gelesen. Wahrlich mir ists eins des größten Glücks, die größte Freude, in diesem Erdenleben solch edle Menschen als Freunde auf gleichem Lebenswege zu wüssen, mich mit denselben unterhalten zu können, auch zu Zeiten ihren persönlichen Umgang zu genießen. Dank, ewiger Dank, unbegreiflicher allgütiger Genius, daß du mich dieses Glückes gewürdigt hast, das so wenigen aus meiner Klasse zuteil wird. Dank, ewigen Dank vor diese Erholungstage.

1796

Dezember

Allgemeine Betrachtungen über das Weltgebäude

Aus Herrn Bode Anleitung
zur Kenntnis des gestirnten Himmels
Augsburg 1791

Lange habe kein Büchel mehr so verschlungen. – Ach kühne, mir noch immer unbegreifliche Ausmessungen und Berechnungen! Ach eine unermeßliche Allmacht, unbegreifliche Größe des Schöpfers aller dieser Sonnen und Welten. Wer könnte Worte finden; die Gedanken müssen verstummen, anbetend muß man ausrufen: All Vater, welch ein unbegreifliches Wesen, unendliche, unbegreifliche Allmacht, Weisheit, Größe und Majestät! Ist unser Erdball, den wir bewohnen, kaum wie ein Ameisenhaufen im Walde zu rechnen, den tausend Millionen Ameisen bewohnen in dem unermeßlich unaussprechlich großen Schöpfungsgebäude. Was bin denn ich? Auch eine von den Ameisen, wahrhaftig, die Vergleichung ist noch viel zu groß, kaum wie Sonnenstäubchen in deinen Augen, unendliche Allmacht, ewige Güte. Und doch kann ich hoffen, darf ich hoffen, daß du mich nicht übersiehst, daß auch ich Staub zu deiner Schöpfung gehöre, daß auch mein unsterblicher Geist einst in eine deiner bessern Welten hinschweben werde. Stolze Erdensöhne, kaum Ameisen mögt ihr seyn in den Augen des Unbegreiflichen, des Allmächtigen, den Millionen Welten, alle Himmelsräume nicht begreifen, nicht umfassen mögen, und ihr dürft noch stolzieren, ihr Ameisen, ihr, könnt ihr diesen Erdball, euren Erdhügel nicht einen Augenblick im Frieden mit einander bewohnen? Dann unsere Lebensdauer ist doch nur einen Augenblick zu rechnen gegen die Ewigkeiten. Arme, nichtige Sterbliche, ihr müßt einander plagen, hassen, verfolgen, schinden, martern und morden, unsinnige Toren! Wer wird euch dann in einer besseren Welt, wo Friede wohnt, dulden? Niemand. Man wird euch in den Tartarus verbannen, bis ihr bessere Gesinnungen bekommt.

Woraus können wir sicherer auf deine Allmacht, Weisheit und Größe schließen, als eben aus deinen Werken, in denen wir leben, weben und sind, und aus dem unermeßlichen Umfang deines ganzen Schöpfungsgebäudes.

Das Buch, welches wir Bibel oder die Offenbarung nennen, gibt mir lange nicht die hohen Begriffe von deiner Majestät, Allmacht, Weisheit, Größe und Güte, wie es mir das große Buch der Natur gibt, das kein Sterblicher all sein Lebtag ausstudieren wird. Mit je länger je innigerm Wonnegefühl werde ich darin blättern und studieren, bis an das Ende meiner Tage.

Sie hat ihren Lauf abermal vollendet, unsere Erde, um ihre Göttin, die Sonne, wieviel tausendmal mag sie diesen Lauf unverrückt schon gemacht haben. Das weiß gewüß kein Sterblicher. Wir haben wohl Zahlen von Jahrtausenden sit ihrer Erschaffung, die allgemein angenommen und geglaubt werden. Ich würde aber ihr Entstehen viel weiter hinauf setzen und ihre Vernichtung mir nicht so nahe denken wie einige prophetische Geister meinen. Ich weiß nichts, nur so viel weiß ich, daß unser Erdball 61mal diese weite Kreise um die Sonne während meines Hierseins gemacht hat, und daß sie sich alle 24 Stunden umwälzt. Daß viele Jahre glaubte, wie noch jetzt die mehrsten Menschen, die Sonne gehe um unsern Erdball rundum. Aber sitdem mich die Herren Astronomen ein bischen mit den Planeten und ihrer Bewegung bekannt gemacht, scheint es mir viel natürlicher, die Erde wälze sich um, damit die Sonne alle ihre Seiten bescheinen könne, als die Sonne. Viel natürlicher scheint es mir, daß sich der so viel kleinere Körper um den so viel tausendmal größern Körper wälze, als dieser ungeheure Körper um den kleinen herum. Ich bin überzeugt, daß sich unsere Erde alle 24 Stunden umdrehe. Aber nicht so mit ihrer jährlichen Reise um die Sonne. Dies kann ich immer noch nicht recht begreifen. Meine immer, die Sonne ziehe sich zurück, bis sie uns den kürzesten Tag mache. Dann komme sie uns immer wieder näher, bis sie uns den längsten Tag mache, oder unsere Erde nähere sich der Sonne wieder. Wie die Erde ihre Reise in 365 Tagen mache, um die Sonne, kann ich mir nicht recht vorstellen. Die Astronomen werdens aber besser wüssen.

«Sollte dann dieser unbegreiflich weise Baumeister Millionen anderer Weltkörper wie der unsere, kleinere und weit größere, in den unermeßlichen Himmelsraum hingehängt haben, nur um mit unserem Planeten zuglänzen? So schließe ich nicht, daß von so vielen Millionen glänzenden Körpern alle nur unbelebte öde Körper sein sollten, meine, der ewig weise allmächtige, tätige Geist, der Wohlgefallen an allen seinen Werken hat, wird gewüß diese großen Körper auch bevölkert haben, und das mit vernünftigen Geschöpfen, und nicht mit lauter reißenden Tieren aller Art. Wir sehen auf unserer Erde, daß der unaussprechlich weise Schöpfer bei allen seinen Werken die Mannigfaltigkeit und Verschiedenheit liebt. Bei aller seiner Handlungsweise sehen wir lauter Weisheit und Güte. Also darf ich keklich schließen, daß andere Millionen Welten mit Menschen, vernünftigen Geschöpfen werden angefüllt sein. Auf jedem Planeten immer wieder von anderer Art, Schnitt und Farb. Gibt es doch auf unserm Planeten schon Menschen von allen Farben. Auch vermute ich nicht, daß auf allen Planeten das gleiche Klima oder eben dasselbe wie auf unserer Erde sein werde, so verschieden es auch immer ist. Je näher bei einer Sonne, desto mehr Licht und Wärme werden die Bewohner eines jeden Planeten haben. Das scheint mir ganz natürlich, wie auch, daß sich ihre Charakter einigermaßen nach dem Klima richten werden. Ich vermute nicht, daß unsere Erde die schlimmsten Menschen trage, aber auch bei weitem nicht die besten. So wie wir auf unserer Erde Auf- und Abstufungen unter den Menschen sehen, daß die niedrigste Stufe so nahe an das Tierreich grenzt, daß der Unterschied unmerkbar ist, so mögen die besten und weisesten Menschen auch so nahe an höhere Wesen grenzen, welche nach meinem Vermuten auf einigen Planeten auf der niedrigsten Stufe stehen, welche dann von da an auch in die Höhe steigen bis nahe zur Gottähnlichkeit. Mit Wonnegefühl vermute, daß es mehrere himmlische Welten gebe, die gar keine schlimmen Bewohner haben, wohl aber von Stufen zu Stufen höhere, bessere, weisere Geschöpfe geben, die an Erkenntnis von der untersten Stufe die weisesten von uns übertreffen. Welche Fähigkeiten müssen diese genießen, den unbegreiflich weisen und allmächtigen Baumeister des ganzen Schöpfungsgebäudes näher zu kennen. ... Hast du, o Allsehender, Allwüssender, nicht auch meinen Geist zur Unsterblichkeit geschaffen! Vergönne auch diesem ein Örtchen bei diesen ewig glücklichen Geschöpfen, daß er dich, Allgütigen, und deine unermeßlichen Werke näher kennen lerne!

1797

Mertz *

[*Bräker spricht von unheilbaren Kranken, besonders Gemütskranken mit Selbstmordgedanken*]

– – – wäre es nicht menschlicher gehandelt, wenn die Ärzte bey dergleichen Gemütskrankheiten ihr Unvermögen gestehen müssen und aus Erfahrung wüssen, das selten so ein Mensch jemals wieder zu gesundem Verstand gelange – wäre es nicht menschlicher gehandelt, dem Kranken und der Gesellschaft um ihn her ein wichtiger Dienst, wann sie so ein leidender, langsam seinem Lebensende entgegenschmachtender, wo alle Hoffnung verloren ist, auf eine solide und erträgliche Art zum Tode beförderten – ich will zwar nicht entscheiden – vor mich kan ich denken, was ich will – Oho das hieße, dem Herrn über Leben und Tod vorgreifen, würden mir die Schriftgelehrten und Pharisäer sagen – man muß das Gott überlassen – der hat einem jeden Menschen sein Ziel gestekt – das darf man nicht verruken – Freylich – Gott oder die Natur – Hat aber der allgütige Schöpfer aller Dinge das der Natur befohlen, das sie diesen und jenen langsam zu Tode martern soll? Wozu dan die Ärzte? ist ihre Bestimmung nicht, der leidenden Menschheit zum Troste, der verdorbenen Natur zu Hülfe zu kommen? Wer sündiget, fählt dem Arzt in die Hände, sagt ein alter Weiser, und das ist auf den heutigen Tag noch so: Wer sich vor seiner eigenen Natur

---

* In der Schreibweise der Handschrift.

versündigt, seine Gesundheit bestürmt und durch allerhand Ausschweifungen ruiniert, der muß seine Zuflucht zum Arzt nehmen – Diesem ist es Pflicht, der Natur, so viel ihm möglich, wieder aufzuhelfen – findet er aber das Übel unverbesserlich und seinen Patienten jahrelangen Leyden ausgesetzt, dürfte er nicht denselben etwas bälder zum Tode reif machen, zur Ruhe befördern und auf diese Art der schmachtenden Natur zu Hülfe kommen? Oder ist es Ihme Pflicht, der Natur ihre langsamen Schritte noch langsamer zu machen, einen solchen Unglücklichen Jahre hindurch langsam zutode zu quälen? Das glaube nicht – ich wenigstens, wäre ich ein Arzt, machte mir dies Letztere nicht zur Pflicht.

Nein, die Soldaten verstehen es besser – dann auch unter den Soldaten gibt es barmherzige Samariter, die einen schwärverwundeten Mitbruder auf dem Rücken aus dem Getümmel in die Sicherheit tragen, wo sie noch Hoffnung zum Aufkommen und Leben sehen – aber auch wo sie einen inkurabeln langsam und qualvoll verebbeln sehen, können sie sich, aus wahrem Mitleid gedrungen, nicht enthalten, Ihme den letzten Liebesdienst zu erweisen, Ihne aufs geschwindeste von seinen qualvollen Martern zu erlösen und zur Ruhe zu befördern. Beide Arten von Liebesdiensten habe einst mit beiden Augen gesehen – schließe also gewiß mit Recht, das es mehrere solche Fähle geben werde, als nur den einzigen, wo ich gesehen. Glaube auch nicht, das es wider die Menschenliebe streite oder das das höchste Wahre und die höchsten Geister ein Mißfallen an dergleichen Handlungen haben – genug hievon –

Veranlassung zu obiger Reflexion

Erst kürzlich wurde hier ein Jüngling zu Grabe getragen, der 14 Jahre lang die meiste Zeit an den Banden gelegen – – – Das muß doch gewüß ein rechtes Marterleben sein, so viele Jahre wider seinen Willen durch Gewalt gezwungen leben zu müssen – schon er nicht nur ein unnützes Mitglied der menschlichen Gesellschaft, sondern Ihme selber und andern um ihn her eine fast unerträgliche Last ist –

Tagebüchel vor das Jahr 1798

Januari

Wird wenig anders in diesem Büchel vorkommen, als was mein Vaterland Toggenburg betrifft, wie auch etwa Sächel, die Bezug auf unser Helvetien haben.

Seit Anfang der französischen Revolution glaubte immer, es werde noch manche Veränderung in Europa vorgehen, manche Ereignusse und merkwürdigen Begebenheiten sich zutragen, bis man vollends 1800 zählt. Und noch jetzt glaube es, auch in Helvetien, bis auf mein Vaterland Toggenburg, werden sich merkliche Veränderungen ereignen, wie es jetzt schon allen Anschein hat. Überall sieht und hört man politische Bewegungen.

Zu Aarau sind die Abgesandten aller Orten der Eidgenossenschaft schon lang versammelt und beraten sich immerfort über das allgemeine Beste der gesamten Republik Helvetien. Die benachbarte neuentstandene Republik zeigt nun auch etwas Drohendes gegen die Schweiz. Die Abgesandten zu Aarau werden aber einem Bruch mit Frankreich aus allen Kräften entgegenarbeiten. Doch muß man auf alle Fälle Truppen in Bereitschaft halten. Die aristokratischen Regierungen aber müssen sich zuerst mit dem Landvolk abfinden, demselben mehrere Freyheit erteilen, um dasselbe zur Verteidigung willig zu machen. Daher vernimmt man aus allen Kantonen starke Bewegungen. Auch unser Toggenburg lauert gar aufmerksam auf alle Begebenheiten, um auch etwa mehrere Freyheit zu erhaschen. Unsere Landesabgeordneten waren mit den fürstlichen zu Schwarzenbach schon einmal beysammen, wo sich aber die Unterhandlungen fruchtlos zerschlugen. Deswegen habe die Offerten, die uns von dem st. gallischen Stift gemacht worden, hersetzen wollen, daß man hernach sehe, auf welchem Fuß wir mit demselben beym Anfang dieses Jahres gestanden.

Die meisten dieser Zusagen konnten nur von der Gewogenheit eines guten Landesherrn erwartet und bloß in Hinsicht auf gänzliche Verfriedigung und die fortzusetzende alte Treue, Anhänglichkeit erteilt werden.

Remeduren und Concessa der hochfürstlichen Herren Commissarien an die hochgeehrten Herren Deputierten des E. Landraths zu Schwarzenbach den 11. 12. 13. und 14. August 1797 über die im Jahre 1786 zusammengetragenen Gravamina, nebst beygefügter Beylage vom 5. September:

1. Schenkhäuser 2. Taffernen

3. Käufe des fürstlichen Güteramts

4. Verlehnungen an Hintersässen etc. etc..

Über die von dem Landrath eingereichten

Petitionen:

1.

Auslösung von Todfall und Fasnachthähnen

2. kleine Servituten 3. Konfiskation und erbledige Kinder etc. etc.
8. Huldigungseyd: Der Ausdruck «Vogts- und Eigenmann» wird künftig in dem Huldigungseyd ausgelassen.
9. Militär

Im Februar

Revolution im Toggenburg

Die muß ich doch allererst hersetzen. Dann es ist eine Begebenheit, dergleichen weder ich noch meine Voreltern je erlebt haben. Schon seit dem Streit der Goßauer mit dem Stift St. Gallen zeigten einige Gemeinden im Toggenburg große Lust nach mehr Freyheit, einige gar nach völliger Unabhängigkeit. Die mehrsten Gemeinden aber waren zufrieden und wolltens beim Alten bleiben lassen, wenigstens nur einige Beschwerden auskaufen. So blieb es bis im vorigen Monat, wo unsere Deputierten unverrichteter Sachen von Schwarzenbach zurückkamen und sich über Unnachgiebigkeit der fürstlichen Deputierten beklagten. Indessen kam ein Schreiben an die Gemeind Wattweil, eben von jenen Gemeinden, worin sie aufgefordert wurde, zur Beförderung toggenburgischer Freyheit als die erste Gemeind den Anfang zu machen und sich selbst zu verschaffen, was man uns hartnäckig verweigere. Unsere Gemeindsvorsteher veranstalteten eine Zusammenkunft, nebst anderen zu L., wo Gemeindeversammlungen verabredet wurden.

Am Sonntag als den 28. ward sie zu Wattweil angekündt, und am Dienstag den 30. Jenner schon abgehalten. Die Versammlung war sehr zahlreich und viele aus anderen Gemeinden. Es wurden bündige Reden gehalten, der Aufruf abgelesen und die gegenwärtigen Zeitumstände in Anschlag gebracht. Beispiele erzählt, wie überall Freyheit und Gleichheit eingeführt werde, auch in unserm Schweizerland. Wie der Kanton Basel den Anfang gemacht und seinen Landleuten Freyheit und Gleichheit zugestanden und verschrieben habe. Wie sich das ganze welsch Berngebiet unabhängig gemacht und unter den Schutz der Franzosen begeben, wie überall in allen Kantonen starke Bewegungen vorgehen und alles von Freyheitssinn beseelt sei, warum wir denn allein zurück bleiben wollen? etc. etc.

Darauf wurde allen Anwesenden ernstlich zugebunden, daß keiner keine Hand aufstrecken solle, welcher nicht fest entschlossen sei, als ein freyer Toggenburger und echter Schweizer die Freyheit mit Leib und Gut zu verteidigen, Während der ganzen Aktion herrschte eine feyerliche Stille, welches sonst etwas Ungewöhnliches ist. Nun gab es ein einhelliges Mehr vor Freyheit. Keine Hand fehlte sozusagen, kein Gegenmehr, kein Wortwiderspruch! Nicht daß es sonst nicht auch eine ziemliche Anzahl Männer in unserer Gemeind Wattweil hatte, die anderer Meinung waren, die es lieber beim Alten wollten bleiben lassen und behaupteten, Toggenburger seyen nicht die Leute, die imstande seyen, sich selber zu regieren. Aber diese blieben weislich von der Gemeind weg und wuschen ihre Händ in Unschuld.

Nun wurden einige Ausschüsse oder Volksvertreter gewählt. Musik und Freudengesänge ertönten. Man zog in Prozessionen herum und sang tanzend Freyheitslieder. Ein Freyheitsbaum wurde herbeygeschleppt und unter Musik und Tanz auf dem nämlichen Platz, wo die Gemeinde gehalten worden, aufgerichtet, mit einem Freyheitshut, Fahnen und dreifarbigen Bändern geziert.

Nun ging das wie ein Lauffeuer durchs ganze Land. Am Donstag als den 1. dies wurde mitten in Lichtensteig unter einem Freyheitsbaum eine ebensolche Gemeinde abgehalten, unter gleichen Formalitäten, Ceremonien und gleichem Erfolg, bei welcher auch unser Landvogt von Müller gegenwärtig und als der letzte Landvogt, wie er selbst sagte, im Toggenburg eine vortreffliche, rührende Abschiedsrede hielt, die fast jedermann bis zu Tränen rührte, worin er uns herzlich zur Freyheit gratulierte, insofern wir guten Gebrauch davon machen, welchen er uns ernsthaft anempfahl, zu Fried und Einigkeit ermahnte und trefflich erklärte, worin eigentlich die wahre Freyheit bestehe.

Darauf nahm er unter Umarmungen, Küssen und Tränen rührenden Abschied von Schultheißen und Rat, wie auch von der ganzen Bürgerschaft und dem gesamten Landvolk. Sein Andenken wird gewüß bey allen redlich denkenden Toggenburgern noch lange heilig bleiben, indem ihm kein rechtschaffen Denkender etwas zur Last legen kann, der sich so bestrebt hatte, als Menschenfreund zu handeln und zu wandeln. Nur Unzufriedene und Allemannstadler, denen es auch Engel nicht rechtmachen könnten, wüssen ihm allerhand Histörchen hervorzurufen, zu verdrehen und übel zu deuten. Aber man kennt diese Vögel an den Federn.

Am Sonntag, als dem 4. Hornung, wurde in allen Gemeinden des ganzen Landes das Volk versammelt und überall einhellig die Freyheit ermehret. In allen Gemeinden wählte man Volksvertreter in Parität der Religion. Dem Stift St. Gallen will man schadlos halten und bezahlen, was der Ankauf Toggenburgs beträgt.

So wäre also der erste Schritt getan. Der Himmel gebe sein Gedeihen dazu und erhalten uns ferner Frieden und Eintracht im Lande. Sither versammeln sich die Volksvertreter aus allen Gemeinden des Landes alle Wochen ein- bis zweimal in Lichtensteig auf dem Rathaus, um sich über die Angelegenheiten des Landes und das allgemeine Beste des Toggenburger Volkes zu beraten und Ordnung zu schaffen. Die Versammlung mag etwa aus 70 Männern bestehen, welche Arbeit genug haben werden, bis die Staatsverfassung umgeschaffen sein wird.

Den 25. Februar

Lärm über Lärm

Alles Revolutionsfolgen, wie mich dünkt. Das ist nun einmal der Geist der Zeit. Die Franken haben denselben aufgeweckt. Nun spukt er fast durch ganz Europa. Auch bis zu uns, in die höchsten Bergtäler. Selbst demokratische Kantone wollen pervorce revoltieren. Die Appenzeller machen um Kleinigkeiten Parteyen gegen Parteyen. Die Obrigkeit sollte beiden Teilen Recht sprechen, was nicht möglich ist. Dann fallt die verlierende Partey über sie her und zwingt sie, ihr recht zu geben. Es setzt Schlägereien, Zügellosigkeiten und Gewalttätigkeiten aller Arten ab, sodaß vor einer usserordentlichen Landsgemeind die Sache entschieden werden soll.

Auf meinem Wege nach dem lieben St. Gallen zu meinen herzlieben Freunden hörte manche, recht tragische Auftritte von beiden Parteyen erzählen. Und wies halt geht! Wann man die eine hört, denkt man, sie habe recht, und wann man dann die andere auch hört, dünkts einen, diese könnte doch auch recht haben. Aber wie gesagt, die Sache dünkt es mich nicht wert, deswegen so viel Lärms zu machen. Es waren eigentlich nur Schwätzereien, oder wann man will Scheltungen. Ein gewüsser Pundt war die Hauptperson oder Unruhstifter, wie ich merkte. Die Sache war schon vor den Rat gekommen. Aber der Rat und alle, die es mit dem Rat hielten, wurden von der Pundtischen Partei erbärmlich insoltiert. Auf meinem Rückweg hörte, daß wieder große Ratsversammlung in Herisau sei. Ich sah von allen Orten her ganze Cohorten Männer und Jungens herbeiströmen, daß ich vermutete, es werde wieder kunterbunt hergehen. Hörte aus ihren läppischen Reden, daß es wieder dem Rat gelten soll. Wollens ihnen beim Donner sägen, hörte einen sagen. Sie sollten Friedensstifter sein und nicht Partey nehmen und das Volk gegen einander aufhetzen etc.

Als ich gegen Lichtensteig kam, begegneten mir wieder ganze Trupps, die von dort her kamen. Dann unsere Ausschüß waren ebenfalls an diesem Tag auch versammelt gewesen, um sich über Landesangelegenheiten zu beraten. Ha, dachte, so wirds bei uns auch gehn, wie im Appenzellerland. Man sieht und hört schon überall Parteyen gegen Parteyen agieren, die eine verwerfen, was die andere will. Es werden hin und wieder Parteyen sichtbar, die stark nach jenen Jakobinerklubs riechen, die eine solche Freyheit und Gleichheit eingeführt wüssen wollen, alle Klöster und großen Städte vom Erdboden vertilgen würden, wanns in ihrer Macht stünde. Und das sind Menschen von Ansehen, die aber bei allem ihrem Geschrei von Freyheit und Gleichheit dennoch keines Menschen Freund sind, ussert, solange sie von einem Interesse haben. Und doch wollen sie warme Vaterlandsfreunde sein. Diese stecken sich hinter Bauren von ihrer Denkungsart, welche in ihrem engen Kreise die ärgsten Despoten sind, von den Produkten ihrer Ländereien keinem armen Nebenmenschen etwas in billichen Preisen zukommen lassen, alles so hoch anschlagen als sie nur können.

Als das Pfund Schmalz einst bis auf einen Gulden stieg, waren sie imstande, 16 Batzen darfür zu fordern. Da es aber bald wieder bis auf 10 Batzen fiel, waren einige imstande, ihr Schmalz acht Tage aufzustellen, aber zum verdienten Lohn galt es ihnen noch weniger. Dem Himmel sei Dank! Diese Menschenklasse ist aber nicht die größte Zahl. Man nimmt doch in unserm Land und überall mehrere Menschen wahr, die Ordnung wollen, die eine gerechte Justizpflege wünschen, bei denen es heißt: Gebet Gott, was Gottes, und dem Kaiser, was des Kaisers ist! Die allem Parteymachen, allen Trennungen gram sind. Die, so viel an ihnen liegt, die Freundschaftsbande fest knüpfen, Harmonie und Eintracht überall herstellen würden. Nur schade, daß diese ordnungsliebenden Menschen nicht überall können zur Sprache kommen und ihre braven und ehrlichen Gesinnungen können geltend machen. Daß sie immer von jenen faktionistischen überschrauen werden und zu gutmütig sind, jenen mit Gewalt die Mäuler zu stopfen. Sich lieber in der Stille zurückziehn, Friede und Eintracht vor sich selber behalten.

Doch nur Geduld! Man wird endlich doch noch einsehen lernen, welche edle Früchte der Baum Friede und Eintracht trage, hingegen welch schlimme Folgen aus Zwietracht und Uneinigkeit entstehen. Man wird durch Schaden klug werden und Beispiele benachbarter und entfernterer Nationen gewitziget, wird man alle Steine des Anstoßen, die entzweien könnten, aus dem Wege räumen und brüderlich zum allgemeinen Wohl beitragen und Hand in Hand schlagen.

Den 28. Februar. Fortsetzung.

Soeben sind Leute aus meiner Nachbarschaft von der außerordentlichen Appenzellerlandsgemeinde zu Teufen zurückgekommen. Die sagen, daß es eben ziemlich tumultös hergegangen und zu hunderten blutige Köpfe abgesetzt habe. Doch glaubt man, daß es keinem oder doch sehr wenigen das Leben kosten werde. Die Pundtische Partey wollte mit Gewalt dem Pundt auf die Bühne helfen, um sich vor dem gesamten Landvolk zu verantworten, welches aber die Gegenpartey absolute nicht geschehen lassen wollte. Darüber ging das Handgemeng an, bey welchem aber die Pundtischen als die weit geringeren an Zahl den Kürzeren zogen und die meisten

Blessierten bekamen. Welche dem ohngeacht die Sache nicht wollen ruhen lassen, obschon der Pundt ehr- und gewehrlos erkannt und landverwiesen worden. Bey diesem Tomolt sollen Ausländer, die nur als Zuschauer da waren, Schläge bekommen haben, saubere Früchte der höchsten Freyheit und Unabhängigkeit.

Bei uns im Toggenburg ist die Freyheitswut verzeihlich, weil die völlige Freyheit noch ganz neu ist, sodaß man davon wie von neuem Wein ein wenig berauscht umhertaumelt, aneinander stößt und sich nur so im Anfang nicht recht verstehen kann. Geduld! Mit der Zeit wirds schon besser gehen.

Nun hat man die Zahl der Volksrepräsentanten bis auf 120 vermehrt, welche fleißig zusammen treten, um sich über die allgemeinen Landesangelegenheiten zu beraten und alle Vorkehrungen zu treffen, um nächstens eine anständige Regierungsform festzusetzen. Nur einige ganz katholische Gemeinden des Unteramts halten besondere Gemeindsversammlungen und senden ihre Deputierten nicht oder selten zur Konferenz und machen Mienen, als wenn sie sich trennen und besondere Regierungsform einrichten wollen. Ob sie ihre guten Gründe haben oder ob es aus politischem oder religiösem Fanatismus geschieht, das will ich nicht entscheiden. Genug, sie einmal bis dato nie im Ernst gemeinsame Sache machen wollen, ohngeachtet aller guten Anerbietungen und freundschaftlichen Zureden, bis sich endlich die Reformierten rund heraus erklärt, daß sie, des Zingfeierlens müde, nur vor sich allein in allen Geschäften fortfahren werden und auch eine ganz reformierte Landsgemeind ungehindert abhalten und diejenigen katholischen Gemeinden, die sich nicht oder doch sehr ungern von uns trennen wollen, aus guten Gründen nicht annehmen können, bis alle im ganzen Land sich miteinander vereint haben. Es ward ihnen noch einige Tage Bedenkzeit gestattet und vernünftige, kluge Männer arbeiten von beiden Teilen daran, daß doch noch eine Vereinigung zustande kommen möchte, wo doch noch Wahrscheinlichkeit vorhanden ist. Indem beide Teile nach und nach wohl einsehen lernen, welch schlimme Folgen eine solche unrühmliche Trennung nach sich ziehen würde, nur der Erbitterung und Entfernung der Gemüter zu gedenken. Dann bisher hatten beide Religionsparteyen friedlich und brüderlich unter einander gelebt und sich freundschaftlich vertragen. Nun würde eine solche Trennung unauslöschliche Erbitterung gebären.

Im Märzen. Den 5.

Ist endlich eine Landsgemeind auf den 15. dieses Monats ausgerufen worden, freylich nur eine ganz reformierte. Aber man glaubt doch ziemlich zuversichtlich, die Katholischen werden auch mithalten. Die Zeit wirds lehren.

Sonsten gehts überall an ein Exerzieren und sich an den Waffen üben in allen Gemeinden, um im Fall der Not auch imstande zu sein, die Schweizergrenzen verteidigen zu helfen. Schon kommen üble Nachrichten, daß die Franzosen an verschiedenen Orten in die Schweiz eingedrungen, zwar an einigen Orten mit blutigen

Köpfen zurückgeschlagen worden; an andern aber als Freiburg und Solothurn haben sie überrumpelt. Wie es weiter kommt, steht zu gewarten. Diese Ereignisse machen überall und auch hier verschiedene Bewegungen. Bei einigen, sonderlich bei dem schönen Geschlecht. Forcht, Angst und Schrecken, weil sich forchtsame Menschen die Sachen immer schrecklicher vorstellen, als sie würklich sind. Andere bringt es zur Wut und Erbitterung gegen solche treulose Nachbaren. Und freylich muß es jeden biederen Schweizer empören, sein Vaterland Helvetien auf solch ungerechte Art ohne begründete Ursache angefallen zu sehen und das von treulosen Räuberhorden. Selbst diejenigen, die sonst von Anfang dieses Krieges immer der Franzosen ihre Partey gehalten, ändern ihre Sprache, d. h. diejenigen, die noch von Vaterlandsliebe beseelt sind und der Vernunft Gehör geben, die sagen: Nein, das hätt ich den Franzosen nicht zugetraut, daß sie feindselige Gesinnungen gegen uns hegten.

Aber Schande ists nur zu sagen, daß man auch noch Menschen unter uns wahrnimmt, die es gerne sähen, wenn diese Räuberhorden unser Schweizerland überschwemmten, die Hauptstädte und die Klöster brav ruinierten. Nein, solche verdienen den Namen Schweizer nicht, sind Erzblutdürstige Jakobiner, die gern alle Ordnung und gesellschaftliche Verbindung übern Haufen werfen möchten, auf daß sie Hans oben am Brett würden. Aber wie ich schon einmal gesagt habe, man kennt diese Vögel an den Federn. Menschen, die keines Menschen Freunde sind, Erzegoisten, die meinen, wenn sie nur alles in ihren Klauen hätten, von denen kein armer Nebendmensch ein Stück Brot umsonst erhält – ein solcher sollte sich Patriot, Vaterlandsfreund heißen! Bey mir heißt ers nicht, und ich glaube, bey vielen andern auch nicht, so sehr er auch von einigen Unwüssenden darfür verehrt wird, eben weil er ein freundliches Lächeln mit seinem Geschrei von Freyheit und Gleichheit zu verbinden weiß.

Solothurn soll durch Verräterei des kommandierenden Generals übergegangen sein. Von da weg zogen die Franzosen über Fraubrunn der Stadt Bern zu, und eben jetzt lauft Bericht ein, daß auch dieses durch Kapitulation an diese übergangen sei. Von Fraubrunn weg sollen sie unter beständigem Gefecht bis auf Bern marschiert sein und den Bernern viel Leute getötet, auch ihre Fahnen und grobes Geschütz genommen haben. Da wäre also der Kern unserer Eidgenossenschaft schon in der Franken Hände. –

d. 11. März

Die Folgen von allen diesen Ereignissen sind häufige Erschütterungen und Bewegungen in den Gemütern hier und überall in unserm Helvetien. Zwar von sehr verschiedener Art. Bey den Großen häufig Verwirrung, Forcht und Schrecken, bey andern Erbitterung, nicht sowohl gegen die Franken, die nun einmal unsern halben Weltteil bezwingen wollen, als vielmehr gegen so viel treulose Eydgenossen, deren es in allen Ecken, in allen Kantonen und Gegenden ganze Herden hat, die wie räudige Schafe noch gar viel gesunde anstecken und vergiften. Dann auch warme Franzosenfreunde oder Jakobiner, wie man will, bey denen alles recht ist, was die Franzosen thun und wann sie auch alles unterobsich kehrten. Diese freuen und jubeln über die Maßen, daß wir die hohe Ehre eines Besuches von dieser so edlen, tapfern und großmütigen Nation erhalten, die nur ganz bescheiden ihre Hände an die großen Städte und an die Klöster legen, um, wie sie gewohnt sind, auch diesen fetten Immen den überflüssigen Honig zu nehmen, mitunter aber wohl auch etwa dem arbeitsamen Landbauer den fetten Ochsen, Schwein und Schaf mustern dörfen.

Genug. Bey diesen Nichtpatrioten ist alles recht, was diese Franzosenmänner machen, und sie würden es auch kaum bereuen, wenns auch auf ihre eigene Haut ginge. Einmal sind nun diese Gäste im Lande, ja sogar im Herzen von Helvetien, und marschieren ungehindert von Ort zu Ort. Wie sie da hausen werden, muß die Zeit allein lehren. Überall bey allen Zusammenkünften in allen Wirtshäusern ist nichts als diese Ereignusse zu verhandeln, ein Geschwätz und Gesprächsel bis zum Ekel. Da will dann jeder die besten Nachrichten haben, jeder Nasweis zum voraus sagen, wie es kommen werde. Und doch weiß einer so viel wie der andere und alle müssen nur raten, weil noch gar keine realen Berichte von Bern und dorther eingelaufen sind.

Eben sind die st. Gallischen Kontingentstruppen hier durchpassiert und in Lichtensteig übernachtet. Sie sind wieder auf ihrem Rückmarsch nachhause begriffen und erzählen so eint und anders von den Begebenheiten bey Solothurn und Bern und den dortigen Grenzen. Einige

Spaßvögel hängen wohl bisweilen neugierigen Fräglern einen Bären an, welches dann im Hui vor Gewüßheit ausgegeben wird. So aus allem Erzählen, wie auch aus den Handlungen zu schließen, weil alle Kontingentstruppen wieder heimgehen, müsse die Sache nicht so gefährlich sein, oder man wolle die Franzosen grad machen lassen, wie sie wollen, und sich in allem ihrem Willen unterwerfen.

22. März

Vorbemerkung des Herausgebers: In den Wochen des politischen Umsturzes fühlt sich Bräker immer mehr außerstande, seine persönlichen Verhältnisse zu meistern. Bereits trägt er die Keime einer schweren Krankheit in sich. Wirtschaftlich ist er ein ruinierter Mann. Das fallierte Fabrikunternehmen des Schwiegersohnes stürzt ihn in Schulden, aus denen er keinen Ausweg zu finden glaubt. Gegen seine Krankheit hofft er bei dem Winterthurer Arzt Dr. Sulzer Mittel zu erhalten. Für das andere will er sich, wie so oft schon, Trost und Rat holen bei seinem Gönner Daniel Girtanner in St. Gallen. Auch die Zürcher Freunde, vor allem Füßli, werden ihn nicht im Stiche lassen. So macht er sich am 22. März auf die beschwerliche Fußreise. Was er früher in einer Stunde zurücklegte, dazu braucht er jetzt eine halbe Stunde mehr. St. Gallen, Konstanz, Zürich und wieder St. Gallen sind die Stationen.

«Nun setze ich meinen Weg fort. Ich werde mich bemühen, Sorgen und Gram aus meinem Busen zu verdrängen. Zu dem Ende werde gastfreye Menschenfreunde aufsuchen, die mir Trost und Mut zusprechen, das erste, das ich wegen meiner schwankenden Gesundheit nötig habe. Dann werden, wie ich hoffe, auch die Luftveränderung, Veränderung der Lebensart das Ihrige dazubeytragen, meine schwachen Lebensgeister wiederum in etwas zu stärken.

Ungeachtet der schlechten Witterung und der müden Beine kam in meinem lieben St. Gallen an und nahm bey meinen lieben, gegen mich gütigen Freunden meine Zuflucht und fand alle, wie immer, unermüdet gefällig. Es ist mir aber gleichwohl peinlich, immer einen und denselben lästig zu fallen. Auch fällt es mir schwer, die Tage ohne Beschäftigung zu verplaudern. Mein Bestreben ist, irgendeine Arbeit zu finden, wobey ich wenigstens mein Brot verdiente.

Den 11. April machte mich fertig zur Abreise nach Zürich, schon meiner Gesundheit und meinen geschwollenen Knien und mörschen Beinen wenig zu trauen war, um nur auf wenigstens eine Zeit lang meinen großmütigen Bewirtern ab dem Hals zu kommen. Nahm also Abschied von der unvergeßlichen Harmonie und ging über Goßau bis Büren.

Den 12. nahm meinen Weg über Elgg auf Winterthur. Verfehlte Dr. Sulzer zu meinem Schaden. Mußte auf meinen schwachen Beinen nach Zürich hinken. Den 13., als ich mich eben dahin aufmachen wollte, kamen zwei Kutschen hergefahren. Auf der einten sahe meinen Schwager als Kutscher auf dem Bock, sah meine Mitlandleute, lauter Bekannte, aussteigen, um das Frühstück zu nehmen. Konnte mich also nicht enthalten, meinen Schwager zu sprechen, um etwas von ihrem Reiseplan und Absichten zu erfahren. Aber sie schienen Geheimnuß zu machen. Nur von meinem Schwager erfuhr ich, daß die Reise über Zürich auf Bern, dann noch etwa nach Thun gehe. Nun wars mir überlassen, die Absichten oder Aufträge dieser toggenburgischen Gesandschaft zu erraten oder nicht zu erraten.

Meine Mutmaßung war also, sie hätten Auftrag, wegen der neuen französischen Konstitution bey den französischen Machthabern, etwa bey einem General Schauenburg, anzufragen, ob die Annahme derselben nicht könne ausgebeten werden. Mir schien auf ihren Gesichtern lesen zu können, daß ihnen bey der Sache nicht wohlgemut war. Ich weiß wohl, sie mußten nun ihren Auftrag getreulich befolgen, um dem Volk Rapport und Bescheid zu bringen. Diese neue Constitution oder Confusion, wie die Appenzeller sagen, ist gedruckt und in allen Ländern der Schweiz bekannt. Die größten Kantone und einige andere Länder haben dieselbe angenommen, nicht aus Wohlgefallen, sondern der Gewalt nachzugeben und von zwei Übeln, Annahme oder Krieg, das erstere als das kleinere zu wählen. Hingegen die kleineren demokratischen Kantone sind bis dato noch fest entschlossen, mit Gewalt der Waffen sich der Annahme derselben entgegenzustemmen, wozu ich ihnen von Herzen Glück wünsche und gerne mein Scherflein dazu beitragen würde, alte Schweizerthaten zu tun.

Nun, ich lief meinen lieben Mitlandleuten voraus nach Zürich, zu meinem l. Herrn Obmann Füßli und fand denselben, sowie die ganze werte Familie nach wie vor zu meiner Verwunderung immer gleichmütig, trotz allen Widerwärtigkeiten und verdrießlichen Geschäften, und war wieder – in diesem Jahr das erstemal ein unwürdiger Gast – bei dieser patriarchalischen Familie. Am Abend wieder auf mein angenehmes Riedle, zu meinen lieben bekannten Freunden und Gutthätern, wo ich, wie immer, gast- und menschenfreundlich aufgenommen wurde und sozusagen wie daheim war, wo ich ungeniert mich pflegen, ausruhen und mich bequem machen kann, wahrlich, ein seltenes Glück vor unsereinen...

Den 16. wieder das Gleiche. Ussert daß ich zu mittag bei Herr Hottinger speiste, der so oft in meinem Hause war, als er zu Wattweil meines L. Imhofen Kostgänger war und etwa seine Flausen spielte. – Die Ausschreibungen der Contributionen der französischen Generals verursachte hier große Bestürzungen und Verlegenheit. Bern soll nämlich 6 Millionen Livre zahlen, Zürich 3, Luzern 2, Freiburg 2, Solothurn 2. Dies wird ohne Zweifel an allen denen Orten ebensolche Bestürzungen verursachen. Von Bern und Solothurn sind schon Geiseln auf Straßburg oder Hüningen abgeführt worden, bis diese Summen in fünf Zahlungen abgeführt sein werden. Alle diese Zahlungen sollen die alten Regierungsglieder aus ihren eigenen Beuteln hergeben, ohne die öffentlichen Fonds anzugreifen, welche die Franzosen sich vorbehalten, noch aparte zu belegen.

Den 17. April gings wieder den gleichen Gang. Das Wetter ist immer allerliebst. Nur sähe man gern Regen. O der Himmel treibt immer sein Geschäft so gut, die ganze Natur würkt so ungestört und unaufhaltsam fort, als wenn auf unserm Erdball sonst gar nichts vorginge. Und ist doch so ein Chaos, ein Gewirre, eine Bestürzung und Tumolt unter den Menschen, dergleichen ich noch nie gesehen oder erlebt habe. Man sagt freylich, ganz Helvetien sei jetzt in einer Wiedergeburt begriffen und keine Geburt laufe ohne Schmerzen ab. Kann sein! Der Himmel gebe nur, daß dieses Kind alle rechten Glieder zur Welt bringe, dann aufwachse und zunehme an Alter und Verstand, an Gnade bey Gott und den Menschen. Nu, meine kurzsichtigen Augen können freylich die Sachen nicht übersehen, welchen Gang etwa die Sachen nehmen werden. Einmal zur Zeit noch dünkt mich alles ein schreckliches Chaos. Es schmerzt mich in der Seele, wann ich sehe Männer von der alten Regierung, Männer von vielen Verdiensten und großen Talenten so herabwürdigen, um Ehre und Vermögen bringen. Wann ich sehe, wie so viele darüber in die Faust lachen, ihnen dieses Schicksal von Herzen gönnen und zu ihrem gänzlichen Ruin alles beitragen würden, ohne Rücksicht zu nehmen auf ihre ehemaligen guten Handlungen, gemeinnützigen Anstalten und Wohlthätigkeiten. Nur die strengen Handlungen und alle Fehler werden jetzt in Anschlag gebracht, für die nach ihrer Meinung keine Strafe streng genug sein könne, bei denen eine unaustilgbare Sache in ihrem Herzen lodert, die sich durch kein Opfer, so groß es auch ist, wollen versöhnen lassen. Wann ich dann hingegen sehe Männer zur neuen Regierung bestimmt, zu dotzenden pundtschäckicht dahertraben, ihre Köpfe sehr hoch tragen, auf deren Gesichter man weder Talente, noch gute Herzen zu lesen sich unfähig fühlt, und man dann gar Menschen zu den höchsten Ehrenstellen erhoben sieht, die man schon lange persönlich gekannt, von denen man nie eine gute Meinung hegen konnte – Gott, wie empört sich das Herz! Muß man nicht förchten, es möchte anfangs in Helvetien gehen, wie es in Frankreich ging, der letzte Betrug werde ärger werden als der erste! Der Himmel gebe, daß ich mich irre. Nun, die Zeit wird alles aufhellen. –

22. April

Auf Regen folgt Sonnenschein. So ists auch hüte. Der kühle Ost macht hellen Himmel. So ist auch das ganze menschliche Leben. So drohend, so trübe und schwarz jetzt die Wolken am politischen Himmel sind, hie und da Hagelschauer fallen, so wird doch einst die Friedenssonne wieder durchbrechen.

23. Der Ost klärt auf. Und nun noch einmal in die schöne Stadt Zürich, um von meinen herzguten Menschen im Obmannamt Abschied zu nehmen, unter wehmütigen Empfindungen wegen der traurigen Lage dieser schönen Stadt und so vieler edler, braver Bürger, sonderlich meiner lieben bekannten Freunde und Freundinnen, meinen Gutthätern. Ach dachte, möchte ich dich, du reizende Stadt, einst in einer besseren Lage wiedersehen und euch, meine Lieben, heiterer und froher wiedersprechen. Ach, vielleicht, Gott weiß, ist es das letzte Mal. Vielleicht sehe und spreche ich euch in meinem Leben nie wieder. Ach, was wird noch aus euch, aus ganz Helvetien und auch aus mir werden? Adieu alle meine Lieben!

Und nun vielleicht auch das letzte Mal auf mein heimeliges Riedtle, wo ich so viel vergnügte Abende verlebt.

d. 24. Nun auch da Abschied. Tausend Dank und Gottes Lohn, meine liebe, gesegnete Familie. Nie werde ich des Guten, so ich bey euch genossen, vergessen, euch darfür in meinem Herzen zu segnen. Euer guter Genius schütze ferner euch und euere abgesonderte Wohnung des Friedens!

Nun gings gemachen Schrittes durch eine reizende Landschaft bis Winterthur. Ich dachte hier auszuruhen. Aber durch ein gutes Kafe ermuntert und gestärkt entschloß mich, noch ein paar Stunden weiter zu hülpen. Ging also durch unübersehbare, hoffnungsvolle Saatfelder und fruchtbare Gegenden meinen Weg fort.

Je näher ich St. Gallen kam, desto lichter wurde mir ums Herz und lichter in den Beinen, als wenn es gegen meiner würklichen Heimat ginge. Der Ort, wo der wohnt, den meine Seele liebt und alle Ursache zu lieben hat, sollte so ein Ort mir nicht vorzüglich schätzbar sein?

d. 27. Ein erquickender, ruhiger, Seele und Körper labender Rasttag in St. Gallen, bey der gesegneten, glücklichen Harmonie, den ich unter die frohverlebten Tage meines Lebens zählen will. Engel schwebten um mich und flößten mir Mut und neues Leben ein. Frohe Blicke auf die Lebenstage, so daß ich darüber alle Beschwerden, alle Lebensplackereien, alles Gewühl und Gebrüll der verrückten Menschheit vergaß, mich meines Lebens von neuem freute, meinem guten Genius herzinnigst dankte, daß er mir in den letzten Momenten meines Lebens noch solche Engel zur Seite gesellt.

Guter Genius, wo hab ichs um dich verdient, daß du mir solche edle Lebensgefährten bescherst, viele Gute, doch nur einen einzigen beharrlichen in der Not, und der ist mir genug, genug! Gnade, Gnade ists, guter Genius!

d. 28. trabte meinen Weg bey der schönsten Witterung fort bis Schwellbrunn. Auf dieser Höhe sahe mich noch einmal um auf die schönste Landschaft und eine weit ausgedehnte Aussicht. Am ersten aber zog meinen Blick mein liebes St. Gallen noch einmal auf sich, dessen Mauren meinen Engel umschließen. Adieu noch einmal du schöne gesegnete Stadt! Du wohnst noch in jener glücklichen Staatsverfassung, in Frieden und Ruhe. Zwar nicht ohne Besorgnuß, doch bis dato ungestört. Auch du solltest aus deiner glücklichen Verfassung herausgerissen und in eine schlimmere versetzt werden. Nein, du verdienst es nicht, du Muster aller Verfassungen!

Mai[1]

d. 1. Ein herrlicher Maitag, wo im Holz und Feld alles so hübsch floriert. Schade, daß einem die verdrießlichen Plackereien allen Genuß an der herrlich schönen Natur so schändlich verderben.

d. 2. Der Tanz geht von neuem an. Aber die alte Leier stimmt an. Muß mich wieder an den Strigeltisch gewöhnen und Brocken verdauen, die meinem alten Magen so schwer fallen. Soll arbeiten, und die Knochen sind noch wie gequetscht und werden sich sobald nicht erholen...

den. 3. Noch nie war uns der Kriegsschauplatz so

nahe im Mittelpunkt der Schweiz, wo Krieger kaum eine Stunde von Toggenburgs Grenzen entfernt sind. Fränkische Truppen sind auf Zürich gekommen. Marschieren auf beiden Seiten dem See nach hinauf gegen die kleinen Kantons, welche sich weigern, die Konstitution anzunehmen, um dieselben mit Gewalt der Waffen zu zwingen. Im Zürichgebiet sollen sie sich friedlich verhalten; ussert in der Gemeind Rüti, wo man Feuer auf sie gab, plünderten sie das Dorf aus. Auch in Wädenschweil plünderten sie einige Häuser, welche ihnen als weiland aristokratisch bezeichnet wurden. So gehts, wenn man gute Nachbarn hat! –

Den 4. Schon sind sie über Rapperschweil auf der andern Seite bis an das Glarnerland vorgerückt. Bei Wollerau sollen etwa 600 Schweizer und Glarner zusammengehauen worden sein. Im Uznerland sind sie ohne Verlust zurückgewichen. Die Uznerländer werden von den Franken schonend behandelt; aber die Glarner rühmen sie nicht.

D. 5. – Fast alle Tage laufen neugierige Leute von hier an die Grenzen oder ins Uznerland hinüber. Sind auch schon gefangen worden. Und die Zurückkommenden? Schwätzt der eine dies, der andere das, daß man nicht klug draus werden kann. Im Schweizerkanton sollen die Franken doch auch einige 500 eingebüßt haben. Hingegen haben die Glarner nachgegeben, zu kapitulieren. Auch die usseren Gemeinden. Im Appenzeller- und Goßauerland geben eine nach der anderen nach und vereinigen sich zur Annahme.

D. 6. – Indessen sind die Franken bis Einsiedel vorgerückt, wo es wiederum viel Volk soll gekostet haben. Wenn doch die armen Viehhirten einsähen, daß es eine pure Unmöglichkeit wäre, mit einer Handvoll, wenngleich entschlossener Männer, einer Nation, die schon einige Jahre her den meisten Mächten Europens Trotz geboten und besiegt hat, zu widerstehen. Ist doch eine wahre Verblendung, so viel Menschen ohne Not aufzuopfern, wo es doch nur um die Annahme einer Constitution zu thun ist, die eben nicht so viel Schreckliches hat. Aber nun, man will sich nicht befehlen lassen. Müssen es sich doch zehnmal größere Länder gefallen lassen. Wer die Macht hat, der befiehlt. Es wird schon eine Zeit kommen, wo sie nicht mehr befiehlt. –

D. 7. Mai

O du herrlicher Maien, schönste der Zeiten im Jahr! Alle Jahre habe deine Reize besungen und bewundert und mich an deinen manigfaltigen Schönheiten ergötzt. Nun noch einmal, Gott weiß, vielleicht das letzte Mal, ergötz ich mich an deinen Wundern. Ach, warum müssen wilde Kriegshorden deine Fluren verhunzen, liebes Helvetien, warum muß in dieser schönsten Zeit das Blut deiner Söhne die Felder düngen? Und was will dann diese überall siegende Nation mit dem friedlichen Helvetien? Was es will? Uns, dem gemeinen Volk, die Freiheit bringen, sagt diese großmütige Nation, wie sie sich selbst zu nennen beliebt. Dem Augenschein nach aber sollte man schließen, es wäre ihr mehr um das schweizerische Geld zu tun, welches die Staatshäupter zusammengelegt haben. Auch ihre Truppen eine Zeit lang auf unsere Unkosten zu erhalten und zu bereichern. Freilich auch der Schweiz eine allgemeine Regierungsform zu geben. Und das ist so weit gefehlt nicht. Schon sich einige Kantons entsetzlich dagegen sträuben. Dann die Regierungsform war in der Schweiz gar puntschäckicht und manigfaltig. Nun, es wird doch bald zu Ende gehen. Es schmiegt sich ein Ländchen nach dem andern unter das Konstitutionsjoch. Schon marschieren Truppen an unsern Grenzen vorbei in die östlichen Gegenden, welches die letzten widersetzlichen sind und sich auch bald zum Ziel legen werden, wanns dann nicht erst noch an ein Zahlen ginge.

Ach liebes Helvetien, wie warst du so sonderlich reich, aber doch glücklich bei deiner Armut. Nun mußt du würklich verarmen.

Den 8. – Nur getrost, liebes Vaterland! Der Himmel treibet sein Geschäft ungehindert wie vor tausend und mehr Jahren. Der holde Mai lächelt dir ebenso schön, wie deinen Vätern. Er kann und wird dir deine Felder, deine Fluren und Herden segnen und dir das Geraubte wieder ersetzen. Und jene Räuber werden doch einst ihr Ziel finden, über kurz oder lang.

Den 9. – Wie wohl ist einem, wann er sich so von allen Lebensplackereien losreißen, sich so ganz in die neubelebte Natur versenken kann, sich wie ein Schmetterling von Blume zu Blume flattern oder wie ein Maikäfer von Baum zu Baum schwirren und überall balsamische Düfte einsaugen kann. Man möchte mit dem Rotbrüstel und dem Königlein in den Gebüschen herumhüpfen und dem Schöpfer so manigfaltiger Schönheiten einen Lobgesang mit ihnen anstimmen. Möchte wie eine Grasmücke im sametweichen Grase herumhüpfen und unter allerhand gefärbten Blumen sich weiden und der alles schaffenden Natur ein Loblied trillern. Möchte mit der Lerche sich in die Lüfte schwingen und dort im Zirkel rundum mit meinem Gesang die oberen Regionen ertönen und freudenvoll auf die buntgeschmückte Erde herabgucken und mich allgemach wieder herniederlassen und im wallenden Saatfeld mein Nachtlager nehmen, bis die Morgenröte mich von neuem weckte.

Den 10. – Nun marschieren die Franken auch zu uns ins Toggenburg, nämlich nur in einige untere Gemeinden und machen, was Soldaten machen, essen und trinken und lassen sich gut aufwarten. Was man ihnen nicht gibt, das nehmen sie.

Den 11. – marschieren sie geradenwegs über Goßau nach St. Gallen. Es sollen 100 Husaren und 800 Infanteristen sein. Das gute, liebe St. Gallen dauert mich in der Seele. Doch sollen sie sich allerwegen friedlich betragen, wenn man tut, was sie wollen.

d. 12. Mai kommen sie schon wieder von St. Gallen durchs Appenzellerland bis zu uns auf Lichtensteig und Wattweil und wurden in die Häuser auch der umliegenden Gegend einquartiert. Sie sollen Ordre zu einem schleunigen Rückmarsch erhalten haben, dessen Ursache man noch nicht bestimmt weiß.

Das war nun freylich im Toggenburg eine Erscheinung, die weder wir noch unsere Väter erlebt haben. Lichtensteig und das Dorf Wattwil konnten nicht alle behalten. Auf eine halbe Stunde weit in die nächsten vermöglichen Häuser wurde einquartiert zu 2, 3 bis 6 Mann, je nachdem ein Haus Gelegenheit und Vermögen hatte. Das war ein Geläufe aus den benachbarten Gemeinden, aus allen Bergen herab, um die Franzmänner zu beaugen, die eben nicht sonderlich Staat machten. Die Husaren waren so ziemlich gut montiert und lauter wohlbesetzte, starke Kärls. Aber die Infanterie war ein entsetzlich buntscheckichtes Korps, die mit den Preußen, die ich ehmals gesehen, gar in keine Vergleichung kamen, selbst nicht mit den schlechtesten kaiserlichen Truppen. Ist aber auch nicht zu verwundern von so vieljährigen Strapazen und nirgends keine Montierungsmagazine, zusammengelesene Purschen in allerhand Kitteln.

Den 13. brachen die Franzmänner schon wieder auf und marschierten durch den Hummelwald auf Uznach und Schmerikon. Froh war man freylich, daß man dieser Gäste so bald los war. Sie haben sich überall gut aufwarten lassen, aber nirgends keine Bezahlung, nur kein Vergeltsgott gaben sie dafür. Eine Nation, die in dem halben Europa herum überall nur befehlen kann, sollte die irgendwo die Zechen bezahlen? Nein, man muß noch froh sein, wenn sie nur keine unmöglichen Sachen, die nicht aufzutreiben sind, fordern.

D. 14. – Ich habe diese Pursche auch beauget und hätt herzlich gern etwa ein menschenfreundliches Gesicht, ein freundliches Auge oder so etwa Züge, die Menschlichkeit verraten hätten, unter ihnen ausgespäht. Aber, entweder taugt mein Augenmaß nichts oder war zu ungeschickt. Einmal sah ich nichts dergleichen. Das ist aber ganz natürlich, die wilden trüben Augen. Aber die wilden Gesichtszüge! Und die komischen Schnurrbärte und all die furiosen Lineamente erregten mir wehmütige Empfindungen und Nachdenken.

D. 15. – Ich war ein Tor, dachte ich hüte, unter wilden Kriegshorden menschenfreundliche Gesichter aufsuchen wollen. Nein, diese lassen sich nicht unter solche Horden anwerben, sondern wohnen in friedlichen Hütten, im Kreise besserer Menschen, wo sie zum Besten der Menschheit würken können und nicht zum Morden ihrer Brüder und zum Verwüsten der Erde.

D. 16. – Habe Husaren und Infanteristen in ihren freundschaftlichen Diskursen und Gesprächen belauscht und so freundschaftlich ihr gegenseitiges Lächeln schien, dünkts mir doch, ich lese aus ihren Augen, daß sie fähig wären, einander selbst die Hälse zu brechen. Die schlechte Meinung, die ich schon lange von dieser Nation hegte, wurde also bestärkt. Je mehr ich diese Augen, diese furiösen Gesichter ansah, desto erklärlicher kams mir vor, daß in dem Inneren ihres Landes schon so viele Mord- und Greuelszenen vorgehen konnten, daß sie unter sich selbst ärger als Tiger gewütet und die Menschheit entehrt haben.

D. 17. – Sitdem die Franzosen nur eine Nacht hier logierten, ist aller Orten, wo sie einquartiert waren, das allgemeine Gespräch nur von diesen Gästen. Jeder fragt den andern, wie es ihm mit denselben gegangen, und jeder erzählt seine Geschichte kurz und lang, daß des Erzählens kein Ende wird. Da erzählt einer, wie er gegen diesen brutalen, nimmersatten Gästen den Helden gespielt habe, wo sie ihre Forderungen mit entblößten Säbeln und Drohungen gemacht haben, wie er ihnen keck unter die Zähne gestanden und sie zuletzt so zahm gemacht habe wie Schafe.

Ein anderer klagt, daß sie ihm so und so viel gefressen und gesoffen und zuletzt noch obendrauf bestohlen haben. Ein Dritter ist gar zufrieden mit seinen Gästen. Sagt, daß sich dieselben zwar gut aufwarten lassen, aber dabei gar vernünftig und höflich gewesen seien. Kurz aus allem, was ich gehört und gesehen, konnt ich richtig den Schluß machen, daß die Gäste, die Wirte und die Bewirtung ungleich gewesen sein müssen. Ist ein vernünftiger Gast zu einem verständigen Wirt einlogiert worden, so ists gut gegangen, wo nicht, das Gegenteil.

Mein bester und der Mai

Fort mit dir, du tumultuarisches Menschengewühl, Menschenhaufen, würgende Tiere in Menschengestalt. Meine Seele sitze nicht in eurem Rat! Mein denkendes Wesen spaziert mit meinem Inniggeliebten unter Milliarden Blumen und Wohlgerüchen auf Hügeln und Fluren herum. Bei diesen herrlichen Maitagen, wo alles aufs neue lebt und jubelt, als wenn unter der Sonne weder Jammer noch Klagen gehört würden, alles sich seines Daseins, seines Lebens freute. Dank dir, ewiger Dank, gütiger Genius, daß du mich in dem letzten Moment meines Erdenlebens von jenem rasenden Menschenhaufen abgesöndert und mich so hoch gewürdiget hast, mit edleren Menschen bekannt zu werden, mir Lebensgefährten zugesellet hast, die mir meine letzten

Lebenstage verzuckern, Engel in Menschengestalt, die mir alles sind, was ich bedarf, meine Tage von Nahrungssorgen frei zu beschließen, die meine Freude und Wonne sind, mit denen ich auf- und niedergehe, auf buntgeschmückten Wiesen herumschlendere, in Gedanken mit ihnen schwätze, als wenn sie Arm an Arm mit mir gingen, ihnen tausend Wunder, tausend Schönheiten der Natur zeige, sie auf jedes Käferchen, jedes Insekt aufmerksam mache, wie es sich freut, wie es sich sonnt und auf Blumen und weichem Gras seine Hörner streicht und schwirrt und sumst und sich selbst und alles um sich her zu bewundern scheint; wie es sich anklammert und dem sanften West trotzet, wenn er es wegblasen will; wie die gefiederten Luftbürger Gebüsche und Wälder ertönen mit ihrem Jubelgesang; jede Fliege, jede Mücke in der Sonne tanzt und sich ihres kurzen Lebens freut.

Noch ein paar solcher Lenze, dann wäre ichs zufrieden. Ich bitte dich, guter Genius, wenns möglich ist. Herr, wer wird dir in der Hölle danken und sich deiner Werke freuen, wie ich dir vor jeden Abend danke und mich jedes Morgens freue.

Ich habe wohl ehedem wider die Natur gesündiget. Verzeihe mirs, unbegreiflicher Herr der Natur! Nur noch ein paar solcher Lenze, meine Augen daran zu weiden und ebenso lange meinen Engel (Girtanner) zu lieben und mich seines Glückes zu freuen. Mein Haus ist so wenig bestellt als Hiskias. Du sahest sein Weinen und gabst ihm noch fünfzehn Jahre. Siehe doch auch, wie ein anderer gegen den nagenden Wurm im Busen sich sträubt, wie weh es ihm thäte, sich von seinem Engel und anderen Lieben zu trennen, wie es ihn schmerzte, sich von deiner herrlich schönen Gottesnatur, die er kennt und liebt, zu scheiden und an eine finstere Gruft zu vertauschen. Nicht fünfzehn, nur noch ein paar solcher Mai. Wenns aber nicht dein Wille, ich werde mich unterwerfen. Nur bitte meinem Engel noch eins so viel Maien und eben die Liebe zum Leben und den Genuß und Freude an deiner Natur komme über ihn, wie Elias Wunderkraft mit seinem Mantel über Elisa.

Und dann adieu, mein Bester! Genieße noch hundert solcher Maien mit Freuden!

d. 18. Mai. – Hat es denn eigentlich so viel wert, dieses gegenwärtige Leben? Ist es nicht gleichviel, zehn Jahre früher oder später die Schuld der Natur zu bezahlen, die nun einmal bezahlt sein muß? Schmeckt dann die Ruhe nicht auch süß dem müden Wanderer, sonderlich dem abgelebten, dem kraftlosen, der schon in den Tagen lebt, von denen man spricht, sie gefallen mir nicht. Wo die Knie und Schenkel zittern, alle Sinnen abgestumpft sind und jeder Tag seine Beschwerden auf dem Rücken mit sich bringt?

Sollte mich nicht auch freuen, wenn ich auch nur noch ein paar Tage zu leben hätte, und nicht achten auf die Stiche des Wurms, der täglich an meiner Gesundheit und Leben naget. Dank dir, ewiger Dank, guter Genius, daß du mich noch einmal diese herrlichen Maitage hast erleben lassen! –

Den 3. Brachmonat.

Alles nur Täuschung? Wieso? Man hat doch gelebt,

hat vor sich und vor andere gelebt und gewürkt, hat genossen und genießen lassen, hat seinesgleichen in die Welt gesetzt, die seine angefangenen Werke fortsetzen und sich darüber freuen. Wem etwa sein Ziel verrückt wird, der ist selber schuld, wann er es sich selber gesteckt hat, nah oder fern. Und wer in dieser Welt vollkommene Glückseligkeit erwartet hat, der wird freylich über Täuschung klagen müssen. Wer aber weiß, daß er ein gebrechlicher Mensch ist und wessen er fähig oder nicht fähig ist, und den Wert der Dinge um sich her kennt, der wird selten über Täuschung klagen. Kann sein! Also muß ich die Täuschung nur bey mir selbst aufsuchen und nicht in den Sachen ussert mir.

d. 6. – Hüte wurde mein letzter Onkel, meiner Mutter Bruder, zur Erde bestattet. Zu seinem Leichenbegängnus war auch eingeladen, und meine Pflicht wars. Aber eine starke Stunde hin und eine her, weiß Gott, ich durfte meinen schwachen Schenkeln nicht trauen. Überließ es also meinen Leuten, diese altübliche Zeremonie zu beobachten, die bey uns noch heilig beobachtet wird. Und kein Robertspierre würde mit allen seinen Gülotinen diese heiliggehaltene Pflicht verwehren können. I nu, ich habe nichts darwider. Dem Verstorbenen wird es zwar weder wohl noch weh, weder kalt noch warm machen. Aber den Verwandten ist es doch immer angenehm, einen starken Leichenzug bei ihrem Verstorbenen zu sehen. Zudem kann bey einer solchen Gelegenheit auch dem Allerrohesten etwa ein Gedanke an seine Sterblichkeit einfallen.

D. 8. Juni. – Ich glaube, daß unterm Monde keine andern Teufel existieren, als solche, die sich Menschen nennen und auch würklich in Menschenhülle verlarvt sind. Mich hat all meine Tage nichts so empört, als wann ich etwa Verfolgungsgeschichten gelesen habe und auf solche Ungeheuer gekommen bin, die ihre Lust am Morden gefunden, ja nicht nur am Morden, sondern am Martern. Die alle ersinnlichen Peinigungen ersonnen haben, um ihre Mitmenschen, die in ihre Klauen geraten, langsam zu Tode quälen, nur wegen Meinungen! Doch an Meinungen mochte diesen Teufeln wohl nicht so viel gelegen sein, mehr aber an dem, ihre Mordlust zu befriedigen. Sind das nicht echte Teufelseigenschaften?

D. 9. – Erschröcklich kommts mir vor, daß noch in unsern Tagen Fürsten, Monarchen auf unserem Erdball existieren, welche sich von diesen Teufeln leiten lassen, ihnen Gewalt einräumen, ihre Mitmenschen auf eine solche Art zu verfolgen. Welche ihnen weiß machen, es geschehe Gott zu Ehren. Wie wahr ist der Spruch, wo es heißt: Weh dem Land, dessen König ein Kind ist! Weh dem Land, wo solche Teufel die Oberhand haben, wo kein rechtschaffener Mann, kein Andersdenkender darf mux machen, aus Forcht, nur gegen ihn Argwohn zu erregen, weil diese Teufel schon so manchen Redlichen nur aus Verdacht in ihre Klauen gepackt haben, aus denen er sich nicht mehr loswinden konnte. Weh dem Lande, wo einer nur nicht frey denken darf! Weh dem Lande, wo überhaupt die Ungerechtigkeit auf dem Throne sitzt und Tyrannen herrschen.

10. Juni – Wenn ich nur Glauben hätte, nur Glauben

wie ein Senfkorn groß, würde oft zu diesem und jenem Berge sagen: Hebe dich dahin und du dorthin. Ob ich aber mit meinem Bergeversetzen denselben ihre rechte Distanz treffen würde, o da hegte starkes Mißtrauen in meine Einsichten. Die Forcht des Versehens würde mich quälen. Also besser, ich habe weder Glauben noch macht, Berge zu versetzen.

Aber um Aufschluß bitten möchte gerne, wenn mir nicht Glauben an Erhörung fehlte, Wesen aller Wesen, unermeßliches All, unbegreiflicher Baumeister. Schöpfer zahlloser Welten, hast du unsern Planet in deinem grenzenlosen Schöpfungsraum nur so ongefähr wie ein unbedeutender Punkt hingeworfen? Nein, das hast du nicht. Die weisesten deiner Geschöpfe auf diesem Planet habens erforscht, daß du alles sehr weislich gemacht.

Aber die viel tausend Ameisen, die auf diesem Erdhügel, diesem Ameishaufen herumkrabbeln, sich Menschen nennen, hast du diese, unbegreiflich Weiser, ihrem Schicksal überlassen, ihnen freygestellt, darauf zu machen, was sie wollen, sich zu beißen und zu fressen, unter einander in ewigem Streit zu leben, einander aufzureiben? Oder hast du diesen wunzigkleinen Tierchen auch ihre Laufbahn bestimmt, geboren werden und sterben, wie jeder anderen Milbe? Aber den Guten und den Bösen – soll da kein Unterschied sein? Wir sehen ihn nicht. Dem äußeren Schein nach sind die bösen Tierchen immer glücklicher als die guten. Diese müssen immer viel von jenen leiden.

d. 11. Juni. – Unser Erdball muß freylich in dem unermeßlichen Schöpfungsgebäude sehr klein, ja ein wenig bedeutender Punkt sein. Wie klein müssen dann also wir sein? Und doch sind wir lebendige Wesen. Sind wir aber so klein, daß uns dein so scharf sehendes Auge nicht erreichen kann, unbegreiflicher Schöpfer? Und doch gehören wir auch zum Ganzen, sind auch dein Werk, obschon es uns oft scheint, als bemerktest du uns nicht. Ich merke bey aller meiner Kleinheit, daß ich aus zwei Teilen bestehe, aus Körper und Geist. Weiß aus Erfahrung, daß der Körper ohne den Geist tot ist, zerfällt und verfault, Aber das weiß ich nicht aus Erfahrung, ob der Geist auch ussert seinem Gehäuse, dem Körper, bestehen kann.

d. 12. Juni. – Mein Wunsch wäre freylich, daß mein Geist auch bey der Trennung von dem Körper fortleben möchte, und dieser Wunsch ist doch, so viel ich weiß, keinem andern Tier eingepflanzt. Oder hast nicht du, unbegreiflich großer und weiser Schöpfer, diesen Wunsch meinem Busen eingeprägt? Ist er etwa vom Hörensagen, von Lehrern, von Eltern und Großeltern darin erweckt worden, bey mir und vielen meiner Mitbrüder genährt, geglaubt und als Gewißheit angenommen worden. Sind es auch nicht ebenso kleine unwüssende Menschchen gewesen, welche sich einer Offenbarung von dir gerühmt? Bist du, Unbegreiflicher, dann ein so partheyisches Wesen, daß du einigen deiner wunzigkleinen Geschöpfchen Geheimnisse anvertraut und der anderen weit größeren Menge deiner Geschöpfe, dieser wißbegierigen und forschenden Klasse, diese Offenbarung versagt hast? Ich kann es nicht glauben. Oder willt du, Allweiser, daß wir diesen kleinen, im Hirn verrückten Tierchen geradezu auf ihr bloßes Wort hin alles glauben sollen, was sie uns vorgeben, es mag auch so unwahrscheinlich sein als es will. Das willt du gewüß auch nicht.

d. 13. – Nun, der Wunsch und das starke Verlangen, daß mein unsichtbares «ich» unzerstörbar fortdauren, fortleben möchte, das nun einmal in meinem Busen glimmt, wäre mir ein stärkerer Beweis von der Unsterblichkeit meiner Seele als alle Offenbarungen. Das heftige Verlangen, dir, unbegreifliches Wesen, näher zu kommen, tiefer in deine Geheimnisse einzudringen und deine unzählbaren Welten, Wundergebäude und zahllose Menge Wundergeschöpfe ewig zu bewundern, dann auch das Wiedersehen all der in diesem Leben Geliebten, die mir mein anderes «ich» waren, welche Freude müßte auch das sein!

d. 14. – Doch die Vernunft, die Natur, der Augenschein täglicher Erfahrung sagt mir es anderst, biegt mich in den Staub zurück, aus dem ich hervorgekrochen bin, sagt mir: Kleine Ameise, armes Würmchen, dieser Erdball hat dich hervorgebracht und nimmt dich wieder in seinen Schoß. Nur vor diesen war dein Leben, dein Dasein bestimmt. Nicht den millionsten Teil von den Wundern der Natur auf diesem kleinen Planeten hast du erforscht, nicht den tausendsten Teil von den unter deinen Füßen und im Luftkreise über deinem Kopfe würdest du erforschen, wenn dir die Natur auch tausend Jahre zu leben bestimmt hätte.

Siehst du nicht alles, was Leben und Atem hat, wieder in sein voriges Nichts zurückkriechen? Ist dein kleines Körperchen und dein stolzes Geistle nicht miteinander aus nichts hervorgekrochen. Nahst du nicht ebenso wieder abwärts der Erde zu?

d. 15. – O ich fühle mein Nichts, fühle, daß ich nur ein Sonnenstäubchen bin in dem unermeßlichen Weltall, fühle, daß ich viel zu nichtig, viel zu unwüssend und zu unwürdig bin, nur ein Wort über ein höchstes Wesen, ein allen, auch den weisesten Sterblichen unbegreifliches Wesen zu verlieren.

d. 17. – Wann ich gut bin, kann ich auch immer Engel um mich haben, als wann ich im Himmel wäre. Denn es fehlt auf unserem Erdball ebenso wenig an guten Menschen, die alle Eigenschaften haben, welche wir den Engeln beylegen, ussert daß sie nicht überall gegenwärtig sein können.

d. 19. – Wir wüssen einmal gewüß, daß wir immer von Engeln und Teufeln, d. h. von guten und bösen Menschen umgeben sind. Doch kann man sagen, der größte Haufen von den Ameisen, die auf diesem Erdhügel herumkriechen, sei weder böse noch gut. Doch mehr gut, dann ist es die arbeitende Klasse, lebt ganz vor sich, ussert daß sie sichs muß gefallen lassen, zu Zeiten die Früchte ihres Fleißes von den müßigen Hummeln rauben zu lassen. Ein Glück ist es vor unsere Engel, vor eine Gesellschaft edler, guter Menschen, daß die Teufel, die erzbösen Menschen, nie unter sich eins sind, sondern sich unter einander selbst immer beißen, schlagen und fressen, aber doch einander nie ganz aufreiben.

d. 28. Juni – Alle Welt würde es mir verzeihen, wenn

ich unermüdet in Lobeserhebungen meines Einzigen wäre. Wer die Verhältnisse gegen einander abwägen würde, was wir einander sind und nicht sind, nicht sein können.

Unsere Bekanntschaft ist nur seit wenigen Jahren her. Vorher waren wir einander ganz unbekannt. Er ist von gutem Haus, von reichen Eltern, aus einer der angenehmsten Familien einer der blühendsten Städte Helvetiens. Er genoß eine gute, standesmäßige Erziehung, ist gereist, hat die Handlung gelernt, Sprachen und andere wüssenschaftliche Sachen studiert. Hat sich hernach eine Gehülfin gewählt wie Sara und Rebeka und ist nun selbst einer der angenehmsten und reichsten Bürger, Vater von liebenswürdigen und hoffnungsvollen Kindern, zwanzig Jahre oder mehr jünger als ich, ein Mann von edelem Charakter.

Ich hingegen bin von armen Eltern her, in einem wilden Erdwinkel hingeworfen worden, halbwild ohn alle Erziehung aufgewachsen. Hatte nie weder Vermögen, noch Gelegenheit, ein Handwerk oder sonst etwas zu lernen. Was ich aus mir selbst gelernt, ist Pfuschwerk. Hatte von meinen Eltern, noch von der ganzen Verwandtschaft nie einen Heller zu erwarten. Bin wohl auch etwas gereist oder vielmehr in der Welt herumgeworfen worden und habe also einen Alltagscharakter angenommen.

d. 29. Juni – Habe ich etwa ein bisgen mehr Bildung als andere aus meiner Klasse erhalten, ists vom Lesen nützlicher Bücher, vom Umgang mit besseren Menschen, welche mir meine unmündige Autorschaft verschafft hat. Auch vom eigenen Nachdenken. Sonsten war all mein Tage ein blutarmer, also verachteter Mann, von widrigen Begegnussen, zum Teil auch Unglücksfällen betroffen. Auch aus Ursache unüberlegter Handlungen stak beständig in Schulden, hatte mit Brot- und Nahrungssorgen zu kämpfen, von einer geldfressenden Familie gedrückt, daß ich oft weder aus noch ein wußte.

Mitten in den verzweifelten Umständen bescherte mir die Vorsehung jenen edlen Mann zum Freunde. Wie ist das möglich? Welch ein Kontrast zwischen ihm und mir an Geburt, an Alter, an Bildung, an Ansehen und Vermögen! Wenn ich sonst keine Vorsehung glaubte, so müßte hier eine glauben, mit Überzeugung glauben.

Das ist keine echte Freundschaft, möchte mir einer vorwerfen, wenn man einen nur Guttaten wegen liebt. Gott weiß, auch ohne dies ist er ein Mann nach meinem Wunsch und Herzen. Unsere Denkungsart ist so gleich als ein Ei dem andern, und wenn er auch in diesem und jenem anders denken würde, müßte und würde ihn gleich stark lieben.

2. Juli – Nicht allein der Genuß seiner Gaben ist es. Seine liebreichen Vertröstungen, seine Versicherungen und gütigen Räte, sein lehrreicher und herzlicher Umgang würzen mir meine letzten Lebenstage, daß ich darüber alle körperlichen Schmerzen vergesse. Er ist meine Seele, mein Leben, alle Morgen mein erster und alle Abend mein letzter Gedanke.

Einem Menschen das Leben retten ist freylich eine großmütige, edle Tat, sonderlich wo es auf eigene Lebensgefahr geschieht.

Aber einem Menschen das Leben erhalten und sorgenfreyer machen, dünkt mich noch edler und großmütiger. O Himmelssegen über dir, mein Engel! Alle deine Nachkommen müssen noch die Früchte deiner Werke genießen.

6. Juli. – Leben möchte gern noch ein paar Jährchen, und gegen den Tod werde mich auch nicht sträuben. Lange genug bin ich auf diesem Welttheater Zuschauer gewesen und habe bisweilen selbst auch eine unbedeutende Rolle gespielt.

Um politische Händel und Sachen habe mich all mein Tage wenig gekümmert. Ist in diesem Fache auch nicht so viel Erhebliches vorgegangen in all den sechzig Jahren meines Daseins, als nur in diesem einzigen halben Jahr seit dem Neujahr 98. Ja, man dörfte sagen, daß sonst in einigen hundert Jahren nicht so viel politische Veränderungen vorgegangen seyen. Alle alten Regierungen und Obrigkeiten in der ganzen Schweiz sind abgeschafft. An deren Statt wurde eine nagelneue Regierungsform nach dem französischen Modell teils freywillig angenommen teils mit Gewalt der Waffen aufgezwungen.

D. 10. Juli. – Der gemeine Mann staunt und kann nicht klug aus all den Kantons- und Distriktseinteilungen, aus all den ungewohnten Titeln und Ämterbesetzungen werden. Er staunt, ist ruhig und zufrieden, solange er keine Abgaben geben muß. Wann es aber einmal ans Zahlen gehen wird, dann wird er wohl ein wenig rumoren und die Zähne blöken. Die Kassen, die Schätze, die öffentlichen Fonds, die Gemeingüter, die Klostergüter, alles wird zusammengerafft. Was die

Franken sich nicht zueignen, das wird als Nationalgut erklärt, und das heißt Freyheit und Gleichheit. Die fränkischen Truppen logieren noch immer im Herzen der Schweiz und lassen sichs wohl sein. Sie machen immer Forderungen über Forderungen, je eine ärger als die andere. Erst hatten sie die Stadtkassen, die Schätze, die Zeughäuser geplündert und viele Millionen Brandschatzung enthoben. Jetzt machen sie noch Ansprüche auf alle Magazine, alle Frucht- und Lebensvorräte in der ganzen Schweiz. Und das thut die großmütige Nation, die allen Völkern die Freyheit bringt, die überall geförchtete, überall siegreiche Nation, die immer zu 10000 Truppen auf den Beinen auf frömdem Boden auf ungerechte Kosten unterhält, die schon 7 Jahre auf frömdem Boden ihre Truppen unterhalten, ohne eigene Lebensmittel, ohne Magazine zehrten sie nur von den Vorräten anderer Völker und fraßen den Bürgern und dem Landmann den Bissen von dem Mund weg und stahlen ihnen noch ihr Geld und Vieh, wo sie dessen habhaft werden konnten. Und das thut die großmütige Nation, die alle Völker frey macht! Herjemini, welch eine Freyheit! Ja, die Freyheit zu betteln, wenn man nichts mehr hat. Doch in unserm Toggenburg sind wir bisher noch so ziemlich gut durchgekommen.

Den 11. Juli. – Doch ich habe weder Teil noch Erbe mehr in diesem Lande. Machen diese brutalen Ameisen, diese sich so mächtig dünkenden Erdenwürmer und doch ohnmächtige Maden, was sie wollen. Das kümmert mich wenig mehr. Mein Teil und Erbe ist Ruhe von aller Müh und Arbeit, von allen Leiden und Schmerz in der kühlen Mutter Erde. Ich bin glücklich. Mein Wunsch ist erfüllt. Immer wünschte so ein allmähliches Absterben aller Kräfte, ein Reifwerden zum Sterben, wo man weltsatt, müde und matt sich hinlegt, seinen Geist mit dem letzten Atem ausbläst und es heißt, er starb alt und lebenssatt.

Der große Friedrich sagte, der geschwindeste Tod sei der glücklichste. Das lasse ich gelten. Aber unter allen langsamen Todesarten dünkt mich doch diese die glücklichste, wo man so allmählich mit dem Tode bekannt wird, allmählich abreifet und abstirbt und ohne sonderliche Schmerzen so ruhig und gelassen sein Lebensende erwartet. Auch hierin ist mein Wunsch erfüllt, und ich habe das Zutrauen zu meinem überall gütigen Genius, er werde meine Krankheit so zu leiten wüssen, daß ich mit heftigen, unleidlichen Schmerzen verschont bleibe, und auch darin meinen Wunsch erfüllen. Nicht daß ich besser sei als andere Sterbliche, wohl aber schwächer. Ich dörfte mich gar nicht vermessen zu rühmen, eine Hiobskrankheit geduldig zu ertragen, noch viele andere gräßliche Todesarten, wo ich von vielen Augen- und Ohrenzeuge war, wo mir beim Sehen oder Erzählen hören allemal die Haut schauerte, daß ich seufzte, Himmel bewahre mich vor einer solchen Todesart! Auch darin wird mein guter Genius meinen Wunsch erfüllen, daß mein Lebensende nicht in den schönen Frühling, noch in den herrlichen Sommertagen eintrete, sondern mich lieber dem grauen Winter von der Nase wegraffe, welches auch sehr wahrscheinlich geschehen wird.

Den 12. Juli. – Ist immer noch mehr Gutes als Böses. Wie ichs in meinem ganzen Leben behauptet habe, so behaupte es auch noch in meinen letzten Lebenstagen. Ja, ich rechne gewüssermaßen dieselben zu den glücklichsten meines Lebens. Schon mein Fleisch von den Knochen verschwunden, meine Kräfte mich verlassen, ein zuckender Schmerz sich bald hie, bald da in meinem Knochengehäuse üssert, so ist doch mein Geist immer getrost,. munter und wohlauf und weiß sich über alle körperlichen Leiden selbst zu trösten und zu beruhigen. Und warum sollte er nicht? Ohne diese körperlichen Beschwerden fehlt mir ja sonst kein Haar. Nie in meinem ganzen Leben flossen mir meine Lebensbedürfnisse sorgenloser zu. Nie aß ich meinen Bissen unbekümmerter; schon der Appetit fehlt und nicht die Hälfte mir denselben erweckt, was meine Freßlust vor diesem gierig verschlungen hatte, so gibt es doch hie und da ein Bißgen, welches meinem Gaumen trefflich schmeckt und mich vor alles andere schadlos halt.

Nie, in meinem ganzen Leben, genoß ich vollkommnere Freyheit als jetzt. Kann meinen mürben Körper pflegen, wie ich will, ruhen, Bewegung machen, schlafen, wann ich will. Und wenn mir der Schlaf schon nicht immer zu Gebote steht, so gibt es doch noch alle Nacht ein süßes Weilchen. Meine Nahrung kann ich nach meinem Geschmack, nach meinem Gelüsten selbst wählen und nach meinem Gaumen bereiten. Erst in meinen letzten Lebensjahren bescherte mir die gütige Vorsehung einen Freund, ohne seinesgleichen, welches Glück mir sonst meine ganze Lebenszeit unbekannt geblieben. Dieser ist mein Trost, mein alles in diesen letzten Tagen. Nur sein Andenken macht mich alles Leiden vergessen, weil ich versichert bin, daß er mich bis ans Ende nicht verlassen wird. Meine Familie, meine Leute begegneten mir in meinem Leben nie schonender und gefälliger. Würden mir sozusagen die Hände unter die Füße legen. Auch die Nachbaren sind gefälliger als sonst und geben mir um Geld und gute Worte, was sie mir sonst nicht gegeben hätten, Geißmilch u. d. g. Nie in meinem ganzen Leben genoß ich die schönen Frühlings- und Sommertage mit mehr Muße und Aufmerksamkeit und betrachtete alle Schönheiten der Natur genauer und fleißiger als sonst, nie, weil ich dachte, sie biete mir ihre Schönheiten zum letztenmal dar. Nie blühte mir die neubelebte Erde schöner, nie dufteten mir die Blüten der Bäume und die Blumen des Feldes mehr Wohlgerüche zu, nie sangen mir die Vögel lieblicher und angenehmer. Ihr lieben Waldbürger und Buschsänger, trillert mir nur noch zum letztenmal eure angenehmen Liederchen. Nächsten Sommer werde euch nicht mehr hören. Sonderlich ihr nahe um meine Wohnung, die Nachtigall, die Amsel und das Rotbrüstel, das Königlein, ich höre eure Stimmen morgens früh und abends spat, höre sie in meiner Kammer, im Bette und danke eurem Schöpfer! Nie blühete und roch mir die Rose lieblicher. Ich brach sie zu ganzen Körben voll, mit wehmütig angenehmen Empfindungen, und werde trauren, wenn sie verblüht haben. Gottes Stimme in den Wolken, der rollende Donner rüttelt noch die Erde unter meinen Füßen. In der Ruhkammer meines Grabes werde sein Rütteln nicht mehr fühlen. Mit mehr Lust als sonst genieße die ersten Früchte meines Gärtchens und werde alle folgenden mit Lust genießen.

Nun, all dieses Gute überwiegt, einmal bis jetzt, alle körperlichen Leiden und Beschwerden weit. O hätte meine vorigen Lebenstage ebenso benutzt, wie diese meine letzten, hätte so ganz in und mit der Natur gelebt und ihre Vorschriften befolgt, gewüß wäre mein Lebensende noch weit entfernter. Doch es ist jetzt nun einmal so und würde nicht anderst werden, wenn ich mich auch noch so sehr darüber grämen würde. Also nicht grämen! Nur die noch übrigen recht benützen. Ja, es freut mich jeder anbrechende Morgen nach überstandenen Nachtbeschwerden, um einen neu geschenkten Tag recht zu benutzen.

Den 14. Juli. –

O du verblendeter Mann, sagt mein Hofmeister, daß du immer so wohlgemut, fröhlich und wohlauf sein kannst und siehst dein Lebensende mit starken Schritten herannahen. Ach, sterben ist kein Kinderspiel, glaubs nur. Und dann deine Leiden, deine Schmerzen, und weißt nicht, welche größere noch deiner warten. Und dann noch das Allerwichtigste, wovon deine ganze künftige Glückseligkeit abhanget. Ach die Buße, die Versöhnung mit Gott ist nicht so licht, als man meint, glaubs nur. Man muß seinen ganzen Lebenslauf durchgehen, alle Vergehungen der Jugend, alle Sünden des späteren Alters Gott bekennen, de- und wehmütig bereuen und tagtäglich abbitten und Buße tun, wie David im Sack und in der Aschen. Ach wenn du wüßtest, wieviel dir noch fehlt! Unmöglich könntest eine fröhliche Stunde haben. Wir sind alle große, schwere Sünder, du nicht ausgenommen. Denke doch so nahe am Grabe und noch keinen versöhnten Gott haben, noch kein Örtle in der Ewigkeit wüssen. Ach, ich muß dirs sagen, es ist meine Pflicht. Ich meine es gut und habe Mitleiden mit dir. Du weißt des Herrn Willen. Nun, wer des Herrn Willen weiß und nicht thut, der wird mit doppelten Streichen geschlagen werden. Denke doch, du warst all dein Tage so ein Gleichgelt, hast dich immer wenig um das Zeitliche bekümmert. Nun habe all mein Tage gehört, wer vor seinen Leib nicht sorge, werde auch seine Seele verwahrlosen. Ach, bete doch ohne Unterlaß, weil du noch Kräfte hast. In den letzten angstvollen Stunden mag man nicht mehr beten. Wenn du wüßtest, wieviel Kummer du mir machst, daß ich dich so wenig beten höre! Ach, bete doch fleißiger, so lieb dir deine Seele ist. Es ist gewüß hohe Zeit. Glaubs doch! Denk doch nur, welche ein wichtiger Schritt es sei, aus der Zeit in die Ewigkeit wandern. Ach, ich sähe dich selber lieber weinen statt lachen und fröhlich sein. O wieviel heilsamer würde es dir sein! –

Den. 15. Juli. – Dank, herzlichen Dank, mein lieber Hofmeister, für das Gutmeinen und die väterliche Fürsorge. Wenn ich sie schon zur Hälfte überflüssig halte, danke nichtsdestoweniger für die Liebe zu mir und die aufrichtigen Wünsche und Bemühungen, mich auch in jener Welt glücklich zu machen. Das würde mich aber auch ungemein freuen, wenn du mir vergönnen würdest, meine letzten Lebenstage so froh zu verleben, als es meine Umstände erlauben und mir es die allgütige Vorsehung selbst gönnt. Dann muß ich dir sagen, mein lieber Hofmeister, daß wir nicht überall gleich denken. Ich glaube nicht, daß Gott oder Menschen Wohlgefallen daran haben, wenn man immer den Kopf hängt wie ein Binz und grint wie ein altes Weib, und bei jedem Schmerz jammert.

Den 16. – Nein, mein lieber Hofmeister, auch was das Beten anbelangt, glaube ich nicht, daß so viel Plauderns, soviel laut Rufens und seinen Worten eine so wichtige Nachdrücklichkeit geben, von so vielem Wert seye. Ich denke, der liebe Gott habe gar ein lises Ohr, wann nur das Herz betend gestimmt sei. Nur das Herz muß beten Es heißt ja in der Bibel, die rechten Anbeter seyen, die im Geist und in der Wahrheit beten. Also wo das Herz nicht betet, ist alles Maulgeplapper umsonst. Also laß mich in Ruhe, lieber Hofmeister, und plage mich nicht immer mit Vorwürfen. Vor einem Örtchen jenseits des Grabes sei doch meinetwegen ohne Sorge. Ich bin schon im Reinen. Meine schlimmen Handlungen werden vergeben und vergessen werden und die guten mögen uns immer überleben und etwa unsern Nachkommen zugute kommen.

Den 17. Juli. – Das Leben ist ein Traum. Das wird, das muß am Ende jeder Sterbliche bekennen, so wenig ers vorher geglaubt. Es ist unter der Sonne alles eitel, das sprach der weise Salomo, der selbst alle möglichen Wohllüste unter der Sonne versucht und genossen hat. Es braucht aber keinen so weisen, braucht keinen Salomo. Jeder andere nur von gemeinem Verstand kann das sagen, wird das sagen, er mag auch alle oder nur einige Wohlüste in der Welt genossen haben. Einmal mir geht es so. Ich gäbe keine taube Nuß um aller Welt Herrlichkeit, und wenn es möglich wäre und man sagte, ich sollte wieder gesund und jung werden, um eben nur diese Herrlichkeit und Wohllüste zu genießen, ich müßte mich wahrhaftig lange wieder besinnen, bis ich Sinn darfür bekäme. Dachte immer, über ein Kleines, so mußt du es wieder verlassen. Wahrhaftig, das Leben der Menschen hat nur in der Einbildung so viel Wert. Der meisten Menschen Leben hat gar keinen. Wer nur für sich selbst lebt, hat nicht so viel wert als eines anderen nützlichen Tiers. Und wer gar zum Schaden anderer Menschen lebt, hat so viel Wert als eines anderen Raubtiers. Aber wer seine Freude am Wohltun und Gutes würken findet, der verträumt sein Leben am allerangenehmsten, dessen Leben allein hat Wert.

d. 20. Juli. – Schreibe hüte an meine gütigen Bewirter und Gutthäter auf dem lieben Riedtli bey Zürich. Schon im Frühling, gerade nach meiner Heimkunft, habe ihnen geschrieben. Aber bis dato habe noch keine Antwort erhalten. Dazumal wimmelte alles von Franzosen. Ich denke, mein Schreiben könnte verloren gegangen sein, oder meine Korrespondenz ist ihnen gleichgültig.

d. 21. Juli. – Meine Korrespondenten haben mich alle verlassen, bis auf einen einzigen, den mir Gott erhalte bis ans Ende. Zum teil aber habe sie auch verlassen, aus Bewußtsein meines Unvermögens, gelehrte Männer mit meinen Briefen unterhalten zu können.

Und sie haben mich verlassen, weil es anfangs nur Curiosität und Neugierde war, mit mir anzubinden, um zu erfahren, was hinter mir stecke. O wie gut ist es, daß es nun so ist, wie es ist. Jetzt wäre recht unvermögend und usserstand, meinen Korrespondenten zu entsprechen.

d. 22. Juli. Undank und Sünde wäre es, gegen das Schicksal murren zu wollen, da ich mich, in Vergleichung mit andern, noch glücklich zu schätzen habe. Welche Vorzüge genieße ich, der ich ein Mensch wie andere in die Klasse der Armen gehöre, welche gar oft ohne Wartung im Stroh und eigenen Kot sterben aus Mangel an den nötigsten Lebensbedürfnussen.

Mein guter Genius verschafft mir immer wohltätige Menschen, die mir nichts mangeln lassen. Eben jetzt erhalte von meinem Menschenfreund, von meinem Einzigen in St. Gallen, nötige Lebensmittel auf viele Wochen, dem es Gott vergelten wolle.

d. 23. Juli. – Mein guter Genius flößt mir Gelassenheit und Ergebung ein, mich dem allgemeinen Los der Sterblichen willig zu unterwerfen, entfernt von mir alle ängstliche Furcht und Bangigkeit, verschafft mir Geduld und frohen Mut und macht mir jeden Tag noch eins so angenehm verfließen.

d. 24. Juli. – Dank sey der Urquelle, ewiger Dank für das glückliche Naturell, das mir zuteil worden. O wie bedaure ich jene Mitbrüder und Mitschwöstern, die gerade das Gegenteil von diesem haben, die sich bey diesem und jenem Ungemach, Leiden und Schmerz selbst zu Tode ängstigen und quälen, wo ich ruhig und gelassen sein kann, da sich selbst die Beschwerden und Leiden verdoppeln.

d. 25. Juli. – Doch bey aller Gelassenheit, bey allen Vorsätzen, ruhig zu bleiben und sich nichts anfechten zu lassen, ist es doch nicht zu verhüten, daß nicht Stürme von außen her uns plötzlich überraschen und im ersten Moment heftig angreifen und auf den Körper würken.

d. 1. Augustmonat. – So bist du denn einmal da, du, auf den wir unsere Hoffnung schon lange gesetzet, daß du das Jahr krönen werdest, daß du die Früchte der Felder vollends reifen und gut in die Scheunen liefern werdest. Ich werde zwar wenig Genuß mehr davon haben, aber meine Mitmenschen, die ich zurücklasse, denen mag ichs so herzlich wohl gönnen.

D. 2. Augustmonat. Freilich gibts auch immer etwa ein Briefchen zu schreiben. Doch habe ich mich mit meinen Korrespondenten meist bis an einen einzigen eingeschränkt, eben weil es mir an Stoff fehlt, einen einzigen, den meine Seele bis zur Anbetung liebt. An den werde schreiben, solange meine Hand regen kann. Ich weiß, daß er keine gelehrten Sachen von mir fordert, sondern was ich ihm in aller Herzenseinfalt hinschreibe, gutmütig genug ist, dasselbe eben also anzunehmen und zu beurteilen, und sich alle Mühe gibt, mich auf alle Arten zu unterstützen, zu beraten, zu helfen und zu trösten. Und eben diesem Einzigen soll dies mein letztes Büchel, das ich schrieb, zum Angedenken bestimmt sein. Ist freilich nichts und wieder nichts. Allein es sagt doch etwas von der Denkungsart eines armen, ungelehrten Weltbürgers über verschiedene Gegenstände. Dann auch etwas von seiner Krankheitsgeschichte, von seinen Empfindungen in seinen letzten Lebenstagen. Also wird er gewüß dies mein Andenken nicht verschmähen.

Den 9. – Eben jetzo erhalte von meinem Einzigen, von meinem Besten unter allen Guten ein trostreiches, Leib und Seel erquickendes Schreiben, wo ich über dem Lesen aller Beschwerden vergesse. So voll Aufmunterung, so voll Trost und Seelenlabung, dergleichen mir alle Pastoren in der Welt nicht imstande zu verschaffen. So ganz in meinem Sinn, aus meiner Seele geschrieben und auf meinen Umstand passend, wie ichs nur wünschte. Nicht nur das. Allemal muß noch eine milde Gabe beigelegt werden.

Den 11. – Ach wie schwach! Der schneidende Schmerz im Hals, der unerbittliche Husten entkräften mich ganz. Am Morgen fühle ich mich weit schwächer als am Abend, weil mir der Husten nur kleine, abgebrochene Weilchen Ruhe läßt. O der süße Schlaf, wird er mir nicht auch noch vor meinem Ende einige Nächte zu teil? Gütiger Genius, du hast mich doch noch nie verlassen. O verschaffe auch diese Wohlthat wieder dem sonst so geplagten Erdensohn. Aber die Natur ist unerbittlich. Sie rächt sich selbst mit aller Strenge, wo man sich jemals gegen sie versündiget hat.

Den 12. August. – Beschäftige mich hüte mit Briefe schreiben. Dann es fangt an, mir sehr schwer zu gehen. Habe erst auch an meinen Freund Grob geschrieben, ihm etwas von meinen Umständen gemeldet und ersucht, in ein paar Häusern ein gut Wort vor mich einzulegen, um etwas Unterstützung zu erhalten. Dann meine Ausgaben sind immer mehr als ich rechne und meinen teuersten Herr Girtanner dörfte, weiß Gott, nicht immer anliegen, indem er schon so überschwänglich viel an mir getan. Nun, den dritten Tag erhalte schon ein Schreiben und einen Louisdor von meinem Freund Grob, mit der Versicherung, daß bald mehr folgen solle.

Den 13. – O da erhalte ein ganzes Pack Thaler von meinem Freund Grob aus dem Gonzenbachschen Hause, von der Familie gesammelt. Gott, welche Güte! Ich wußte gar nicht, wie mir war und was ich sagen sollte. Wußte nicht, daß ich noch so viel wohlwollende Menschen hatte.

Den 14. August. – Gestern kam mir denn zugleich eine ganze Schachtel voll notwendige Bedürfnisse, zuckersüße Sachen von meinem Einzigen. Ach, es sind der Ausgaben so viele und Einnahmen gar keine als diese. Ich kann noch vieles brauchen, und wenn auch mein Bestatterlohn übrig bleibt oder gar einige Taler meiner alten braven Frau übrig bleiben, o wie wohl wird es ihr thun! –

Wanderberichte

Reise nach Zürich

Erster Besuch bei Ratsherr Füssli

(Tagebuch 1789, Juli)

«Der Arme Mann aus dem Toggenburg der macht eben auch ein kleines Reischen, teils aus ökonomischen Absichten, teils auch ein paar Tage zu verschnaufen, andere Menschen, andere Gegenden zu sehen und Gottes Wunder zu betrachten und einige Tage sorgenlos dem Vergnügen zu widmen. Den 21. Juli, seiner Gewohnheit nach in der frühen Morgendämmerung, machte er sich auf den Weg nach Weil (Wil). 's war ein herrlicher Sommermorgen, dies Jahr etwas Seltenes. Die liebe Sonne kam allgemach vom Schwabenland hervorguckend, und schon die lieblichen Busch- und Waldsänger meist ihre Musikstunden eingestellt hatten, ließe sich doch die Nachtigall, das Rötele und Rotkehlchen gar anmutig hören, machten ein herzliches Morgenliedchen, welchem der arme Wanderer auch von Herzen beystimmte. Alles vergessend, sorgenlos, ganz Aug und Ohr trabte er mutterallein die schönen neuen Straßen auf Weil hinunter. Dachte und murmelte zwüschen den Zähnen: das hättest du, alter Großvater, vor 50 Jahren wohl noch nicht gedacht, daß deine Söhne im Toggenburg solche Straßen machten, auf welchen Könige und Fürsten, ja orientalische Heerzüge mit ihren Elefanten und eisernen Wagen bequem reisen könnten, wohl kostbare, lieber Bruder und Landsmann, aber unsterbliche ruhmwürdige Arbeit. Der Frömde lobet dich, und der Nachkömmling wird deinen Ruhm erzählen. Nur getrost, lieber Bruder, bald, bald ist die Arbeit überhauen, die Kosten versaust, die schönen Straßen sind da, und in zehn Jahren fühlst du nichts mehr von den Wunden. Aber Früchte davon wirst du sehen, die du jez noch gar nicht kennst. Welcher Reisende wird dich nicht segnen, wann er die ebenen, schön gebahnten Straßen daher wandert und die alten, krummen und ungehobelten Hohlwege hie und da noch in ihren Ruinen erblickt, die Abscheu und Schauder erwecken. Wird er nicht Achtung vor dich fühlen, und wann unser gütige Landesvater uns mit seiner Gegenwart beehrt, wird er nicht sagen, 's sind doch brave Toggenburger, trotz allem Widerspenstigen haben sie es doch nach meinem Wunsche gemacht. Ich will ihnen nun auch ein Blatt überschlagen.

Unter dergleichen Gemurmel kam er unvermerkt nach Weil morgens acht Uhr und wäre noch eine Stunde früher gekommen, wenn nicht die häufigen Gegenstände, die neuen Straßen, allenthalben reifende Kornfelder, mit Früchten schwer beladene Obtbäume seine Aufmerksamkeit an sich gezogen hätten, daß er immer stillstehen und begucken mußte. Da überließ er sich seinen Gedanken, ließ jeden Alltagskamerad achtlos vorbeiwandern. Er hätte einen nähern Weg über Sirnach, Eschlikon u.s.f. nach Winterthur gehen können. Aber er wollte pervorce auf Weil, weil eben der Wochenmarkt anging, und sich des Vergnügens zu erinnern, das er vorm Jahr genoß, als er dort seinen herzlieben Herrn Ratsherr Füßli und seine herzliebe Gemahlin das erste Mal in seinem Leben sah und sprach. Mit inniger Rückerinnerung und süßen Empfindungen beguckte er das Logis, wo ihm diese Ehre widerfuhr. Dann stolperte er noch so ein Weilchen auf dem Markt herum. Vieh, Korn, Obst fragte nach den Preisen, um bei seiner Heimkunft seinen neugierigen Nachbaren etwas sagen zu können. Als er eben fort wollte, lief ihm noch Herr Pfarrer Luz von Lichtensteig in die Händ, der eben von Frauenfeld kam und die erfreuliche Nachricht mitbrachte, daß nun einmal der Wettersche Handel, dessen er im vorigen Tagebüchel ein bisgen gedacht, beendigt sei. Gott gebs. Die Zeit wirds lehren. Nun nahm er seinen Weg auf Münchweilen, aß zu Mittag und sah aus dem Fenster einer Hochzeit-Solenität zu. Hörte die Glossen, die von allen Seiten über das ungleiche Brautpaar gemacht wurden. 's war ein gar junges Bürschgen und eine Witfrau mit etlich Kinder. Braut und Bräutigam hatten Tränen in den Augen.

Hm, dachte er, muß doch fragen, was man hier von einem weinenden Brautpaar halte. Bei uns hält mans an einigen Orten vor ein gutes, und an anderen Orten vor ein böses Vorzeichen. Hier sagte man: Eine lachende Braut gibt eine weinende Frau. Dort sagt man das Gegenteil. Und ich weiß gewüß, aus Erfahrung, daß beides Vorurteil ist, daß aus einem lachenden Brautpaar ein glückliches Ehepaar geworden und auch wieder das Gegenteil. Mich dunkt, auf Lachen oder Weinen komme weiter nichts an, als daß es die Gemütsart eines Menschen anzeigt. Eigentlich hängt dies, wie mich dünkt, von der Erziehung ab. An vielen Orten machen Eltern und Lehrer ihren Jungen abscheuliche Schilderungen vom Ehestand (und das dunkt mich ein Fehler) und dennoch überwindet der Naturtrieb bei den jungen Närrchen. Sie geben einandern mit Zittern und Zagen die Hand. Dann, am Tage der Hochzeit, kommen all die eingesogenen scheußlichen Bilder vom Ehestand dahergezogen, und die Närrchen sind nüchtern und öfters schon angeschossen und verbraust. Die Feierlichkeit, die Zubereitung zu all den Zeremonien machen die Leutchens halb melancholisch, mutlos und verzagt. Und dann das Festknüpfen, o o, das allzufeste Knüpfen macht, daß oft der Strick in Stücke kracht. Doch der Verständige weiß sich zu raten; aber dummgute Schafsseelen geraten oft in größeres Elend als ein Sklave in Algier. He, Landsmann, sagte er zu einem, der ihm einen Schuß bei den Ohren abknallte, warum weint das Brautpärchen? Ich weiß nicht, sagte er, denk wohl, 's ist die Narren gerauhen, und da wirds einen krausen Ehestand absetzen. Da haben wirs, dachte der Arme Mann und ging seinen Weg weiter, machte seine Spekulationen vor sich her, meist übers Heiraten, bis er auf eine anmutige Höhe kam, auf die ihn die grade Landstraße auf Elgg zu führte. Von dieser Anhöhe ist eine herrliche Aussicht weit und breit herum. Ein freundlich redseliger Bauer zeigte ihm all die umliegenden Örtle, die schönen Vertiefungen, fruchtprangende Felder und Obstbaumwälder, das weit und breit in die Augen spielende Sonnenberg und weit über Frauenfeld hinunter die ausgebreitete herrliche Landschaft. All diese reizenden Gegenstände verdrängten in ihm die Gedanken über all die Ehestandshudeleien. Süße, wehmütige Empfindungen durchfuhren ihm alle Adern, Brust, Mark und Bein. In Elgg nahm er wieder ein Schöppgen. Dann es war ein gar heißer, zum Dürsten gemachter schwüler Sommertag. Erquickt und still aufjauchzend stampfte er nun über die schönen ebenen Fruchtfelder fort bis Winterthur und hörte den singenden Schnittern mit innigem Vergnügen zu. Über das große Winterthurer Feld machte ihm die schon untergehende Sonne bald wehmütige Freudentränen weinen; aber seine Füße brannten im heißen Sande wie glühende Kohlen, daß er sich ein paarmal anWeg hinsetzen mußte, um die Füße zu kühlen. Das erinnerte ihn dann an jene beschwerlichen Märsche in Brandenburg und Sachsen, wo er im August in der schwülsten Sommerhitze, im brennenden Sand, in knapper Montur, mit Sack und Pack wie ein Esel beladen, den ganzen Tag fort wandern mußte, daß er dampfte wie ein Backofen und trotz seines Hungers und Dursts um sein Leben gerne sein armselig Traktamentchen hergegeben hätte, um nur ein Stündchen im Schatten unter einem Baume auszuruhen und abzukühlen. Wie gut, dachte er, o wie gut hab ichs jez, leide weder Hunger noch Durst, kann mich nach Belieben auf diesen Rasen, unter diesen wohltätigen Baum hinsetzen, mich kommod machen, ausruhen, abkühlen, und wieder nach eigener Willkür, ohne Gepäck an meinem Stabe, den gemachen Schritt fortwandern, alles besehen und begucken, ganz frei mich freuen und fröhlich sein, jedes unschuldige kostenlose Vergnügen mitnehmen und genießen. Welch ein Tor bin ich, daß ich mich noch so oft Sorge und Gram hinreißen lasse.

O Freyheit, du bist das köstlichste, ußert der Gesundheit das köstlichste Gut auf Erden. Wer diese hat, sollte nie mißvergnügt sein; 's ist Sünde.

Unter dergleichen Gedanken oder Selbstgesprächen, dann er murmelt gar oft seine Gedanken ziemlich laut vor sich her, stolperte er in das schöne Winterthur vollends hinein, und sein kleines Hündchen schwänzelte vor ihm her. Wem gehört der Hund? schnurrte die Schildwache. Mir, mir, sagte er. So ist er verloren, sagte die Wache. Dann in den Hundstagen darf man in der Stadt keinen Hund frey laufen lassen. Der Arme Mann, der nichts von diesem wußte, zitterte vor das liebe Hündchen, rufte und lief demselben trotz seiner Müdigkeit eilig nach, hascht es und trugs aufm Arm ins erste beste Wirtshaus, beim «Wilden Mann» meint er wars. Da wars seine erste Sorge, einen Strick zu kaufen, um das Hündchen anzubinden. Das arme Tierchen gebärdete sich aber sehr ungeduldig. Er fand einen freundlich gefälligen Wirt, wollte aber am Morgen früh den 22. Juli wieder fort, um zeitlich nach Zürich zu kommen. Und doch hätte er herzlich gern den berühmten Kupferstecher H. Schellenberg gesehen. Er stolperte mit seinem Hündchen am Stricke durch die Gassen hin und fragte Herrn Schellenbergs Wohnung aus. Traf ihn an und redete ein halb Stündchen mit ihm wegen der Kupferchen zu seinem Büchel, und reiste seinen Weg weiter, über Bassersdorf nach Zürich. Meinte, bis mittag in Zürich zu sein, wohin sein sehnlich Verlangen war. Aber da gabs der Gegenstände zu beyden Seiten der Straße so viele, daß der neugierige gefühlvolle Wanderer genug zu begucken und zu bewundern hatte: volle Ernte, überall mit Obst schwerbeladene Bäume, pflügende Bauern in alter Schweizertracht und Pomphosen etc. Gegen Bassersdorf zu fingen seine Füße wieder an entsetzlich zu sausen und brennen, daß er fast zweifelte, noch diesen Tag nach Zürich zu kommen. Er kehrte in Bassersdorf ein, fand eine schöne freundliche Wirtin, aber auch einen ganzen Haufen Bettler vor der Haustüre. Hm, murmelte er zwüschen den Zähnen, ich dachte, in diesem Kanton gebs gar keine Bettler, muß doch etwas Ungewöhnliches vorgehen. Er fragte die Wirtin um die Ursache und was das vor Bettler seyen. Ha, sagte die Wirtin, ist halt Ernte, 's sind keine Frömde, nur hier aus der Nachbarschaft, die kommen Ähre aufzulesen. Dann müssens doch leben. Die Ähre könnens nicht essen; dann kommens so scharenweis vor unsere Türen und kriegen Most und Brot oder Brot und Most; dann Wasser vertritt alleweil die Stelle des Mosts. Aber auch viele kommen mitunter, um nur zu betteln, ohne eine einzige Ähre aufzulesen. Doch, man gibt hier, ohne zu untersuchen, wies auch recht ist. Sind jez schlimme Zeiten, wenig Verdienst und teuer Brot. Aber, sagte er, vor der Ernte und nach der Ernte, was fangen sie dann an? Ha, sagt die Wirtin, dann müssen sie kümmerlich genug leben.

Doch man laßt keins Hunger sterben, man gibt ihnen. Jez ist eben auch ihre Erntezeit, jez leben sie besser als manche Bauern etc.

Die freundliche Wirtin sagte ihm noch vieles von den guten Anstalten einer weisen Regierung in Absicht der

Versorgung der Armen, daß er nicht alles behalten konnte, und machte ihm unterdessen ein niedliches Mittagessen, um geringe Uerten. Er bat sie um ein bischen Unschlitt, seine Füße zu schmieren. Auch das gab sie ihm ohnentgeltlich. Er schmierte seine Füße, Strumpfsocken und Schuhe tüchtig ein und ging dann wieder ganz erquickt und wohlauf seinen Gang weiter. Anfangs glitschte er in seinen Schuhen im Unschlitt, aber er fühlte nicht das geringste Brennen mehr an seinen Füßen. Probatum est, sagte er zu sich selbst, ein herrliches Rezept vor reisende Fußgänger und arme Erdenwaller. Er segnete die freundlich gefällige und schöne Wirtin. Wie wohl täts jedem Reisenden, wann er immer in solche Hände fiele, murmelte er, ein Lobeliedchen möcht ich ihr machen und sie allen falschen, unfreundlichen Schurken und Gästeschindern von Wirten zum Muster darstellen.

So stampfte er immer mutterallein in Gesellschaft seines Hündchens seinen Weg fort und kam unvermerkt nach Zürich. Schon ihn der Weg lang düchte, hat er sich denselben doch noch länger vorgestellt. Dann er sah in der Dämmerung immer die jenseitigen Berge hinter Zürich und glaubte noch über diese hinüber zu müssen, weil er der Gegend nicht recht kundig war und auch diesmal nicht sonderlich acht gab, sondern immer so in Gedanken fortschlenderte, bis er einsmal auf einer Anhöhe das Zürcher Thal, die Leimath und die Thurmspitzen von Zürich sah. Sein Herz hüpfte ihm hoch auf, als er das liebe und so sehnlich verlangte Zürich erblickte. Er stolperte vollends in die Stadt hinein und gerade nach dem Schwert hin. Sein erstes war, der Wohnung seines herzlieben Herrn Ratsherren Füßli nachzufragen. Er besorgte sehr, seine herzliebe Gemahlin krank zu finden. Dann er hatte vorher Nachricht erhalten, daß sie durch eine harte Entbindung sehr mitgenommen worden. Aber zu seinem Erstaunen und Freude fand er sie ganz munter und wohl auf. Ausnehmend gütig und menschenfreundlich ward er aufgenommen und herrisch traktiert, daß er sich schämte, bis an den dritten Tag an dieser menschenfreundlichen Tafel solch unverdiente Ehre und Gastfreyheit zu genießen. Hier traf er auch junge Edle aus Preußen, die Schweizerreisen machten, an. Herzinniges Vergnügen wars ihm, auch wiederummal Preußen zu sehen und zu sprechen. Und das von der edelsten, menschenfreundlichsten Klasse, die eben auch beim Schwert logierten und ihn morgens auf ihr Zimmer zum Frühstück einluden. Gott erhalte diese Edlen auf ihren Reisen. Wo sie immer sein mögen, wünsch ich ihnen Gesundheit und alles Vergnügen, sagte er. Kein Sommer hab ich noch gelebt, wo ich mehr Vergnügen von der Art, mehr Ehre von frömden Reisenden, die mich in meiner Einsiedelei besuchten, genossen.

Donnerstag den 23. Juli wurde er meistens herumgeführt, ihm die Wasserkirche und andere Merkwürdigkeiten von Zürich gezeigt. Mittags wurde er von einem andern angesehenen Menschenfreund herrlich traktiert, dessen Rang und Titel ihm entfallen ist. Auch machte er einen Besuch bei seinem lieben Herrn Pfarrer Nef, dessen Andenken ihm noch von seiner Jugend her so heilig ist. Dann ginge der menschenfreundliche Herr Ärne wiederum mit ihm spazieren auf die neue Promenade, auf den Platz des seligen Herrn Geßners Lieblingsspaziergang, wo ihm nun ein Denkmal errichtet wird. So brachte er den Tag wieder vollends hin, freudetrunken, daß er als ein ungehobelter grober Toggenburger überall so gut aufgenommen und so menschenfreundlich bewirtet wurde.

Und nun noch einmal zu seinem lieben Herr Ratsherr Füßli, wos ihm so herzlich wohl ward. Welch eine gesegnete zahlreiche Familie! Sein Herr Vater, ein alter, ehrwürdiger Greis, auf seinem Stübchen, wohlverpflegt, noch gesund, munter und zufrieden auf seinem Großvaterstuhl in Bücher, Schriften und Papieren eingemauert. Zweimal brachte er eine Stunde bei diesem edlen Greisen zu und ward in seinem Umgang bis zum Weinen gerührt, ein wahrer Patriarch. Gott gebe ein solches Alter allen Rechtschaffenen überall. 's ist eine wahre patriarchalische Familie. Segen, Eintracht und Harmonie, wohlgezogene menschenfreundliche Söhne, ein ganzes Häufgen liebenswürdige Töchtern, die zu wetteifern scheinen, einander an Bravheit zu übertreffen, die einem Armen Manne mit Tabak und Pfeife und anderen Bedürfnissen so liebreich und menschenfreundlich aufwarteten, dessen sich ein hochmütiges Bauernmädel geschämt hätte, alle tätig, keins müßig umherschlendert, alle wie von einem Geiste beseelt. Er bedauert Herrn Ratsherr Füßli, daß er allzu stark mit Arbeiten überladen ist, so glücklich er ihn sonst preist, als Vater mitten in einer solchen Familie zu leben, je eins des andern würdig. Solch ein Mann verdient, solch eine Engelsseele zur Gemahlin zu besitzen. Und diese verdient solch ein Haupt von so edler Denkungsart. Solch ein edles Paar verdient solche gutartige Kinder. Und diese, ihres Vaters würdig, verdienen eine solche Stiefmutter, deren vielleicht Salomon unter seinen tausend Weibern nicht manche hatte. Keine Schmeicheleien, gerade wies ihn dünkt, wies ihm ums Herz ist, schreibt und sagt ers. Schmeicheln ist nicht seine Sache, und wenn auch, so weiß er zu gut, daß Menschen von solcher Denkungsart Schmeicheleien hassen. Geringe ist die Bekanntschaft, so er in Zürich gemacht hat, aber ihm doch höchst wichtig. Er fühlt sich unwürdig der Ehre, die ihm widerfahren, und wünscht nur, daß er sie verdienen könnte. Sonst hat er auch noch andere Menschenfreunde kennen gelernt und manche Beobachtungen gemacht. Herr Ratsherr Hirzel und sein würdiger Sohn sind ihm auch herzliebe Männer. Jungfer Locher, seines lieben Pfarrers Frauen Schwöster, bei der er Briefe abzulegen hatte, nahm ihn auch gar liebreich auf, kurz, er kann all die gütigen Begegnungen nicht genug rühmen.

Freitag den 24. Juli machte er sich morgens wieder reisefertig. So weh es ihm tat und so gern er noch länger in Zürich geblieben wäre, dachte er doch, 's ist besser, man gehe, ehe man lästig wird. Nahm also Abschied von seinen herzlieben Freunden und Gönnern und Freundinnen. Vor allem aus aber in H. Ratsherr Füßlis Haus von der glücklichen Familie, die er allen Familien zum Muster vorstellen möchte. Wo er soviel Gutes genossen, doch nicht in Absicht seiner, hätte er sonst nichts Verehrungswürdiges von ihnen gesehen und gehört, nein, lauter Gutes hörte er von ihnen. Keiner kann ihnen Schlimmes nachsagen, auch wenn es möglich wäre, daß solche Menschen Feinde und Neider hätten, dürften sie sich nicht unterstehen, das öffentlich merken zu lassen. Die gute liebe Frau Ratsherrin sorgte auch noch vor sein Hündchen und gab ihm vor dasselbe ein Stück Fleisch in die Tasche. Das arme Tier allein war froh, aus der Gefangenschaft erlöst zu werden. Dann die ganze Zeit wars ein armer Arrestant. So bald er ein Stück weit vor die Stadt kam, ließ ers wieder frei laufen, welches seine Freude durch allerlei Sprünge und Kapriolen bezeugte. Ganz anders war der Arme Mann gestimmt.

Voll wehmütigen Empfindungen und doch wonnetrunken über all die gütigen Begegnungen schlenderte er seinen Weg fort. Herr Ratsherr Füßli hatte ihm ein Biletchen mitgegeben an seinen Tochtermann Herrn Pfarrer Wirz zu Kilchberg. Er dachte, bei guter Vormittagszeit dahin zu kommen. Aber er betrog sich. Dann er stund alle zehn Schritte stille und sah auf das liebe Zürich zurück, und oft konnte er sich nicht enthalten, helle Tropfen über die Wangen herabrollen zu lassen. Oft stund er eine Viertelstunde still und hielt der guten Stadt eine Standrede vor sich:

Da liegst du nun, liebe, auserwählte, schöne Stadt, murmelte er, dort in der anmutigsten Gegend der Welt, dort am Gestade, am Ausflusse des schönen Zürcher Sees. Du bist mir lieber, als alle Königstädte der Welt, die Hauptstadt Helvetiens, meine Auserwählte. Möchte mir der Himmel gönnen, dich alle Jahre nur so einmal zu besuchen, das würde meine Gesundheit fristen und mir meine Tage verlängern. Ich würde mich immer wieder verjüngen wie ein Adler und mich das ganze Jahr draufhin freuen, du Zeugerin so vieler großen, berühmten Männer, du Herberge vorzüglicher Menschenfreunde, edler Seelen, du Vaterstadt meiner Geliebten, Wohnort meiner edlen Freunde, an denen meine Seele hängt wie Jonathans und Davids. Der Glücklichste unter der Sonne würde ich mich schätzen, Bürger in dir zu sein, aber ich würde mich betrügen. Deine Reize würden mir veralten, und jez sind sie mir immer wieder neu. Immer werde ich mit Wonnegefühl an dich zurückdenken, du gesegnete Stadt; immer wirst du grünen und blühen und glücklich sein in deinen Mauren, so lange noch zehn Gerechte in dir wohnen. Jez zur Zeit noch macht mich meine Vorliebe zu dir glauben, du steckest noch platzvoll edler Seelen, voll Gottes- und Menschenliebe, und alle die weisen Anstalten, das Gewimmel von edel denkenden Jünglingen und Jüngferchen macht mich hoffen, du werdest je länger, je mehr aufblühen. Deine aufklärenden Strahlen werden ihr Licht weit umher verbreiten. Du werdest nicht aufhören, große Männer zu zeugen, die dem alten Drachen Aberglauben und Vorurteil vollends den Schädel zertreten, du werdest noch immer weise Männer hervorbringen, nicht nur Väter und Pfleger deiner Untertanen, sondern Stützen und Grundpfeiler Helvetiens etc.

So sprach er immer mit sich selbst. Dann ging er wieder etliche Schritte fort und murmelte: Dank, Dank, tausend Dank, ihr edlen Seelen in Zürich, ihr guttätigen menschenfreundlichen Seelen, die ihr so mild und gütig einen armen, nichts bedütenden Erdenwaller aufnahmet und bewirtetet, als wenn er euresgleichen wäre. Gotteslohn euch, ihr edlen Bürger und verdienstvolle Männer, der Allsehende wirds euch vergelten. Dann stund er wieder stille und betrachtete den herrlich spiegelnden See und die jenseitigen majestätischen Gegenden, Ortschaften, Gebäude und Gärten des jenseitigen Seeufers, und konnte seine Bewunderung in keinen Worten ausdrücken, Anbetung dem unendlich und unbegreiflich weisen Schöpfer. Welch prächtig herrliche Lagen und amphitheatermäßige Erhöhungen! Und deinen Menschen gabst du Weisheit und Verstand, diese herrlichen Lagen zu bebauen, zu verschönern und zu verzieren. Zierliche Gärten, von allen ersinnlichen Arten Früchten zu Nutz und zum Vergnügen, welche Augenlust! Konnte ein Garten Eden schöner sein, konnte er mehr Vergnügen gewähren? Müssen diese majestätischen Gegenden nicht allen Reisenden zu Wasser und zu Lande Bewunderung und Entzücken erwecken? Und diese Menschen, die da herum wohnen, sinds so gewohnt, daß sies gar nicht mehr achten. Aber wenn einer aus einem rauhen, wilden Lande dahin kommt, muß sich wahrlich ins Paradies versetzt glauben. Tagelang möcht ich hier stehen und jene Gegenden bewundern und alles um mich her begucken, welch eine Augenlust, mitten in Wäldern von Bäumen wandeln, die alle schwer beladen mit Früchten aller Arten, Form und Farben.

So kam er unvermerkt in Kilchberg an. Fand augenblicklich das ihm von Herr Ratsherr Füßli bezeichnete Haus, ohne nachzufragen, kannte die Frau geschwinde, daß es Herr Ratsherr Füßlis Model sei. Nun kam auch Herr Pfarrer Wirz. Er übergab das Briefchen und wollte weiter. Doch fand er bei Herrn Wirz die Tafel schon gedeckt und mußte nun mitessen. Nach dem Essen zeigte Herr Wirz ihm seine niedliche Wohnung, allerliebste Zimmerchen und aus allen Fenstern eine herrliche Aussicht. Was den Armen Mann aber am meisten rührte, war Herrn Wirzen herrliches Vergnügen und Wohlgefallen an seinen zwei gesunden, muntern und hübschen Jungen. Der jüngere kaum sechs Wochen alt, zeigte er ihm schlafend in der Wiege, der andere, schon über ein Jahr alt, gar lebhaft bei Tische spielend und umher hüpfend. Welche Teilnahme wars dem Armen Manne, zwei solch hübsche, kleine, hoffnungsvolle Junge, solch ein liebes Ehepaar, solch zärtliche Vater- und Mutterherzen vor sich zu sehen und dabei sich auch seiner ersten Vaterjahre zu erinnern, wies ihm war, als seine erste Jungen auf seinem Schoße hüpften und zum erstenmal Aeti lallten. Wahrlich, alle Teilnahme muß aus Erfahrung fließen. Welche Freude ist größer, als zärtlicher Eltern ihre über gesunde, gerade, hoffnungsvolle Junge. Aber, o wie manche Eltern bereuen erst lange hernach diese Freuden! Genug, der arme Reisende war wie Wachs so weich und hätte sie küssen mögen, die liebe, kleine Familie und unschuldigen Jungen, die wie aus einem Guß, man muß nur die Urquelle kennen, so wird man die Frucht bald kennen, zu kommen schienen. Nach einem kurzen Aufenthalt und wenig bedütenden

Fragen und Antworten nahm er Abschied von H.Wirz und dieser lieben kleinen Familie und stolperte vorgemeltermaßen seinen Weg fort, über Horgen nach Wädenschweil, wohin sein Augenmerk war.

Nur zwei Gegenstände machten ihn lange nachdenkend stillstehen. Der erste war das schöne Horgen und noch eine herrliche Aussicht auf das liebe Zürich hinab und das letzte, nein, hoffentlich nicht das letzte Lebewohl, lebwohl herzliebes Zürich! Aber Horgen, einst das Geburtsort seiner einst so lieben Anne, Gott weiß, was er da gemurmelt hat. Der andere Gegenstand war Küsnacht. Die Aussicht gerade hinüber veranlaßte ihn dazu. Lange, lange blickte er übern See hinüber, dachte nach, welche schreckliche Wut der Elemente einst dieser schöne Ort auszustehen hatte. Betrachtete von ferne genau das Waldwasser und die Lage des Laufs, woher es kam. Es dünkte ihn fast ein Wunder, daß so ein kleines Bächen solche Verheerungen anrichten konnte, wenn er nicht schon längsten von den Umständen, von dem Anschwellen des Baches unterrichtet gewesen wäre. Er dachte so tief nach, daß er noch die hellen Tropfen um die armen Opfer der wütenden Fluten hätte weinen können. Im Geiste, oder lieber in der Imagination sah er die tobenden Fluten den Berg herab brüllend daherbrausen, an die Häuser anprallen, eins nach dem andern zusammenkrachen. Er hörte das schröckliche Gebrülle des rollenden Donners, das Brausen der himmelhochschäumenden Fluten, das Gewimmer und Klaggeschrei, Zetter und Mordio der um Hülfe schreienden armen hülf- und rettunglosen Schlachtopfer der aufgebrachten Elemente, all dies vermischte Getöse dieser höchst traurigen Szene konnte er sich noch ganz lebhaft vorstellen, und wie gesagt, helle Tränen auf die Ruinen und vielleicht noch jez unter den Trümmern tief im Morast vergrabenen Mitbrüdern und Schwöstern weinen können. Er stellte sich vor jenen Zeitpunkt, wie manch hundert Neugierige von allen Orten herkamen, die Stätte der schauererweckenden Verwüstungen anzusehen, die unterschiedlichen Anmerkungen, Urteile oder Vorurteile, nach der verschiedenen Denkungsart, die gemacht sind worden. Das Allergewöhnlichste unter dem Pöbel ist schriftmäßig: Was müssen doch wohl diese Menschen gesündigt haben etc. Andere: 's ist purer Zufall, hochschwangere Wolken werden von den Winden zusammengepreßt. Der, welcher die Oberhand gewinnt, treibt sie, wohin er will, oder wohin er von den andern gezwungen wird. Dann schütten die berstenden Schläuche von Wolken ihre schwere Last aus, ohne Rücksicht zu nehmen, wohin das Gewicht falle, ob der Ort schön oder wüst, die Menschen gut oder böse seien. Triffts dann nun Gegenden, die vorteilhaft sind und Hand bieten, diese ausgeschütteten Ströme aufzufassen und auch wieder einzuengen, so muß es notwendig so kommen, wie es hier bei Küsnacht kam. Nein, nein, sagen wieder andere, es ist Verhängnis, es mußte da eintreffen und an keinem andern Ort. 's ist die Hand Gottes, die zielt und schlägt nicht treulich und ungefähr, sondern wohlabgemessen, wohin sie will, und nie ohne weise Absichten. Ach, sagen wieder andere, ach, es sind Zeichen der letzten Zeiten. Johannes hörte ja schon im Geist das Rauschen vieler Wasser, und was ist das anders? Alle Zeichen sind vorhanden! Ah, Possen, sagen wieder andere, das ist dem Sommer eigen. So lange die Welt steht, brachte er uns Donner und Blitz, Wolkenbrüche, Hagel und allerhand schwere Wetter. Bald da, bald dort, wos trifft, so triffts. Kein Jahr ist leer davon. Freilich wars den fortgespülten Küsnachtern die letzte Zeit. Das Schwert frißt hüte da, morgen dort. 's sind immer Menschen genug auf der Welt. Ja, sagen wieder andere, 's ist doch bedenklich, auf die Art in die Ewigkeit überzugehen, gerade wie Koran, Dathan und Abriam, und man weiß ja, wohin diese fuhren, anderst, das Wort Gottes müßte lügen. Ha, sagt ein anderer, da laß du den Allvater sorgen. Wer alles glaubt, ist ein Narr, und wer nichts glaubt, ist ein Esel.

Orkane reißen schwerbeladene Obstbäume zu Boden und lassen dürre Birken stehn. Keiner ist noch zurückgekommen und hat uns sein Schicksal erzählt. Was geschrieben ist, haben Menschen geschrieben. Gerade so, wie ich schreiben kann, was ich will; ein Geist trieb sie und keiner schreibt ohne Trieb etc.

Diese und andere Urteile, die ihm bekannt waren, wiederkäute er und machte auch seine eigenen Spekulationen darüber. Dann flatterte er mit seinen Gedanken in die vergangenen Zeiten zurück, auf dem bekannten und unbekannten Erdenrunde herum, dachte auf ähnliche Fälle, kam auf Plurs, Calabrien, Lisabon und all die unglücklichen Örter, von denen er gelesen oder erzählen gehört. Dachte, wieviele Städte und Ortschaften die Erde schon verschlungen, wieviele die Fluten weggespült, das Meer verschluckt und die Flammen verzehrt haben, wieviele Millionen Menschen schon sit Anfang der Welt ein Raub der aufgebrachten Elemente geworden, wieviele Millionen eines natürlichen Todes starben, und dann das Schrecklichste, in die Hände der Menschen oder Mörder und Unmenschen zu fallen. Welch eine zahllose Menge Menschen sind von ihren Mitmenschen hingewürgt worden und die meisten auf eine Tigerart oder noch ärger! Sollten nun alle diese einst wieder hervorkommen? Sollten einst die Elemente alle ihre Toten wieder hergeben? Unsterblich sollen sie werden und ewige Behausung finden, welch ein zahlloses Gewimmel! – Hier verloren sich seine Gedanken, dann er zweifelt nie an einer ewigen Allmacht, die alles kann, was sie will; aber alles bestimmte Raisonimenr über sein Wollen dünkt ihn Verwegenheit.

Er suchte sich aufzuheitern, seine Augen und Ohren samt den Gedanken auf gegenwärtige angenehme Gegenstände zu lenken, um jene traurigen zu vertilgen. Es fehlte ihm nicht daran. Dann, wohin er sein Auge wandte, fand er überall die herrlichsten Aussichten, die reizendsten Gegenden und überall Fülle von Früchten und natürlichen Schönheiten. Es gelang ihm. Augenblicklich verloren sich jene schwarzen Bilder. Er dünkte sich ins Paradies versetzt, meinte Cherubim und Seraphine umschwebten ihn. Da konnte er auf dem ganzen Erdenrunde nichts als lauter Wonne denken, einen Gott als seinen besten Freund, der lauter Gutes will und tut, es mag uns scheinen, wie es will, sich vorstellen, diesem

Gott sich sorgenlos und froh überlassen, es gehe, wie es wolle, und unter diesem abwechselnden Gedanken kam er auf das schöne Wädeschweil.

Ein Viertelstündchen vorher kam ihm ein großer Gewaltsmann nach, der würklich ein Wädenschweiler war. Der unterbrach ihn in seinen Gedanken durch alltägliches Gespräch. Er betrachtete den Mann verstohlenerweise vom Kopf bis zun Füßen und machte seine Gedanken auf Berlin wandeln. Dann so oft er einen solch großen, wohlgebildeten Mann sieht, kommen ihm seine alten Preußen zusinne. Er stellt sich seinen Lattorf, seinen Lüderitz, Nierot, Graf Poß, und Schleim vor. Dachte, welche ein werter Mann wäre er dort gewesen. Doch all die wackern Männer sind längsten in die Pfanne gehauen. O schade drum! Seine Hochachtung solcher großer wohlgewachsener Männer mag sich noch von dorther schreiben und er mag wohl je gewünscht haben, ein Regiment solcher wohlexerzierter großer Männer unter seinen Befehlen zu stehen und dieselben in seinem Vaterlande zeigen und manövrieren zu lassen.

Zwei Monate nachher hatte er die Ehre, mit diesem wackern Mann bekannt zu werden, bey einer Boutile Wein eine Parthie mit ihm zu machen und erfuhr, daß er dort ein angesehener Mann und wahrer Patriot sey.

Samstag den 25. Juli mußte sich der arme Erdenwaller schon wieder zur Abreise anschicken, so weh es ihm tat, nur so kurze Zeit die Freundschaft und Liebe so edler Freunde zu genießen. Noch ein Briefgen an H. Landschreiber Keller hatte er abzulegen und fand wieder einen liebenswürdigen Menschenfreund an ihme.

Er und andere Freunde nötigten ihn, noch übern Sonntag in Wädenschweil zu bleiben. Aber er war eilig. Dann er wußte, daß ihn seine Leute zu hause schon Freitagabend sehnlich erwartet. Dann hat der Arme Mann nirgends Ruhe. Ist nicht fähig, alle ersinnlichen Freundschaftsbezeigungen zu genießen, weil er weiß, daß sein kümmerhaftes Weib zu Hause ächzet und jammert. War also fest entschlossen, noch diesen Abend nach Hause zu gehen. Versprach aber, diesen Herbst noch einmal auf Wädenschweil zu gehen, um mit mehrer Muße den schönen Ort, die Freundschaft und Liebe der edlen Wädenschweiler nach Herzenslust zu genießen. Er nahm also wehmütig Abschied von seinen lieben Bekannten. Seine zwo herzlieben Landsmänninnen, nebst einem herzguten H. Provisor Aeschmann gaben ihm 's Geleit bis auf Richterschweil.

's war der herrlichste Sommertag. Bey solcher Witterung, in einer so reizenden Gegend und in so herzlicher Gesellschaft hätte gewünscht die Welt zu durchwandern. Allein das Allerangenehmste in dieser Welt wechselt immer mit dem Unangenehmen ab, und beides sind nur vorbeyrauschende Augenblicke.

In Richterschweil konnte er unmöglich vorbey, er hätte den H. Dr. Hotzen gesehn. Denn bisher hatte er diesen edlen Mann nur aus vorteilhaften Beschreibungen gekandt. Und auch diesmal hätte ers nicht gewagt, so ohne Geschäfte, ohne Vorwand bey ihme zuzusprechen, wann er nicht ein Empfehlungsbillettchen abzulegen hätte. H. Aeschmann zeigte ihm seine Wohnung, die ihme einen fürstlichen Palast schien. Er faßte trotz seiner Blödigkeit Herz und arbeitete sich durch Apotheker und Bediente durch. Ließ sich nicht aufhalten. Sagte in festem Ton, er müsse absolut H. Dr. Hotz selbst sehen und sprechen. Da fand er den allerliebsten Mann, wie es ihme sein Porträt und H. D. Zimmermann zierliche Beschreibung gesagt hatten, in einem einsamen, netten Stübchen, das von Apothekersachen Wohlgeruch duftete. Mutterallein traf er ihn zwar an. Aber er schien ihm etwas unpäßlich, das Haupt mit einer Binde gebunden. Ach, dachte er, auch der allergeschickteste Arzt kann sich selbst nicht vor Unpäßlichkeiten sichern. Was wollten wir armen Tröpfe von unwüssenden Läien können. Er ward gleichwohl herzfreundlich empfangen und durch ein wohlschmeckendes Gläsgen Rosoli redselig gemacht, wo er eine ganze Stunde in traulichem Gespräche mit diesem edlen Menschenfreund zubrachte.

Das Gespräch – i nu, er kann selbst nicht sagen, wie es kam, daß es so geschwind einen Lavaterianischen Schwung nahm, über Sachen, die weit über seine Sphäre waren, welche ihm der menschenfreundliche Mann gleichwohl ganz herablassend und liebreich erklärte und ihm einige Scrupel auflöste, als kein Theologe getan hätte. Sonst ist das nicht sein Fach. Wann er ein bisgen begeistert ist, dann ist er wieder ganz Soldat. Räsoniert lieber von militärischen Übungen. Kommt oft in Enthusiasmus, wann er auf seinen Feldzug zu schwatzen kommt, den er doch nur anfangs, ein paar Monat lang, mitgemacht hat, und dort noch lieber hundert Meilen weit davon weggewesen wäre. Und jezt ließ ers sich um kein Geld abkaufen, daß er nicht auch dabey gewesen und einer Batalie beygewohnt und alles gesehen hätte, wie es hergeht. So ein wunderlich Ding ist der Mensch, daß er gar oft etwas verwünscht, das ihm hernach zum vergnügenden Andenken wird, daß er es von längerer Dauer gewesen zu sein wünschte, was er vorher kaum zu überleben geglaubt und in die Hölle verwünscht hat. Genug, sey auch des Gespräches Inhalt gewesen, welcher er wolle, so wars einmal dem armen Wanderer Labung und wird ihm eine unvergeßliche Stunde bleiben. Er nahm Abschied und sagte, er werde ganz zuversichtlich bey etwanigen Gesundheitszerrüttungen bey ihm oder den Seinigen nebst Gott auch seine Zuflucht zu ihme nehmen. Wölle Gott, sagte der liebreiche, menschenfreundliche Arzt, daß wir uns auf diese Art nie sprechen müssen.

Nun hüpfte er ganz freudig und vergnügt seinen Weg weiter fort. Herzlich freute er sich, daß er nun auch einen weit und breit berühmten Mann nun persönlich kennen gelernt und dünkt ihn, er habe gar nichts übertriebenes Lob weder gehört noch von ihme gelesen. Er unterhielt noch ein Stück Wegs seine Gedanken über das interessante Gespräch und küzelte sich mit der Ehre, die ihm widerfahren, mit einem berühmten Mann, so weit über ihn erhaben, Bekanntschaft gemacht zu haben.

Die liebe Sonne vergoldete die kleine, schöne Insel Ufenau. Die erweckt in ihm den Wunsch (ein gar gewöhnlicher: Laßt uns hier Hütten bauen): Wäre nur dies kleine Eiland ledig und los dein Eigentum, du würdest dich glücklicher schätzen, froher und vergnügter leben als Kaiser und Könige. Da stellte er sichs dann in der Einbildung vor, wie ers anfangen wollte, wie er da ein Häusgen bauen wollte, ein gar nettes und niedliches, und wie er dasselbe ganz der Gastfreiheit widmen, mit allen Lebensbedürfnissen versehen und alle redlichen Menschenfreunde dahin einladen wollte, welche Freude es ihm machen werde, bei schönen Frühlings-, Sommer- und Herbsttagen hie und da ein Schifflein mit lieben Brüdern und Schwöstern dahersegeln zu sehen, wie vergnügt er die schaurigen Wintertage mit einigen Vertrauten hinbringen wolle u. s. f., bis er stolperte und der Korb voll Eier im Dreck lag, er sich aufraffte, nach der Sonne sah und sich glücklich geschätzt hätte, wenn er nur ein paar Stunden besser vorwärts avanziert wäre, anstatt sich an so vielen Gegenständen zu vergaffen. Er sah die Sonne schon nahe bei den Schweizergebirgen und hatte noch einen so weiten Weg vor sich. Dennoch machte ihm das Krottenstädtchen Rapperswil wieder viel Stillstehens und Glossenmachens wegen seinen alten Abenteuern. Er besann sich, ob er über die Rapperschweiler Brücke oder übers Schlößle auf Uznach gehen wolle. Seine Füße rieten ihm, da er keine Zeit mehr zu verlieren hatte, den nächsten Weg einzuschlagen. Er ging bis Altendorf, wo sich eben einige Pilger einschiffen wollten, um auf Schmerikon zu fahren. Er entschloß sich mitzufahren, weil diese auch noch bis in Hummelwald wollten und er also Kameradschaft hatte, wenns schon Nacht würde.

Er hatte noch nichts gegessen und war doch schon

5 Uhr und in Altendorf war nichts zu haben als Käs und Brot. Nahm also ein Schöppgen Wein und ein Vierling Käs in einem Unterhaus, wurde aber bald von Betteljungen so bestürmt, daß er Brot und Käs rein aufteilen und anderes fordern mußte. Wenn sie der Wirt schon wegscheuchte, kamen sie scharenweise wieder wie die Bremen an die Pferde und hätten ihms bald von dem Teller weggekapert, daß er unmöglich etwas hätte essen können, wenn er nicht damit in die obere Stube geflohen wäre.

Nun trug sich noch ein Abenteuer mit seinem kleinen Hündchen zu, das aber niemand als nur ihn interessiert. Das arme Närrchen hatte sich im Unterhaus vergafft, als er mit Schoppen und Teller auf die obere Stube floh, welches die Betteljungen verdroß und Rache an dem unschuldigen Tierchen ausübten, dasselbe verjagten und mit Steinen verfolgten. Als er sich einschiffen wollte, war der liebe Reisekamerad nicht da. Er pfiff und rufte dem kleinen Pudelchen. Ein Betteljunge sagte: Dieser hat ihn mit Steinen geworfen und verjagt. Er sagt: Ich nicht, der andere hats getan. Und je einer: Ich nicht, der andere. Einer sagte: Es haben alle geworfen. Das roch ihm in die Krone. Er fing an zu lamentieren: Ihr Sapperlottsgalgenvögel, ihr, sagte er, ist das der Dank, daß ich euch mein bisgen Käs und Brot hergab, ihr Schurken, ihr! Geschwind schafft mir mein Hündchen her, oder ich prügle euch alle braun und blau zusammen, und hub den Stock auf.

Die Jungen flogen auseinander wie die Hasen; aber keiner suchte das Hündchen, sondern kicherten ihn noch fliehend aus. Einige, die unschuldig schienen und stehen geblieben waren, sagten: Mit einem Trinkgeld wollen wirs suchen. Das sollt ihr haben, sagte er. Sie liefen die Wiesen hin und her. Einer sagte: 's ist dahin gesprungen; der andere sagt: Dorthin sah ichs, aber keiner fands; der Schiffer war eilig, wollte den Hund nicht abwarten. Dem Armen Mann wallte das Blut durch alle Adern, war in großer Verlegenheit, schon ihm niemand einen Groschen um sein verachtetes Pudelchen gegeben hätte, so hätte er doch in diesem Moment ein schön Stück Geld gegeben um dasselbe. Er bat den Schiffer, zu warten; lief selbst durch Wiesen und Äcker feldhin, pfiff und rufte aus allen Kräften, aber nichts ließ sich weder sehen noch hören. Schon fing er an, ihm die letzte Sermon zu halten, weil ers verloren gab, dann wie sollte das kleine Ding über See kommen! Ach, du kleines Ding, du treuer Reisgefährte, murmelte er, schon fünf Tage hatte ich dich mit vieler Sorgfalt auf meiner Reise verpflegt und beibehalten, und gerne hätt ich meine Vergnügungen mit dir geteilt, aber du hattest mehr Fatalitäten auszustehen als ich. Wurdest zu Münchweilen und Wädenschweil von feindseligen Katzen verfolgt und jämmerlich zerkratzt, in Winterthur und Zürich warst du ein armer Arrestant, mußtest dich am Strick unter die Bänke schmiegen, konntest nicht einmal die schönen Städte begucken, noch deinen Brüdern und Schwöstern Visite geben, hier bist du gar unter Räuber und Mörder geraten, als ein Verbrecher gesteinigt! Ach, vielleicht hat dich gar einer von den Halunken ans Hirn getroffen, oder ein Bein gebrochen, daß du dich in irgend ein Gebüsch verkrochen, elend hülf- und ratlos verebbeln mußt. Ha, wärst du doch in diesem Augenblick ein großer Bulenbeißer oder englischer Dogge gewesen und hättest die Lotterbuben zusammengebissen, wie Elisa Bären jene Spottvögel, aber du bist ein armes, kleines Ding und dazu noch von dem forchtsamen weiblichen Geschlecht, ach, wie lüderlich mußt ich dich verlieren! Erst da du alle andern Abenteuer mannhaft bestanden, erst noch am Ende unserer Reise mußtest du unter diese Erzgalgenvögel, unter die Hände dieser Bettelschlingel geraten, die dir erst Käs und Brot vom Maul wegfraßen und oben darauf dich noch steinigten, dich, der du keinen Menschen beleidiget, gegen jedermann freundlich und gut warest, mußtest noch unter dieses boshafte Bettelpack geraten, daß ich dich nie wieder sehen werde. – Unter diesem Gemurmel wollte wieder umkehren und dem Schiff zulaufen, als der Kleine unter einem großen Grünhag hervorkriechend kam, an allen Gliedern zitterte und so schüchtern war, daß er kaum seinem Bauern traute. Wie kindisch er sich da über das verachtete, arme Hündchen freute, ist freilich zum Lachen. Er nahms aufn Arm und hüpfte mit demselben dem Schiff zu, als wenn er einen großen Schatz gefunden hätte, und ließ nun ganz vergnügt und zufrieden vom Land stoßen, belachte sich zwar selbst; doch dachte er, wie glücklich ist der Mann, der sich über Kleinigkeiten freuen kann, dem es nicht große Schätze, Länder, Königreiche braucht, um sich zu freuen etc.

Ulrich Bräker

Rückblick auf die Reise nach Wädenschweil

Juli 1789

in einem sonntäglichen Selbstgespräch

Nur die, die Engelsreinigkeit fordern von den Kindern dieser Welt, schütten alle aus, alles zusammen auf einen Haufen, was Mosen und Makeln hat. Du weißt es, bester, gütigster Vater aller, du weißt es, was vor ein Gemächt alle sind. Alle sind doch zur Zeit nur Kinder dieser Welt und keiner andern. Ich weiß es, und du weißts besser, Herz und Nieren Prüfer. Du blickst ins Innerste. Ich sehe nur die Oberfläche. Aber Handlungen trügen nicht. Wo die Frucht gut ist, ist gewüß auch der Baum gut. Aber welcher Baum tragt nicht auch mitunter Zwerge, Krüppel und Mäsern. – – Da sieht man noch überall biderbe Feldbauer, aufrichtige, gute, ehrliche Bauern, redlich handelnde Städter und Menschenfreunde unter den Großen, zur Freude der Geringern.

Liebes Zürich, wie manche edle Seele, die ich kenne, und hoffentlich mehr, deren ich nicht kenne, schließen deine Mauren ein. Und du bist gewüß nicht die einzige Herberg gottähnlicher Menschen. Wenn meine Gedanken nur auf mein liebes St. Gallen hinflattern, wo auch edle Menschen kenne und weiß. Aber so wenig mein Wüssen, so geringe meine Kenntnüsse. Mein Umgang und Menschenkenntnuß ist wunzig klein. Aber doch kann ich von einem aufs andere schließen.

Auch hier fehlts mir gottlob nicht an angesehnen, raren und edlen Freunden. Anekeln würde mein Leben mich hier, würden mir diese fehlen.

Auch du, mein liebes Wädenschweil! Zwar nur ein Dorf in der anmutigsten Gegend des schönen Zürichsees, du wirst mir unvergeßlich bleiben. Du scheinst mir der Hauptsitz der Musen! Du düchtst mir von Frömmeley und Ruchlosigkeit gleichweit entfernt, mit lauter Menschen angefüllt, die die schöne Mittelstraß wandeln, wo noch vertraulicher Umgang, Wetteifer in wüssenschaftlichen Dingen, Liebe, Eintracht und Gottes Segen wohnt. Aber ich habe dich nur im Vorbeygang gesehn und genossen. Nur kurze Augenblicke warens. Noch einmal diesen Herbst, so der Herr will und ich lebe, will ich dich länger genießen. Das habe ich mir heilig versprochen und wills auch halten. Grad hüte noch will ichs meiner Frau ankünden, daß sie mir dann kein krumm Maul dagegen mache. Und sollte sie sich sträuben, so will ich grad meine gewöhnliche List brauchen –»

1789

Das versprochene kleine Reisichen auf das liebe Wädenschweil

dauerte nur vom 6.–11. Oktober, ist dem armen Erdenwaller aber mehr wert als sonst viel Wochen Umherstolperns. Lange hatte er sich drauf gefreut und durch eine kleine List gemacht, daß ihn seine liebe Hausehre mit gutem Willen gehen ließ, welches ihm doppelt Freude war. Nun den 5. machte er sich reisefertig. Seine Absicht war aber eigentlich nicht bloß Vergnügen oder Erholungstage, wie ers nennt, sondern auch ökonomische Angelegenheiten, welche er aber seiner lieben

Hausehre als einzigen Zweck angab. Nämlich er möchte gern sich mit dem schönen Wädenschweiler Obst verproviantieren, welches er nach seiner Angabe um ein Bagatellchen oder gar umsonst haben könnte.

Nun, den 6., vor Anbruch des Tags, machte er sich auf den Weg, voll süßer Vorstellungen und angenehmer Ideen. 's war ein kalter Morgen. Ein starker Reif. An vielen Orten gefroren. Harte Straßen und Eis. Er schokelte vor Frost, bis die liebe Sonne hinter dem hohen Säntis hervorbrach. Das ganze Thal war weiß von Reifen. Sobald er aber ins Schwarzholz kam, wars, als wenn er plötzlich in einen Frühling versetzt würde. Die Luft war so lieblich lau. Das Vieh ging auf den Wiesen. Weit und breit, bis ins Glarnerthal, sah er nichts von Reifen. Das nahm ihn groß wunder, nur eine Stunde von einander entfernt, dazu noch in gleicher Höhe, und solch ein Unterschied! Unser Toggenburg muß doch unter einem kalten Gestirn liegen, murmelte er bey sich selbst. Dann wann dieser Unterschied vom Nordwind herrührte, so könnte ich nicht begreifen, daß er nicht hier wie bey uns gleiche Würkung haben sollte, da doch beide Thäler in gleicher Richtung dem Nordwind offen liegen. Doch ich bilde mir ein, unser Ländchen liege dem Ostwind mehr offen, als dasige Gegend, welches die Gebürge, welche unser Ländchen von dem Uznerland und dem Zürchgebiet scheiden, verhindern. Dann ich habe wahrgenommen, daß gestern und hüte früh der Ostwind bey uns stark blies, und hier spürt man keinen Hauch davon. Die Luft ist so angenehm, schon ich gar nicht bestimmen kann, von welcher Weltgegend sie herkommt. Ich sehe sogar häufige Tautropfen an den Grasspitzen, und kaum eine Stunde weiter gegen Morgen ist die Erde gefroren. Doch nur an einigen Plätzen. Aber Reifen hat es durchs Land weg. Genug. Der arme Pilger ging seinen Weg noch eins so froh fort. Ander Land – andere Luft, dachte er. Nun ist mir doch viel wöhler.

Er sah mit Entzücken über den schönen Zürchersee herunter und erinnerte sich der Abenteuer, die kurz vorher auf diesem Wege bestanden worden. Dann er hatte diesen Sommer zweimal eine Reise auf Schmerikon gemacht. Das erstemal mit Herrn Pfarrer, seinem lieben Seelenhirten, und Herrn Hottinger, als sie auf Reisen gingen. Doch nur ein Müsterle. Das andere lohnt sich nicht. Unsere liebe Frau Pastorin hatte uns verproviantiert mit Semeln und gebackenen jungen Hühnchen oder Hähnchen. Dann sie wußte, daß es dort Fasttag war. Nun, wir hätten diese mit guter Muße unter irgend einem Baum oder in einem Gebüsch verzehren können. Dann die Witterung war allerliebst. Auch hätten mein und H. Hottingers Freßmagen Appetit genug gehabt. Aber nein, sagte der Pfarrer, in Schmerikon könnens wir besser bey einer Boutile Wein genießen. Nun, in Schmerikon nahm der Pfarrer aus Höflichkeit die Wirtin, dann der Wirt war nicht bey Hause, beyseit und fragte, ob sie da bey einem Glas Wein die kleinen blutlosen Tierchen verzehren dörfen. Absolut nicht! war die Antwort. Aber in einem Apartezimmer, wos niemand sieht? Auch nicht, in meinem Hause gewüß nicht. Bravo! sagte der Proviantmeister. Was offenbar

Sünde ist, ist auch im Winkel Sünde. Aber, sagte der andere, im Winkel sündigen und im Winkel beichten, geht an. Probatum est, für eine schöne Wirtin. Nun, entweder mußten die gebratenen Hähnchen in See geworfen oder weiter getragen werden. Schade, daß die Leute da sonst auch nicht mehr auf Reinlichkeit halten. Gut, man trank nur etwas Weniges, dann der Durst war nicht stark, und reiste verdrüssig fort. Unser Pilger wieder nach Hause, die andern übern See, Altendorf zu. Dem Pilger hatte sie auch eine Portion unreines Fleisch zurück mitgegeben. Der verzehrte es aufm Weg. Trotz des h. Landes warf er ein abgenagtes Knöchgen hie und da demselben auf die Nase. Nun, dachte er, mußt du doch die Anekdote glauben, die du immer vor eine Sägmär hieltest. Nämlich: Ein protestantischer Fuhrmann hatte daherum in einem Roß-Stall an einem Fasttage eine Wurst gegessen. Er wurde belauscht und verklagt und um 50 Gulden gebüßt. Wahrhaftig, eine teure Wurst. Da muß einst ein Landvogt mit einem ziemlichen Buckel gewesen sein. Ein Landsmann sagte einst in Gesellschaft beim Trunk scherzend, er möchte dem gnädigen Herrn nicht gern das Bett machen. Er wurde auch verklagt und überwiesen und um etliche Thaler gebüßt. Nach etlichen Jahren, da er nicht mehr Landvogt war, sich in seinem Vaterland in ziemlich schlechten Umständen befand, ging unser Landsmann auch wieder einmal des Wegs. Sah den gewesenen Landvogt in einem Gärtchen graben. He, guter Freund, sagte er, he, kennst mich noch? Wo sind jene Thaler? Gelt, die Buße ist mir versaust, aber du hast deinen

Buckel noch. Nun, alles hat seine Zeit. Die wenigen Regierungsjahre der meisten Landvögte in unserer Schweiz sind eben auch ihre Erntetage. Da müssen sie schneiden, wos Korn gewachsen ist. Aber wo man bey Wählung eines Landvogts denselben mit schweren Auflagen belegt, die er bezahlen muß, ehe er sein Amt antritt, das dünkt mich wahrhaftig nicht patriotisch gehandelt. Das müssen hernach die armen Landlüte bezahlen, sie wollen oder sie wollen nicht. Da muß oft der Unschuldige ebensowohl bezahlen als der Schuldige. Es muß geschnitten seyn, steh auch das Korn, wo es wolle. Grebels hats noch hin und wieder in unserm Vaterland. Aber sie wüssen ihre Rollen ein wenig feiner zu spielen als weiland Grebel. Wär ich ein Doktor Jurie, wahrhaftig, ich hätte große Lust über diesen Punkt zu schreiben. Aber ich würde mehr das Natürliche als das Politische in Anschlag bringen, das natürliche Recht, mein ich. Man glaubt im Ußlande, aller Despotismus seye aus der Eydgenoßschaft verbannt. Aber es finden sich noch viele kleine Despoten in der Schweiz. Einem angesehenen Menschenfreund würde sichs der Mühe lohnen, deswegen Reisen anzustellen, um solche auszuspähen. Die sämtliche, wenigstens die rechtschaffene Eydgenoßschaft würde ihms danken und der Vater im Himmel belohnen. Wo ein solcher Despot ist, hat es nichts zu sagen. Wo nicht alle Unterbeamteten seine Kreaturen sind, da muß er immer noch dusmang zuwerke gehn. Aber wo alle Unterbeamten bis auf den Weibel herab seine Geschöpfe sind, von seiner Gnade abhangen, da helf Gott! Wann er ein feiner Despot ist, wo will sich da ein einfältiger Läy, ein ungelehrter Bauer unterstehn, das Maul zu spalten, ohne Gefahr zu laufen, in Fessel geschlagen zu werden, wie ehmals Musje Trenk.

Doch, ich gerate auf Abwege. Wollte nur den Armen Erdenwaller auf Wädenschweil und dann wieder nach Hause begleiten. Apropo, noch eine Zwüschenscene. Wer hätte es gedacht: In Schmerikon sahen wir Schiffer ankommen. Dachte aber, es seyen lauter Pilger. Gerade um diese Zeit, da wir das Abenteuer mit den Taschenbraten bestanden, ist ein angesehener Freund und Gevatter von unserm lieben Pfarrer auch in Schmerikon angelangt, aber in einem anderen Hause, unserem grad gegenüber, eingekehrt. Er, als ein angesehener Bürger von unseres Pfarrers Vaterstadt Aarau, wollte unserem Pfarrer einen Besuch machen, zu einer Zeit, da er wegen Verdrießlichkeiten sich eine Zeitlang von Aarau entfernen wollte. Da fügtees nun das widerige Geschick, daß wir einander vorbeykommen mußten. Nichtsdestoweniger ist dieser liebe Menschenfreund bis zu unseres l. Pfarrers Heimkunft bey uns geblieben. Hat auch den Armen Mann einige Tage mit seinem Zuspruch beehrt, dessen Andenken er sich noch lange freut. Das andermal hatte er wieder die Ehre, in dieser lieben Gesellschaft, der lieben Jungfer Locher, Schwöster von unserer Frau Pastorin, das Geleit bis auf Schmerikon zu geben. Alle diese Tage zählt er unter seine glücklichen Lebenstage.

Nun, diesmal stolperte er wieder unter lauter süßen Vorstellungen Schmerikon zu. Nahm da ein Schlückgen aufs Herz und verfolgte seinen Weg bis Rapperschweil zum Mittagessen. Machte aber unterwegs immer seine gewöhnlichen Spekulationen. Anfangs machten ihn die schlechten Straßen bald mürrisch, daß er murmelte: Hm, in unserem ungehobelten armen Toggenburg mußten wir so breite Straßen machen und hier, in diesem gesegneten Lande hat es hundsfütische Wege, und kann doch nicht alles zu Wasser fahren. Doch bald kam er auf schöne neue Straßen und sah, daß man doch schon auch Hand an das Werk gelegt hatte, welches ihn billig und recht deuchte. Die Besichtigung des Städtchens Rapperschweil machte ihm wieder allerhand Gedanken wegen seinen ehmaligen Abenteuren, die es einst bestanden. Sein Ansehen, schon es ziemlich verfallen und verlottert ist, dünkt ihn gleichwohl noch ehrwürdig genug, die alte Baukunst und gewüsse Festungswerke zu zeigen. Zu Wasser zu fahren fand er keine Gelegenheit, und ein Extraschiff zu nehmen erlaubte seine Börse nicht. Auch wäre er schon längsten gern die lange Rapperschweiler Brücke gegangen, um dieselbe zu begwündern. Aber ein starker Nordwind machte, daß er sich nicht recht umsehen konnte, sondern straken Schritts fortlaufen mußte und sein Hut an den Händen tragen. Dennoch sah er so viel, daß ihn dünkte, diese sehr lange Brücke möge einst viel gekostet haben, aber dermalen miserabel schlecht unterhalten werden, daß man kaum sicher fortschreiten könne. Er eilte also, was er konnte, nur bald über dieselbe hinüber zu kommen und dieser vermeintlichen Lebensgefahr zu entrünnen. Herzlich froh war er, da er seine Füße wieder auf trocken Land setzen konnte. Dann der Wind hatte bald vor, bald hinter ihm in den Brettern geklappert und ein solches Geräusch gemacht, daß er von diesem ungewöhnlichen Spektakel wie betäubt wurde. Nun verfolgte er seinen Weg ganz vergnügt und freudig über Pfäffikon-Richterschweil, seinem lieben Wädenschweil zu und betrachtete mit innigem Wohlgefallen die beidseitigen Ufer und Ortschaften des schönen Sees. Und was er im Julius wegen Eile übersehen, betrachtete er jezt mit mehrerer Muße und kam unvermerkt wie träumend auf Wädenschweil.

Er schlich sich nach der Krone hin. Dachte sich diesen Abend noch wegen Müdigkeit verborgen zu halten. Doch kaum hatte er sich gesetzt, so trat schon eine von seinen lieben, verehrungswürdigen Landsmänninnen in die Stube, ihn gar freundlich zu bewillkommen. Nach dem Nachtessen wurde er durch die schönste Musik beehrt. Morgens ging er zu Herrn Hauser, ihm seine Absichten auf Äpfel zu entdecken, welcher dann gar willfährig zu verschaffen versprach. Nun ward er überall herumgeführt, überall menschenfreundlich aufgenommen und gastfrei gehalten. Er förchtet nur, seine lieben Freund und Gönner zu beläidigen. Sonst würde er sie alle mit Namen nennen. Doch kann er Herrn Landschreiber Kellers nicht verschweigen. Was er da genossen und einen ganzen halben Tag in traulichem Gespräch hingebracht, das wird ihm unvergeßlich bleiben. Nach seinem Urteil verdiente dieser edle Menschenfreund nicht nur Landschreiber zu Wädenschweil zu sein, sondern ein Königreich zu beherrschen. Er weiß zwar wohl, daß er diesen edlen Mann durch eine bäurische Lobrede mehr beläidigen als ihm gefällig sein würde, und so auch andere Menschenfreunde, die nur im Stillen Gutes tun und 's nicht ausposaunt wüssen wollen. Wo er hingeführt wurde, war Musik und freie Tafel. Ganz Wädenschweil schien ihm musikalisch zu sein. Er schämt sich, alle die Ehrenbezeugungen anzugeben, deren er sich unwürdig fühlt. Alle seine Freunde hatten sich vereinigt, ihm diese wenigen Tage angenehm und ergötzend zu machen. Eines Abends war ein herrliches Konzert veranstaltet. Musikanten von allerhand Instrumenten, die besten Virtuosen, Sänger und Sängerinnen, eine Stube voll Menschen von der besten Klasse, ohne lärmendes Gewühl. Der Arme Mann wußte gar nicht, was das werden sollte. Ging, währenddem alle ihre Instrumente stimmten, in die Arbeitsstube, ein Pfeifgen zu rauchen, und hörte das Anheben der zierlichsten Musik, ohne in die andere Stube zu gehen. Ein Freund kam, ihm Vorwürfe zu machen. Was denkt er, sagte er, dies alles geschieht ihm zu Ehren und er steckt sich da in die Stube zu dem Gesinde. Es ist mir herzlich läid, sagte der Arme Mann, ich bins nicht wert, und ging mit mehr als wehmütigen Empfindungen in die musikalische Gesellschaft. Sagte mit weinerlicher Stimme: Ach, ihr herzguten lieben Leute, macht zu eurer Belustigung, was ihr immer wollt, aber mir zu Ehren nichts. Ich weiß am besten, wer ich bin. Ich bins nicht wert, meiner Seel, ich bins nicht wert! Aber sie ließen sich nicht irre machen, und das währte vier Abende nacheinander. Bey Tage machte er Besuche, wo man ihn hinführte – denk wohl, wo man ihn sehen wollte –

sehen, wo nichts zu sehen ist – hören, wo nichts zu hören ist! –

Indessen hatte der gute H. Hauser, ein unverdrossener Mann, ihm die zierlichsten, schmackhaftesten Wädenschweiler Äpfel besorgt, die er nun mit Appetit und Freude genießt und Wädenschweils mit Wohllust sich erinnert, so oft er ein Äpfelchen ansieht und sehen wird, von denen er gewüß noch bis künftigen Sommer aufsparen wird. Nun, die Äpfel waren gepackt und die bestimmte Zeit zur Heimreise war da. Und so wohl es ihm war, so gern er noch länger in dem menschenfreundlichen Wädenschweil verweilt hätte, ists ihm doch allemal als wenn er auf Dornen sitze, wann die versprochene Zeit da ist.

Seine liebenswürdigen Landsmänninnen hatten ihm versprochen, mit ihm ins Toggenburg zu reisen und die Abreise auf den Samstag bestimmt, wenns Wetter günstig sey. Freitagabend lief er immer an den See, guckte nach allen vier Winden, um gut Wetter zu ergucken. Und würklich versprach der Himmel in allen Winkeln das beste Wetter. Doch Samstag strömte Regen vom Himmel an einem fort, so viel herunter mochte. Die Wädenschweiler Mücken sind Narren, sagte er. Bey uns im Toggenburg sind Mückentänze, die man beim Untergang der Sonne sieht in die Höhe steigen, gewüß Zeichen, daß morgens gut Wetter sey. Und gestern Abend hab ich etliche solcher Mückentänze gesehen. Und doch regnets hüte den ganzen Tag. Falsche Proveten sind eure Mücken, ihr Herren Wädenschweiler. Fest entschlossen war er, am Sonntag den Weg allein unter die Füße zu nehmen, es mochte regnen oder schneyen. Er machte noch einige Besuche. Nun hörte es doch in der Abenddämmerung auf mit Regnen. Die lieben Reisgefährten machten Anstalten zur Abreise.

Sonntag morgens, den 11. Oktober war der brave Schiffmann Huber schon parad, seine Äpfel und andere Bagage eingeladen. Nach einem herzlichen Abschied stieg man in das Schiff. Da war die gute Frau Ratsherrin Frau Hauser, jede mit einem wohlgezogenen hoffnungsvollen Jungen, nebst dem Armen Mann und noch einigen andern, die nur ein Stück Wegs mitfuhren. 's war konträre Wind. Doch durch wackeres Arbeiten ging es hürtig. Welch entzückende Freude wars dem armen Erdenwaller, bey der angenehmsten Witterung, in so herzlicher Gesellschaft den spiegelhellen See hinaufzuschwadern, auf allen Seiten die herrlichsten Aussichten, die beiden reizenden Seeufer, die von der aufgehenden Sonne vergoldeten Berge und amphitheatermäßigen Erhöhungen – zu beiden Seiten die schönen Ortschaften und das bis auf Rapperschweil hinauf noch immer ins Auge spielende liebe Wädensweil – an den Seeufern die Straßen daherwallende ganze Scharen feyerlich gekleidete Kirchgänger von beiden Geschlechtern, bunt geschmückt durcheinander – das anmutige Getön der allenthalben zur Kirche rufenden Glocken – das reizende Sirenengesang der lieben, schönen Reisgefährten und das Plätschern der sanften spielenden Wellen – das alles so ruhig auf sanften Kissen sitzend mit fühlendem Herzen betrachten können – gewüß ein Vorschmack vom Paradiese! Er fand nicht Worte, seine Empfindungen auszudrücken. Nur ein paar Augenblicke dünkte ihn die Zeit bis auf Schmerikon. Dort stieg die Gesellschaft aus und aßen zumittag. Dann nahmen die schönen Kameraden eine Chaise bis in Hummelwald. Dann schlenderte man vergnügt Hand in Hand jedes nach seinem vorgesetzten Ziel.

Allgemein war die Freude, sein Vaterland Toggenburg und sein Geburtsort Wattweil einmal wieder zu sehen. Wer sollte es glauben: von dem schönen Wädensweil, von den reizenden Gegenden des schönen Zürcher Sees weg das rauhe Toggenburg gern sehen! Ja, sein Vaterland ist gleichwohl auch anzügig, und wenn es ein Sibirien wäre. Zudem ist Toggenburg gar kein so rauhes Land. Es hat eben auch seine eigenen Annehmlichkeiten wie alle anderen Länder, und Wattweil hat eine angenehme schöne Lage mitten im Lande. Der arme Erdenwaller und seine lieben Reisgefährten, ohne die Jungen, sind geborne Wattwiler. Billich sollte sie der Anblick des schönen Ortes, wo sie geboren, getauft und erzogen worden sind, freuen. Ist auch ein gar anmutiges Thal, von der Thur durchschlängelt, welches vom Hummelwald herunter gar anmutig und vorteilhaft in die Augen fallt. Auf beiden Seiten des Thales sind allmählich in die Höhe steigende Berge, meist grasreiche Wiesen und Weiden, mit Wäldchen, Häusern und Scheuren dicht durchspickt und stark bewohnt. Nun, seine herzlieben Freundinnen wandelten in der Abenddämmerung Hand in Hand ganz vergnügt ihrem Wohnort, dem Städtchen Lichtensteig zu und der Arme Mann auch nach seinem Nest, wo er wieder gar wohl empfangen wurde und gar traulich von seinen angenehmen Abenteuren erzählte. Sein Hausvölkle freuten sich am meisten über die schönen Wädenschweiler Äpfel, die aber in Schmerikon gelassen und von einem bestellten Fuhrmann erst am folgenden Tag überbracht würden, welche gar wohl gefielen und trefflich wohlschmeckten. Die lieben Freundinnen hatten ihm auch einen Besuch versprochen und abgestattet, welches alle freute. Doch machte er die nächste Wochen wieder eine Reise nach St. Gallen, wo ihm aber mehr Verdrießliches als Angenehmes aufstieß –».

Ausschnitte aus einer Wanderung Zürich-Zug-Luzern-Bern

vom 18. September bis 8. Oktober 1793

– – – Ich schlenderte also mutterallein Zug zu. Es schien mir zu fliehen. Man hatte mir bey Kappel gesagt, es sei näher unten um den See herum, als über Zug auf Luzern, aber ich wollte Zug sehen und den See befahren. Doch ich kam erst abends spat an und hatte kaum mehr Zeit, das niedliche Städtchen, wie es mich dünkte, nur flüchtig zu begucken, indem sich Gelegenheit fand, noch übern See zu fahren, um morgens desto früher meine Reise wieder antreten zu können. Es ward Nacht. Unser sieben bis acht Personen stiegen in ein schmales Schiffgen, das beständig wankte und auf der Seite gieng. Zudem schien mir der Schiffer betrunken. Der Himmel war voller Sterne. Einer sagte, es werde bald Nebel übern See kommen. Das wäre schlimm, sagte ein anderer. Ich fuhr einst bey Nebel vier Stunden auf dem See herum, ohne an Land zu kommen, wo es sonst nur eine gute Stunde ist. Da reute es mich, daß ich nicht in Zug geblieben bin bis am Morgen. Endlich kamen wir doch glücklich bey heiterm Himmel hinüber – auf Buonas mein ich, wo nur einige Häuser stehn, und war gut logiert.

Von Zug und seinem See, ja da wüßt ich wahrhaftig wenig zu sagen. Wie gesagt, ich kam erst abends spat an. Mich dünkt es ein artiges Städtchen und seine Lage anmutig. Von seinen Bürgern hab ich keinen gesehen, als ein Wirt und unbekannte Gäste, nebst dem Schiffmann. Den See habe gleichfalls nur in der Abenddämmerung übersehen. Seine Lage dünkte mich angenehm, aber seine Ufer zimlich öde und gar nicht mit Häusern und Ortschaften besetzt wie der Zürcher See. Ich wollte mich am Morgen auf der andern Seite besser umsehen, aber da bekam ich kein Dütchen vom See und seinen Gestaden zu sehen. Stockdicke Nebel verhüllten mir alle Aussicht. Nun war ich froh und setzte meinen Weg weiter fort. Der Weg gieng höher als der See. Ich hatte schöne Aussichten: zur Rechten fruchtbares Matten- und Ackerland, zur Linlen hohe Gebirge. Doch waren mir keine kenntlich als der Rigi und der Pilatusberg. Mein Weg gieng über Honau, Roten, Dietschen, Ebiken, zimlich ansehnliche Dörfer, wo ich alles im Felde sah und mir hin und wieder ganze Fuhren Zwegschen und anderes Obst begegneten. Nun kam ich den 24sten vormittags zeitlich in

Luzern

an. Stolperte noch einige Gassen auf und ab, und mein Erstes war, die Wohnungen der zwei Herren Professor Müller und Jkr. Pfeifer, an die ich empfohlen war, auszufragen. Herr Müller, hieß es, seye nach Konstanz verreist und werde erst in vierzehn Tagen wieder zurückkommen. Das war mir ein Donnerschlag. Nach Konstanz? dachte ich – Hm – nun, das kann ich erraten. H. Oberamtmann Sulzer von Kreuzlingen und Herr P. Müller sind Herzensfreunde. Den wird er besuchen. Nun hat mir mein lieber Sulzer schon lange einen Besuch versprochen, so bald H. P. Müller zu ihm komme. Gewüß, gewüß werden diese lieben Menschenfreunde auf ihrer Rückreise durchs Toggenburg kommen und auch mir Unwürdigem einen Besuch machen wollen, auch ebenso, wie ich hier, geprellt werden. Fatales Geschicke! –

Voll Mißmut fragte nach Jkr. Stadtschreiber Pfeifers Haus. Da gings mir nicht viel besser. Erstlich hieß es, man seye am Mittagessen. Ich solle hernach kommen. Nun ich ward auch hungrig. Ging also zur «Linde», um dem Hunger abzuhelfen. Traf auch gar lustige Gesellschaft an, eine Stuben voll Rekruten mit ihren Führern nach Belmunde. Da waren Musikanten, Luzerner und Entlibucher Mägdchen, mit ihren kurzen Jüppen, zum Tanzen bereit. Dann es war eben Jahrmarkt in Luzern. Der gestillte Hunger und diese fröhliche Gesellschaft verdrängten auf ein Weilchen meinen Unmut über die fehlgeschlagene Hoffnung, zwei berühmte Männer und Menschenfreunde kennen zu lernen. Ich fühlte mich verjüngt, in jene fröhlichen Tage Rottweils versetzt.

Ich konnte mir so recht jene Kapriolen und Jugendsprünge vergegenwärtigen, wie die Rekruten da so mit ihren Luzerner Mägdchen in ihren Strohhüten herumtrillerten und walzten, daß sie mit der einen Hand den Strohhut und mit der andern die Jüppe hielten, daß dieselbe nicht zu hoch auffliege. O das heimelte mich so lebhaft an jene Zeiten, daß ich bald wehmütige Tränen hätte vergießen können. Doch riß mich los, um noch einen Versuch bey Jkr. Pfeifer zu machen. Ich klopfte an. Das vorige Frauenzimmer kam ans Fenster. Es hieß, man habe jez Geschäfte. Ich solle gegen Abend wieder kommen. Aber ich war sonst eilig und jez um so viel mehr, da ich hoffte, jenen lieben Männern von Konstanz möcht ich noch zuvorkommen – Wollte also noch auf Entlibuch. Gieng also, nachdem ich noch ein Weilchen die Stadt, den See, die Reußbrücken u. d. g. bewundert hatte, mutterallein über Blatten, Malters bis Schachen. Da, sagte man mir, würde ich Entlibucher genug antreffen, die mit mir übern Berg, Bramegg, gingen.

Ich kehrte ein. Es war Abend. Nach und nach stellten sich einige Entlibucher ein, und alle sagten, daß sie von Luzern kämen und nach Hause giengen. Aber alle setzten sich, ließen sich Essen und Trinken geben, bis es stockfinster ward. Noch war ich entschlossen, mit ihnen auf Entlibuch zu gehen. Endlich fingen diese an zu haselieren, spielen und saufen, eine Halbe nach der andern, und wurden nun ganz einig dazubleiben, bis der Mond aufstehe. Das war etwa um Mitternacht. Da vergieng die Geduld. Mitten in der Nacht zwei, drei Stunden einen unbekannten Weg über einen Berg mit Besoffnen, Unbekandten, dazu hatte sehr wenig Lust. Da ich ohne das müde und schläfrig war, entschloß ich mich also, zu Bette zu gehen und den Tag zu erwarten, um dann allein den Weg bey Tage ausfindig zu machen. Ließ mir ein Schlafgemach zeigen. Das war aber gerade ob der Gaststube, wo mich das Trampeln und Haselieren nicht schlafen ließ, bis der Mond aufgestanden und die Kärls fortgiengen. Doch kaum schlief ich ein paar Stunden, so gieng das Lärmen von neuem an. Etliche Fuhrknechte polterten die Stegen auf und ab im Haus herum, weckten Knecht und Magd auf. Die mußten Stuben und Kave machen. Einige nahmen Brantenwein. Es ging ans Anspannen. Nun stund ich auch auf. Meinte, es werde bald Tag sein. Aber ich konnte noch lange warten. Endlich kam ein Entlibucher, der von Luzern unterwegs übernachtet war, in Schachen ein Frühstück forderte und dann über die Bramegg wollte. Ich war froh und gieng mit ihme, sobald der Tag anbrach.

Nun gieng es bald bergauf, bald eben, und giengen auf alle Seiten Fußwege, daß ich wohl sah, daß ich den rechten Weg ungefragt nicht troffen hätte. Doch ist der ganze Berg bis zu oberst bewohnt. Dieser Berg mahnt mich an unser Ennetbühl. Mein Begleiter war gar ein freundlicher, redsäliger Mann, wie ich merkte, ein Viehhändler. Dann er stund bey allen Ställen still und fragte allen Kühen und Kälbern nach. Das gieng mir zu lange. Sobald ich die oberste Höhe erreicht hatte und Entlibuch sahe, wartete meinem Führer nicht mehr ab. Dann herabhangende Nebel raubten mir die Ansicht der höheren Berge. Im Dorf Entlibuch ließ mir ein gutes Mehlsüppchen zum Frühstück machen. Erkandte in dem Wirt augenblicklich, daß er einer von den Gästen im Schachen war. Er kandte mich auch und fragte, ob ich den Weg gefunden habe. Das Dorf und die andern, die ich im Entlibuch sahe, dünkten mir gar nicht so schlecht, wie ichs mir vorgestellt hatte. Entlibuch habe acht Gemeinden oder Pfarreyen, hat mir mein Führer gesagt. Das ganze Thal und die Nebendgegenden dünken mir mit unserem Toggenburg Oberamt ungemein viel Ähnliches zu haben und heimelten mich sehr an.

Von Entlibuch aufm Weg nach Hasle gesellte sich ein Klosterbruder von Freyburg, der von Einsiedeln kam, zu mir. Hm, dachte ich, das ist heilige Gesellschaft. Da muß ich mich auch zu geistlichen Gesprächen stimmen. Doch ich wollte zuerst meinen Reisegefährten ein bisgen ausholen. Fragte also nach seinem Orden. Der antwortete mir aber unverständlich und erzählte mir die Geschichte seiner Erziehung und seiner Schulabentüren. Augenblicklich merkte ich, daß ich keine mir ungewohnte Feinheit anzunehmen brauche, sondern auch grad meine natürliche oder angewöhnte Muttersprache reden dörfe. Die Veranlassung war: Wir sahen auf dem Weg etliche Kinder jugendliche Spiele mit einander treiben. Daher nahm mein Reisgefährte Anlaß, auf die heutzutägige Erziehungsart der Jugend loszuziehen, wie man die Kinder verzärtle, ihnen allen Mutwillen lasse und durch die Finger sehe. Wie strenge man zu seiner Zeit vor fünfzig Jahren gewesen und die Kinder in scharfer Zucht gehalten, ihnen bey jedem Versehen wacker den Hintern gejätet. Wie oft auch er so sey gejätet worden. Ich wußte lange nicht, was das Jäten sagen sollte, doch merkte bald, daß es das Nämliche sey, mit einer Birkenrute das Füdlen schwingen, wie man bey uns sagte, oder den nackten Hintern hauen. Der Klosterbruder erzählte mir noch einige Anekdötchen. Und als einmal zwei hübsche Mägdchen am Wege saßen, tat er gar freundlich, stellte sich und wollte mit einer schäkern. Ich ging meinen Weg. Doch als ich mich umsah, waren die Mägdchen auch ihren Weg gegangen und der alte Bruder kam mir eylig nach, wiegend, dann sein Gang war ein bisgen schepp. Ha, sagte er, das waren süße Bissen, aber die Närrchen sind ein bisgen spröde – Bey einem Kloster – Schüpfen glaub ich – wollte er einkehren. Es koste ihn hier nichts, sagte er. Aber er ward abgewiesen. Man sagte ihme, es seyen sonst frömde Herren da. Im Dorf soll auch mit ihme einkehren. Nein, sagte ich, ich gehe noch bis Eschlismatt, und schied von meinem erzgroben Pater. In Eschlismatt ward ich auch dem Pfarrer empfohlen, der gar ein liebenswürdiger Menschenfreund sein soll. Aber auch den traf ich nicht zuhause an. Er war auch auf einer Reise. Sein Kaplan guckte mich durch ein Gläschen an, ohne ein Wort zu verlieren. Ich aß in einem guten Wirtshaus zmittag. Ließ mir hernach den Weg so ungefähr über die Alpen zeigen, weil ich eine Stunde näher auf Trub hatte, als der Landstraße nach. Es gieng wandgäh den Berg hinauf. Aber da ich die oberste Höhe erreicht hatte, gieng es eben herüber, durch grasreiche Weiden. Ich sahe schöne, wohlbeleibte

Kühe. Nur die Farbe gefiel mir nicht. Hier und fast überall sah ich rot- und weißschäkichte, selten braune, schwarze und weißgraue Kühe, wie bey uns. Aber sonsten viel wohlleibiger. Die Hütten sind große Gebäude, mit weit vorstehendem und auf vier Seiten Strohdach, auf zwei Seiten bis fast auf den Boden hinab. Sah auch Stuben mit Fenstern, auch Weiber und Kinder. Glaubte also, daß die Sennen oder Küher den Sommer mit ihrer ganzen Familie hier zubringen. Die Alpen hießen Bockhorn, Ilmenboden u.s.f. Endlich sahe ich fast senkrecht auf Trub hinab. Es gieng wieder ebenso gäh herunter, und ich langte abends zeitlich bey meinem lieben

Pfarrer Imhof

an. Mein Empfang war gewüß herzlich, so wie es auch mein sehnlichstes Verlangen war, Imhof und seine liebe Familie auch wieder einmal zu sehen und zu sprechen. Vielleicht, Gott weiß, das letztemal in meinem Leben. Und dies war gewüß der Hauptgrund, daß ich diesen Umweg durchs Entlibuch auf Bern gemacht. Der Abend, die halbe Nacht, bis am folgenden Nachmittag verflossen uns unter traulichen Gesprächen. Pfarrer Imhof führte mich überall auf seinen Pfrundgütern herum und zeigte mir alle seine Habe und Ware... Trub liegt im Emmenthal fast zu hinterst, in einem Nebenthal. Hat reiche Bauern, vortreffliche Matten, 1400 Seelen... Pfarrer Imhof und ein Vorsteher gaben mirs Geleit bis Trubschachen. Da tranken wir noch eine Boutile Wein, der beste, den ich des ganzen Wegs getrunken. Und nun gieng ich noch bis Langnau zu übernachten.

's war mir gar nicht wohl, das einzigmal auf dieser Reise. Ich dachte, ein bisgen warme Suppe würde es besser machen. Doch ich konnte gar nichts genießen, schon mir sonst in keinem Gasthof besser, ja sogar mein liebstes Essen aufgetragen worden: delikates Fleisch, ein Schweinpfötchen und Windbohnen. Aber ich mußte es doch bezahlen, schon ichs wieder abtragen ließ. Gieng also bald zu Bette, und ein Schweiß machte, daß ich am Morgen wieder ganz munter und gestärkt aufstand. Langnau ist ein schönes, großes Pfarrdorf und fruchtbare, herrliche Landschaften daherum. Den 27 sten betrachtete noch das Dorf und erinnerte mich des berühmten Michel Schüpach. Nahm meinen Weg über Signau, Höchstetten, Worb, ein großes Dorf, Schloß und Bleiche und herrliche Gegenden. Hernach über Gümlingen. Fast immer hatte die schönsten Aussichten, rechts und links Schlösser und fruchtbare Felder. Dann die Alpenketten neben mir her. Bald mußte die eigene Bauart der Häuser bewundern, welche von der unsern ganz verschieden: die mächtig großen Strohdächer, die weit vorstehen und fast auf allen Seiten bis auf die Erde hangen, sodaß einige hundert Menschen nur unter dem Vordach Schutz fänden. Endlich erblickte ich zu meiner Freude

die Türme von Bern

und kam über die schönsten Allmenden und Straßen, durch Alleen von zierlichen Bäumen auf das berühmte Bern. Freylich war das eine starke Überraschung vor mich. Bern, von dem ich schon viel gehört und gelesen hatte, so auf einmal fast ganz zu übersehen. Dann ich stand mit der Stadt fast ganz auf gleicher Höhe und mußte nun erst eine Straße bis an die Aare hinab, dann über eine Brücke und wieder in die Stadt hinauf. Da war ich freilich lauter Aug, stolperte ein paar Gassen hin und her und sah immer einerley, die gleichen Straßen, die gleichen Bogengänge, die gleichen Häuser. Hm, dachte ich, villeicht bin ich immer wieder in der vorigen Gasse. Will doch einmal die Wohnung meines Herzensfreund St. ausfragen. Es währte nicht lange, da hatte ich das Haus in der Metzgergasse... traf die Mutter meines lieben Freunds in zimlichen Sorgen an. Sie sagte mir, wie ihr Sohn schon am Mittwoch versprochen heimzukommen, und nun sei es Samstag und komme noch nicht... Doch ich habe mich verschrieben: Freytagabend wars, als mein lieber St. von seiner Reise zurückkam, und Samstags machten wir einige Besuche und schlenderten in und um die Stadt herum. Mein Bester hätte mir gern alle Merkwürdigkeiten gezeigt, aber die Zeit erlaubte mir nur, die Außenseite von Bern zu begucken. Nachher reute es mich doch, daß ich so gar eylig gewesen und hier und anderwegs mich nicht besser umgesehen habe. Dann meine Eylfertigkeit war in allem Betracht unnütz. Meine Freunde von Konstanz hätte ich früher oder später verfehlt. Bey Hause wurde nichts versaumt. Zudem hatten mich meine Leute noch bey acht Tagen nicht erwartet. Doch ich war einmal eylig und hatte nirgends weder Ruh noch Rast. Die fehlgeschlagene Hoffnung in Zürich steckte fast immer in meinem Busen und mag viel zu meiner Rastlosigkeit beygetragen haben. Doch ich schweife aus. Die Gegenden um Bern dünkten mich sehr schön, sonderheitlich von der Landseite gegen Lusana. – Ist eine herrliche Promenade zum Spazierengehen. Schade, daß mir graue Nebel all die schönsten Aussichten verhüllten...

Allgemeine Freude herrschte im ganzen Hause. Wir erzählten einander unsere Reisegeschichten und brachten den Abend sehr angenehm hin. Am Morgen rüsteten wir uns in die Kirche zum Münster. Ein junger Pfarrer Risolt hielt eine kurze, aber wohlgeordnete Predigt. Mir fielen die verschiedenen Trachten und Figuren sehr auf.

Nachher giengs zum Mittagessen, beim Bruder von meinem lieben St.... in gleichem Hause. Oh, oh, das war eine fürstliche Mahlzeit! Ich erinnere mich vieles, aber so einer Mahlzeit erinnere ich mich nicht beygewohnt zu haben. Ich genoß in diesem Hause alle ersinnliche Freundschaft, Liebe und Bequemlichkeit. Es war aber auch die einzige in Bern, weil mir sonst ussert Helfer Müsli keine Seele bekannt war, als mein gütiger H. St., und um seinetwillen erwies mir seine ganze Familie die unverdienteste Freundschaft. Mit aller Gewalt wollten sie mich länger in Bern behalten. Und ich bin überzeugt, daß es ihr wahrer Ernst war, welches ich sonst nicht allerorten glaubte bemerkt zu haben. Aber ich hatte mir einmal vorgenommen, bald nach dem Mittagessen Bern zu verlassen, welches aber zimlich spat wurde. Ich mußte mich mit Gewalt losreißen von diesen Herzguten, lieben Leuten, so weh es mir that. Mein lieber St. gab mir noch zwei Stund das Geleit...

Bråker und Lavater

Der große Lavater

1780 den 11. Brachmonat

Ich lese Lavaters Physiognomik. Den ersten Band hab ich schon vor etwas Zeit mit innigem Vergnügen gelesen und den zweyten hab ich dato vor mir.

So wenig Herr Lavater vor mich geschrieben, so wenig er vermuten konnte, daß ich und meinesgleichen sein vortreffliches und kostbares Werk jemals lesen würden, desto mehr freut es mich, daß ich die Ehre habe, es zu lesen. Ob ichs verstehe oder nicht, darüber hat mich noch niemand catekisiert, als ich mich selbst. Im Geist hat ich schon viel unmündige Gespräch mit diesem großen Manne, dem lieben, lieben teuren Lavater gehabt, sonderlich über seine Physiognomik, das ich so herzlich gerne meinem Tagbüchlein einverleiben möchte, was ich all so kindlich schwätzte. Wohl tausendmal hatte ich schon gewünscht, mit diesem teuren Mann Gottes mündlich zu reden, wann ichs so freymütig könnte wie mit diesem Papier. Aber das könnt ich in Ewigkeit nicht. Sein scharfdurchdringender Blick würde mirs Conzept verrücken, mich blaß und stumm machen, schon ich ihm Himmelsgüte zutraue, trau ich ihm doch auch Menschenschärfe, obwohl nicht Inquisitionsschärfe zu.

Kein Autor in der jetzigen Welt kommt mir so innig nah, so sanft ans Herz, wie mein lieber Lavater in allen seinen Schriften, auch wo er vor mich undeutlich, rätselhaft schreibt, wo er mich überplaudert wie Paulus den Festo, daß ich nicht mehr weiß, wo ich zuhause bin, wo mich ein anderer böse machen würde, daß ich sein Buch weglegte. Lavater verzeih ich alles. Das Schlimmste, das ich sage, ist mit Festo: Lavater, lieber Lavater, du rasest, deine große Kunst machet dich rasen. Dein Geist ist wie eine reiche Quelle, die mit Gewalt hervorsprudelt, daß man nicht Zeit hat, jeden Tropfen zu beobachten.

Oft sage ich, du bist ein Kind, Lavater, gewiß ein Kind, aber ein allerliebstes Kind, ein Gotteskind wie Johannes, der an Jesu Brust lag. Mich nimmts nicht wunder, wann schon die Welt diesen großen Mann durch die Fäuste jagt. Lieber Mann Gottes, wie dorftest du dich unterstehn, den Menschen, das brutale kleine Weltgebäu, so genau zu zergliedern und jedes Härchen zu beschreiben? Konntest du vermuten, das unwirsche Tierchen werde dir stillhalten, wie ein Schaf, wenn mans schirrt, nicht die Zähne blecken und von allen Seiten um sich beißen, wann dus so zeichnen und jede häßliche Seele kennbar machen willst? Und die guten, redlichen Seelen, die Stillen im Land, die so gern im Verborgenen ihrer süßen Ruh genießen, werden die es gerne leiden, wenn man sie so ans Taglicht schleppt, jedem Spötter zun Begucken dargestellt? Und die guten Seelen in einem mißgestalteten Körper, wie ich doch glaube, daß es gäbe, solls denen nicht auch wehe thun, wann man sie nach dem Äußeren beurteilen will?

Ha, der stolze Junker Hans, wie brüstet sich nun der vor dem Spiegel, wie streicht er seinen Scheitel, greift hinten und vorne seinen rundgewölbten Kopf, mißt in die Läng und Quer und sagt zu sich: Ha, da muß mehr drein stecken, als ich selber glaube. Er besicht sich von Kopf bis zum Fuß, macht allerhand Stellungen und zieht sein Gesicht in allerley Formen. Sagt bey sich: Ey, welch ein herrlich Gebäude! Wer sollte nicht denken, daß ich noch mehr sey als ich bin? Welch herrliche Eigenschaften müssen in mir versteckt liegen, die mir noch selber nicht bekannt sind. Und welch eine Menge feiner Spitzbubengesichter! Ich höre sie spottend Trotz bieten, dann sie wüssens wohl genug, daß solch scharfsehende Lavatersaugen nicht in allen Gärten wachsen. Aber der arme Barthel, wie zittert der vor der Physiognomik! In seinem Leben hat er einst gefehlt. Es ist verborgen geblieben. Er hat es dem Himmel gebeichtet und bereut, die Augen niedergeschlagen, daß mans ihm nicht ansehe. Nun denkt er, man werds in seinem Gesicht lesen, was er gethan habe. Der arme Barthel ist nirgend sicher, wenn man die Leute so beobachten lehrt.

Nein, mein bester Lavater, ich weiß, du wußtest es, daß du einen Stein des Anstoßes hinwarfest. Ich weiß, du kennst die Menschen allzugut, als daß du nicht wüssen solltest, wie die Menschen gewohnt sind, jedes Ding am letzen Ort anzugreifen. Ja, wann deine Leser all deine Augen hätten und deine Gedanken denken könnten. O welch eine gefreute Welt wäre es! Kein Gesicht würde uns vorkommen, wo wir nicht etwas Gutes herausfischen könnten. Aber es ist leydergotterbarm anderst. Jeder möchte gern seine Figur sehen und eine treffliche Lobrede darüber lesen und das ihm verhaßte schmälen hören.

Ob es eine Physiognomik gäbe, das, hätt ich gemeint, würde kein Mensch leugnen. Jeder Bauer, auch der dümmste, ist in seiner Art ein Physiognomist. Er kennt doch Weiß- und Rottannen, Birn- und Apfelbäume an Laub und Rinde, weiß, welche wachsmündig oder nicht und kann schier sagen, wenn er es auch nicht aus der Erfahrung hat, welche gute oder verzwergte, gern oder ungern Früchte tragen. Und wie gut weiß er Pferde, Ochsen, Kühe zu physiognomieren. Am Kopf, Rücken, Schwanz, Fuß, Haar und aus dem ganzen Körperbau kann er sagen, was das Tier vor Eigenschaften hat, und wann er zum vierten, fünftenmal betrogen wird, so betrügt ihn mehr der Verkäufer und der Preis, als die Gestalt des Tiers. Freylich ist er in der Menschenphysiognomie weit schwächer, und doch weiß ich gewüß, daß mancher Bauer seine Art zu physiognomieren mit Herrn Lavaters um keine Aufgabe vertauschen würde, weil er so wohl dabey fahrt im Handel und Wandel und ihn jeder Fehlschlag klüger macht, so wohl als den größten Gelehrten, obwohl er sich nicht auszudrücken und all die Gesichtszüge zu spezifizieren weiß, betrügt er sich im ganzen, glaub ich, nicht mehr als der größte Anatomist. Bey ihm heißt es nur: Der und der ist mein Mann, der gefällt mir, hat mir die rechte Farbe, spricht mir grad im rechten Ton, nicht zu viel und nicht zu wenig. Oder: Der hat mir mein Geschmack nicht, ich mag ihn nicht, hat mir zu große Augen, tragt mir den Kopf zu hoch, ich trau seinem Lächeln nicht, er schwätzt mir zu viel, oder er verbeißt immer das Maul etc. Ey, das ist Sympathie oder Antipathie. 's kann sein. Aber mich dünkts reale Physiognomie, wenn ein Bauer die Harmonie des andern, mit seinem Karakter, bloß aus seinem Gesicht, seiner Stellung und dem Ton seiner Worte erraten kann. Ich kenne Männer, die scharfsehend und gelehrt seyn wollen, daß sie einander nach der Physiognomie nicht haben mochten, aber hernach durch den Umgang die besten, harmonierendsten Freunde wurden. Ich meinte, Herr Lavater würde sich so nicht betriegen, und doch könnts ihm widerfahren, so scharf und durchdringend sein Blick ist. O Lavater, bester Lavater, die Kinder dieser Welt sind klüger in ihrem Geschlecht, als die Kinder des Lichts in ihrem Geschlecht. Lege mir diese göttlichen Worte aus, liebster Lavater, aber lege sie mir nicht aus nach der Schriftgelehrten und Pharisäer Art. Hole bey der Gottesquelle deines tiefforschenden Geistes die Auslegung her.

Ja, weh thuts mir, mein lieber, bester Lavater, in der Seele weh, für dich weh, wann die Allerweltsspötter über eine Sache spotten, die sie gar nicht verstehen, ja die fast gar niemand versteht als Lavater. Sollte man deswegen Lavater verwerfen, weil er ein so kurioses Buch geschrieben? Ich nicht, gewüß ich nicht. Nein, mein teurer Lavater, ich halte dich vor einen großen Mann, vor einen außerordentlichen Geist, vor ein Wunder unserer Zeiten, vor einen Liebling des Himmels, aller Ehren wert, einen Mann, der die redlichsten Absichten hat, der thut, was er kann, gern mehr thäte und in der besten Absicht allzuviel thut, den ich von Herzen liebe, ohne daß ich ihn von Person kenne. Weh thuts mir, sag ich, wann ich höre über meinen lieben Lavatern spotten, wann sie sagen, Lavater ist ein Narr. Fort mit dem Buch voll Grillen und Phantaseyen, fort mit all den Zürcher Gesichtern, mit all den schwärmerischen Lobeserhebungen seiner Freunden etc. Ich sage dann: Fort mit euch, Schurken! Müßt ihr das Kind mitsamt dem Bad ausschütten? Schämt euch! Lavater ist gewüß einer von den besten, redlichsten Seelen in der Welt. Und hätte er schon etwa ein bisgen Grillen und Phantaseyen, auch ein wenig übertriebene Lobreden geschrieben, ach der gute Mann, er hats gewüß gut gemeint. Nehmt ihms doch für gut ab. Ihn dünktens gewüß wichtige Sachen, es mag euch immer dünken wie es will. Wartet nur, in zehn, zwanzig Jahren wird ers vielleicht selber Grillen heißen. Nein, thut doch diesem Manne nichts, tastet den Gesalbten des Herren nicht an, nicht auf eine boshafte Art. Es ist wahr, mein lieber Lavater, ich bin ein nichts bedeutender unwüssender Mann, an dessen Urteil nichts gelegen ist. Und dennoch murmle ich beim Durchlesen deiner Physiognomik auch etwas, das gesteh ich, und wann ich geradezu von der Leber weg nicht meine Meinung, dann die gilt nichts, sondern all die Empfindungen sagen sollte, würds auch artig herauskommen. Aber in aller Güte mit einem in Liebe schmelzenden Herzen könnt ichs sagen; dann fühlen, empfinden kann ich doch auch. In einigen Strophen redtst du mir recht ans Herz oder aus dem Herzen. Oft möcht ich dich küssen, geliebter, bester Lavater, mit dir leben und sterben. Oft möcht ich bey deinen Füßen sitzen, wie Maria bey Jesu Füßen, und Lehren von deinen Lippen hören. Aber dann komme ich auch auf Stellen, wo ich murmle, zwüschen den Zähnen murmle: Lavater, du bist ein Joggle, meinertreu ein Joggle. Nein, du hast dich vergessen, vergessen, daß du Menschen zeichnest, Menschen beschreibst. Kennst du dann die Menschen nicht? Glaubst du wirklich, es gäbe solche, die so viel vor andern voraushaben? Weißt du nicht, wie die Adamskinder geartet sind? Weißt ja, was Jakobs Söhne dem Joseph thaten. Wars nicht eine Würkung, daß Jakob ihn über die andern erhebte? Denkst du, das schwärmerische Lob, das du einigen deiner Geschöpfen beylegst, werde bey den andern Liebe erwecken? Ich denke es nicht. Meinst du, wenn du so etliche aus der Menschheit heraushebst, weil sie deine Freunde sind, und fast über den Himmel, nicht nur bis an den Himmel erhebst, meinst du, es verdrieße die andern nicht. Denkst du nicht, es werde auch allenthalben Menschen haben, die deine Götter kennen so gut als du, die wüssen, daß sie auch Menschen sind, schon du sie zu Göttern machst. O lieber Mann Gottes, der Abstand ist gewüß nicht so groß. Ich denke wohl, daß es Stufen haben wird, und der Sprung vom schlimmsten bis zum besten Menschen mag groß genug seyn. Aber die Zwüschenstaffeln unter so viel Millionen Menschen mein ich seyen fast unmerkbar. Unter viel Millionen Menschen giebts nicht zwey, die einander in allen Teilen vollkommen gleich gebildet sind. Und doch, wenn sie gereihet neben einander stünden, vom wohlgebildetsten bis zum elendesten Zwerg, und man Formen anfieng zu besehen, würde man immer eine so große Ähnlichkeit finden, daß der Unterschied fast unmerkbar würde. Aber wenn man vom rechten Flügel auf den linken springen wollte, dann würde man freylich rufen: Himmel, welch ein Kontrast! Ob aber in all den einander ähnlichen Körpern auch gleiche Seelen wohnen, das weiß ich nicht. Im alten Bund hat es Männer gegeben, die man Seher nannte. Was sie alles sehen konnten, weiß ich nicht. Villicht konnten sie auch die Gestalt der Seelen durch den Körper durchsehen. Villicht ist Herr Lavater auch solch ein Seher. Aber ich hätte gemeint, er würde die Sachen nicht alle so in die Welt hinaus schreiben. Er hätte wohl gewußt, daß die Spottvögel das alles Grillen und Phantaseyen heißen würden, was scharfe Augen sehen können...

Nun leg ich den zweiten Teil von der Physiognomik weg und habe freylich noch nichts von dem allgemeinen Nutzen gefunden, den ich gesucht habe. Vor mich habe ich aber auch nichts verloren. Meine alte Methode im Physiognomieren ist mir so lieb als zuvor. Ich denke vor mich, das Physiognomieren sey ein betrügliches Ding und doch ein nützliches Ding wie der Wein und die Weiber. Ich denke allewil, die Natur spiele auf eine millionenfache Art so rätselhaft durcheinander, wie in allen

Sachen, so auch in den Menschenformen, Menschengesichtern, daß nur Gottes Auge das Wahre sieht, und keine Menschenseele sey imstande, überall so etwas Genaues und Unfehlbares zu bestimmen. Im ganzen freylich hat jeder sehende Krüppel ein physiognomisches Auge, aber wie ließen sich da allgemeine Regeln machen? Geschmack verbessern freylich. Aber kann man einem Menschen seyne Augen nehmen und andere geben? Ist ja fast kein Gesicht zu finden, wenns auch nicht gar eine ungeheure Mißgestalt ist, das nicht auch seine Liebhaber finde, die es gut, schön dünkt, die es ein ehrliches Gesicht heißen und die, welche ein anderer gerne sieht, tadeln. Und das sind rare Gesichter, die allgemeinen Beyfall finden, und noch diese dörft ich nicht sagen, daß es die besten wären und auch just schöne Seelen anzeigten.

Lieber wollt ich die Physiognomik dem Himmel befehlen, als so felsenfest auf Felsen bauen. Nicht daß ich keinem Menschen traue. Ich traue, so viel je ein Mensch traut, und denke, ich habe schon allzuviel getraut, viel mehr, als man Menschen trauen sollte. Ich traue gar vielen Menschen weit mehr als mir selber zu. Aber mir selber trau ich auch nicht viel. Dann ich hab es aus der Erfahrung, daß ich mich selber ebensoviel, nein noch weit mehr betrogen als alle anderen Menschen. Müßt ich mir einen Freund wählen, freylich müßte mir sein Gesicht auch gefallen, aber auf seinen Schädel, seine Augenknochen und die ganze Bildung seines Gesichts gieng ich nicht allein. Würde noch auf etwas mehr sehen, seine Kleidung, seinen Gang, seine Stellung, sein

Haar. Aus allen diesen Dingen würde ich auch etwas schließen. Aber wenn auch alles so wäre, wie mirs gefallt, würd ich frey denken, das ist ein Mann vor mich. Doch wenn ich sonst keine Erfahrung von ihm hätte, dörft ich nicht sagen, das ist ein Mann nach meinem Herzen, dem werde ich mein ganzes Herz vertrauen. Aber wann ich ihn handlen sehe, all die Mienen, Geberden und Bewegungen bey seinen Verrichtungen, seine Reden vor und nach einer Handlung, unter Augen und beiseit, dann würde ich mir trauen, besser zu physiognomieren. O bester Lavater, was bin ich gegen dir! Das alles würdest du bloß aus dem Gesicht, aus dem Knochenbau sehen und treffend bestimmen. Könntest sagen: So und so wird der Mann handeln, das und das wird sein Lieblingssystem sein. Hier, in diesem Zuge, sitzt Güte, dort in jenem scharfer Verstand etc.

Verzeihe, lieber Lavater, ich bin ein bisgen stockig. So viel könnt ich all mein Lebtag nicht lernen, und vieles möcht ich nicht lernen. Was sollen doch all die häufigen Knochen, die Totenschädel? Freylich ist deren Anblick fähig, einen zu tiefen Betrachtungen und zu wehmütigen Empfindungen aufgeweckt zu machen. Aber daß ich diese Knochen so genau physiognomieren möchte und so ein kostbares Werk damit füllen, nein, mich kümmert der leere Bienkorb nicht, ob ich wüsse, was für eine Art Bienen darin gehauset haben. Lebendige Knochen sind ein bisgen lüstiger zu besehen, und deren hats genug.

Noch einmal, mein bester Lavater, verzeihe mir. Ich bin dir gut, von Herzen gut, und möchte dich um viel nicht böse machen. Aber die Schädel sind mir grüsig und 's wird mir übel. Ich denke, die gehören in die Erde zum Vermodern, nicht in ein so zierliches Werk, das hübsche Papier scheußlich zu machen. Ich will lieber mit den Lebendigen hausen und dann mit jenen Gemeinschaft haben, wann mich diese auch eingescharrt haben. Dökter und Feldscherer mögen diese Schädel begucken und den herrlichen Bau aus seinem Ruin hervorscharren, ihn in der Ruhe stören und ihr Denken daran abstumpfen. Viel lieber mag ich die Tierköpfe, meinte auch, ich wollte die Kunst, dieselben zu physiognomieren, wohl erlernen, weil ich zum voraus weiß, was ein jedes für Art und Eigenschaften hat. Leichter, viel leichter wär sie mir, als das Menschen Physiognomieren. Sie kommt mir so einfach vor und die Menschenphysiognomik so mannigfaltig und rätselhaft. Da sollt ich oft zwey ähnliche Menschen von sehr verschiedenem Karakter aus kleinen, fast unerkennbaren Zügen erraten. Da sollt ich etwa die Ohren, das Kinn, die Stirn oder den Hinterkopf nicht gleich finden. Da müßte ich ja die Augen weiß Gott wie weit aufsperren und stünde noch in Gefahr, Ohrfeigen zu bekommen, wann ich so nahe und so scharf begucken wollte. Sonst fallt mir immer das ganze Gesicht auf einmal in die Augen und im ersten Blick gefallts oder gefallts nicht, daß ich vielmal die Ursach nicht anzugeben wüßte, obs die Ohren, das Haar, die Augenknochen, die Naslöcher, die Maulwinkel oder das Kinn wäre, das das ganze Gesicht mißfällig machte. Auf die Porträte miech ich nicht viel. Wenn einem Maler zwey ähnliche Männer von gleichem Karakter hinsäßen und er auch wirklich Künstler genug wäre, dieselben nach der Natur zu zeichnen – aber wann den einten nur ein Schuh drücken würde, müßten die Gesichtszüge schon ungleich herauskommen, was sonst in gleichen Umständen und Empfindungen haarklein die gleichen Männer wären, wiewohl ich nicht zugebe, daß in zwey gleich gebildeten Körpern auch just gleiche Seelen wohnen müßten, und wenn sie auch gleiche Erziehung genossen und in gleichen Umständen lebten.

Das sind nur kurz einige Gedanken und Empfindungen über die Physiognomik. O Lavater, lieber guter Lavater! müßt ich ihm sagen: Mit Herzenslust hab ich dein vortreffliches Werk gelesen und mich innig gefreut, daß ich das Glück hatte, was sonst keiner von meiner Klasse hat. Verzeihe mir, lieber Mann Gottes, verzeihe das grobe und ungeschliffene Raisonimang. Ich konnte es nicht besser, verstund es nicht anderst. Ich habe die Blumen, die für mich dastanden, gepflückt und von den andern meine nichts bedütende Meinung gesagt. Vor mich hätte ich an der halben Physiognomik genug. Ein Auszug von der Hälfte Blumen nach meinem Geschmack wäre vor mich ein charmantes Werk. Aber dann würds villicht andern mißfallen, dann wäre es weniger kostbar, aber auch weniger ein Schmuck und Zierde aller Büchersäle. Doch könnts dann auch in mehrere Hände kommen und an unverhofften Orten auch unerwarteten Nutzen schaffen.

Nun, mein teurer Lavater, wann dein Geist sich von dieser Höhe wieder der Erde nähern wird, wann die

Kinderjahre herannahen, wo hochfliegende Geister wieder die kleinen Fragstückle lernen, dann, dann, mein teurer, herzlieber Lavater, dann lese deine Physiognomik wieder und frage dich und lächle über deine hohen Flüge! –

Gespräch im Reiche der Toten

1788

5. Oktober Sonntag

Dieser Tage über sind unterschiedene Leichen hier begraben worden. Unter anderem auch eine angesehene Dame von ungemein gutem Rufe, und ein bemittelter Mann, der wegen seinem Vermögen geachtet, seiner Talente wegen veracht und seiner Handlungen wegen verlacht wurde. Da ich beide gar wohl kannte und so darüber nachdachte, was wohl jetzt im Reiche der Toten dieser beiden Los sein möchte, bewog es mich, diese im Schattenreiche einander sprechen zu lassen. Die Herren Philosophen und Theologen mögen mir gütigst verzeihen, wann ich schon ein bisgen überecks und querfeldein komme. Dann ich bin ein einfältiger Lay und schreibe nur meine Gedanken.

Charon zu seinen Ruderknechten

«Allons, flink, flink! Tummelt euch! 's kommen da schon wieder andere nach. 's geht ja über Hals und Kopf, als wenn den Leuten da droben das Leben verleidet wäre. Dort brechen sie einander die Hälse zuTausenden, jene fressen, daß sie platzen, die saufen ganze Ströme, daß ihnen der Magen einschrumpft, lauter hitziges Gesöff. Und jetzt solls auf der Oberwelt zum Erstaunen gebraten, gebraut, gebrannt und gekeltert werden. Mercks Max, das gibt uns Arbeit. Auch hats dermalen sonderlich geschickte Charlatans da droben. 's sind uns getreue Handlanger, verstehen sich zum Wunder aufs Blutzapfen, Purgieren und Laxieren, bis die armen Tröpfe ihre Zuflucht zu uns nehmen müssen. Ha, dieser junge Schatten da riecht noch stark nach Rebensaft und dieser zarte Matronenschatten nach Apothekerware.»

Max, ein gewesener Bauer und Weinhändler

«Uhi, wie ist hier alles so unfreundlich. Ah, auch Sie hier, gnädige Frau? Ah, wo kommen wir hin, gnädige Frau? Alles so finster und öde!»

Gn. Frau

«Nichts von Gnaden, lieber Freund. Hier sind wir nun alle gleich. Störe mich nicht. Ich habe der Ruhe nötig. Suche ein ruhiges Plätzgen in diesen weiten Schattengefilden. Mein Tagwerk ist getan.»

Max

«Wo flattern wir hin? Wo ist das ruhige Plätzgen? Ist ja überall so dunkel, weder Mond noch Stern, weder Wiesen noch Weid, weder Ross noch Küeh, weder Wein noch Branz, kein Schätzgen, kein Knecht, und doch so ein Gewirre, Gesumse von Schatten, eine ungeheure Weite und nirgend hin heiter und helle. Ach, gnädige Frau, was hab ich gemacht?»

Gn. Frau

«Nichts von Gnaden, hab ich Dir schon gesagt. Hier sind Kaiser und Könige, Fürsten und Grafen, Adel und Unadel, Baur und Bettler, alles gleich. Aber Du bist so ungestüm, lieber Freund. Nur Geduld, wir sind ja erst angelangt. Laß mir nur vor jetzt Ruhe. Ich bin müde. Mein Tagewerk ist gethan. Habe genützt, was ich konnte, und schon 's mir hier noch dunkel scheint, ists doch ruhig. Und Ruhe hab ich nötig.»

Max

«Nicht doch, gnädige Frau, nicht doch. Ach, ich kann gar nicht schlafen. Schon droben hat ich wenig Schlaf. Träumte immer von Branz. Mußte allewil ein Schluck nehmen. Ach, was ist das vor ein Gewirre? Sumset alles um mich her. Ach, die unruhigen Schatten! Wenn doch einer käme und mir Nachricht brächte, was mein Schatz, mein Knecht, was die Erben machen. Ha, mich dücht, ich sehe den Schatten des armen Buttenträgers. Ja, er ists! He, Christel!»

Gn. Frau

«Ha, der arme Christel! Wie süß wird auch ihm die Ruhe schmecken! Wie manch lieb Mal mir mein Herz in mitleidiger Wehmut schmolz, wann der den ganzen Tag krumm und gebückt mit seiner Bütte beladen unter meinen Fenstern vorbey schlich!»

Max

«Dächte, der käm in den Himmel, gn. Frau, grad in den Himmel. He, Christel, sag mir um tausendgottswillen, wie stehts droben? Was machen meine Leute? Was sagt man von mir?»

Gn. Frau

«Guter Alter, laß dich nicht schrecken. Sieh jene wohltätigen Schatten, sieh, wie sie uns zur Ruhe winken. Dieser unruhige Geist war ein Wohllüstling, ein Säufer. Sobald wird er noch nicht ruhen, bis er seine Grillen ausgeschwitzt hat.»

Christel

«Weiß wohl, liebe, gute, weiß wohl. Wie freu ich mich, auch Sie hier zu finden. Doppelt süß wird mir nun die Ruhe schmecken. Dir, Max, muß ich sagen, daß sie, wie ganz natürlich, deine Güter mit Freuden teilen und dich gar nicht zurückwünschen. Dann du hast wenigen Freude gemacht. Bist, wie es scheint, auch hie nicht wert.»

Max

«Was, du alter Schurke, auch du willt mich hudlen? Jeder Lumpenhund will einen necken. Nein, droben wars doch noch anderst. Zum wenigsten hieß es doch noch immer ‚Herr Max, Herr Max'».

Ein Schatten von hinten

«Herr Max, Herr Max, St. Hundsfut, Mstr. Esel, Jkr. Ochs, dein Respekt liegt droben in der Erde verscharrt. Hätt ich meine Knochen noch bey mir, du solltest derbe Ohrfeigen von mir haben. Herzlich wollt ich dich benasenstübern. Hast meinen Sohn ums Geld prügeln lassen, hast mein Mägdchen geprellt, hast mich hungern lassen, hast —»

ein anderer Schatten

«Und mich um Zinse geängstigt. Dich alle Tage toll und voll gesoffen und deinen Arbeitern dünne Brüh und rauh, hart Brodt vorgesetzt, im Kaufen den Leuten die Sachen abgedrückt und deine Sachen zu teuer angehängt —»

ein dritter Schatten

«Mich hast du belogen. Keine Wahrheit ging aus deinem Maul. Weiber und Mägdchen suchtest zu verführen. Hast meinen Kindern Ärgernuß geben, meine Base melancholisch gemacht, du Erzlümmel, Meister aller Grobiane.»

Max

«Ach, ich weiß weder aus noch an, weder Steg noch Weg, alles so finster und enge um mich rum und um. Da kommen Scharen von Schatten, mich zu hudeln und pudeln. Jeder Schatten von Lausnickeln darf mich nekken, mir jeden schiefen Tritt, jeden Spaß, jeden Scherz höhnisch in die Ohren grunzen, und von meinen guten Werken sagt kein Schlingel kein Wort...»

Gnädige Frau zu Christel

„Guter Alter, du hast 80 auf dem Rücken. Deine Tage hast du friedlich und nützlich hingelebt. Trockne den Schweiß von deiner Schattenstirne und komm mit, wir gehören nicht zu diesen störrigen Schatten. Schon zupft mich mein guter Genius, und ich fühle süßen Schlummer. Wer zupft mich? Ha, das ist ein Seher!»

Seher

«So sagte man mir. Im Ernst oder zum Spott, gleichviel, man sagt, es spuke in meinem Gehirn. Kann sein. Geister in den obersten Regionen können das ganze All nicht überschauen. Schon ich im Leben auf der Oberwelt nicht alles richtig sah, so sehe ich doch hier in diesen unteren Regionen doch weiter und richtiger, seitdem ich meine irdische Hülle zurückgelassen. Ich sehe zahllose Sphären, je eine über der andern, und jede ist unübersehbar und grenzenlos. Zahllose Mengen von Schatten von allen Nationen, die kenn ich alle aus ihren Geberden. —»

Christel

«Das ist mir zu hoch, lieber Seher. Mach uns doch mit dem Ort unseres jetzigen Aufenthaltes ein bisgen näher bekannt.»

Seher

«So wüsset denn, gute, liebe, Gott ergebene Seelen, wir sind hier erst angeländet. Das ist noch lange nicht der uns bestimmte Ort. Wir werden noch immer weiter avanzieren, immer heller sehen, süße schlummern und doch thätig sein, immer süßer träumen und freudiger erwachen, immer neue Gegenstände, immer voller Verwunderung werden, bis wir zu der Klasse von Schatten kommen, zu denen wir gehören. Jahre sind uns hier wie Augenblicke. Niemand auf der Oberwelt kann sich unsere Träume vorstellen, kein sterblicher unsere thätige Ruhe begreifen. Keiner aur der Oberwelt dörft es weder schreiben noch sagen, anderst vor ein gall- und milzsüchtiger Hirnspücker, ein Erznarr und Phantast ausgeschrauen zu werden. Aber hier kehrt man sich nicht an jene sinnlichen Geschöpfe, die nichts wollen gelten lassen, was sie mit ihren fünf Sinnen nicht haschen können. Hier sind die Vorhöfe aller abgeschiedenen Seelen. Von hier aus gehen Kanäle ins Unendliche und Unbegreifliche. Wenigen ists vergönnt, ins Weite vor sich zu sehen. Desto süßer ist immer vor die Guten die Überraschung, die Erwartung. Martern vor die Bösen, minder vor die Halbbösen. Jeden martern seine Handlungen. Diese hier müssen sich unter einander abreiben, abfeilen, bis sie durch jenen Kanal schlüpfen können.»

Gn. Frau

«Grad dort in einem Kreise seh ich unzählbare Schatten unter ihnen, wie mir deucht, einander nachjagen, verfolgen.»

Seher

«Das sind Soldaten, Bauren, Christen, Juden, Griechen, Türken, meist auf den Schlachtfeldern niedergesäbelte Opfer der Großen. Diese verfolgen eine große Menge Pfaffen, Priester als Lügner, Betrüger und Verführer. Diese sollten ihnen ihr Paradies zeigen und könnens selber nicht finden. Sie wollen die versprochenen Weiber und Mägdchen, ihre niedlichen Tische und neuen Leiber haben, und die armen Schatten von Pfaffen schweben selber in ihrem angewiesenen Zirkel unruhig und ängstlich herum.»

Gn. Frau

«Ha, guter Alter! Seht, wie der so sanfte Schlaf süße träumt, unbesorgt um all das Gewirre. Kein störriger Schatten darf sich ihm nahen. Und solche sanft ruhende Schatten hats auch eine zahllose Menge hier, mir deuchts all von den Stillen im Land, die schlecht und recht ihre Tage nützlich und friedlich verlebt haben. Dort aber seh ich Schatten sich gewaltig sträuben, wie Mückentänze durcheinander fahren.»

Seher

«Das sind lauter abgesegelte Herren Philosophen und Weltweise, lauter große, starke Geister. Da sieht man den Geist Friedrichs, des einzigen, über alle andern herausragen, noch als Held sich sträuben, die Schatten Voltär, Maupert, dlabert* etc. wie feige Memmen, wie Würmer zu seinen Füßen kriechen, seine Vorwürfe geduldig in sich zu schlucken scheinen. Mir ist, als hört ich ihn sagen: Ihr Hundsfüter, ihr Schurken, her mit euch! Beweist jetzt euren Schülern eure Vorgebungen, ihr Erzweisheitfresser und Weltverführer mit eurem Witz. Her da! En front! Stellt euch, oder zernichtet mich und euch! Wann ihrs könnt. Genugtuung, oder der Teufel soll euch holen! Da sieht man ganze Schwadronen wie Mückenwolken Schüler auf ihre Lehrer losstürmen und Friedrich kommandieren.»

Gn. Frau

«Aber mir deucht, ich sehe keinen von seinen lieben alten, vertrauten Generalen, die im siebenjährigen Krieg ihr Leben aufopferten, nichts von seinen alten, guten Offizieren und Soldaten, nichts von Theresia. Und doch ließ sie ein witziger Kopf auf der Oberwelt im Reiche der Toten zusammenkommen, einander sprechen. Aber mir dücht, ich höre ein Geschwirre, ein Klirren tiefer unter uns. Was ists?»

Seher

«Ich habe ihr schon gesagt, daß wir hier erst angelandet nur auf dem Sammelplatz aller Neuankommenden

---

* d'Alembert.

uns befinden. Die, welche vor dreißig Jahren ihre Hülle abstreiften, haben schon einen weiten Vorsprung. Aber nicht alle avanzieren gleich schnell. Friedrich wird stark vorwärts rücken und seine Lieben bald einholen, wann er nur erst die feigen Schurken von Schöngeisterchen gezüchtiget hat. Bald wird er den, der alles in allem ist, erkennen und seine Krone zu seinen Füßen hinwerfen, allen, die er geärgert oder unwüssend unrecht gethan, abbitten und dort noch eine Armee von Helden, von edelmütigen großen Männern sammeln, einem David, einem Salomon, wo nicht vorgezogen, doch an die Seite gesetzt werden. Auch Theresia wird eine glänzende Rolle spielen. Daß sie aber tiefer unten Bewegungen wahrnimmt, da sind noch unzählbare Behälter und Abteilungen vor allerhand Klassen Seelen, von armen, unwüssenden Irregeführten, doch des Unterrichts fähigen Menschen gleichsam in der Schule. Dort schnarchen, von Frost eingewiegt, unzählbare Scharen stock-, stein- und eisartige Seelen wie unbewegliche Klötze. Beyneben flattern Millionen religiöser Schwärmer von allen Nationen, Sekten, Schnitten und Farben in ihrem Zirkel herum, formieren Armeen gegen einander und scheinen wie Wolken von Schmetterlingen noch vollends allen Schimmer des Lichts zu verdunkeln, bis sie sich ihrer Flügel berauben, wie Raupen einspinnen und erst dann ruhig schlummern.

Aber das dumpfe Getöse von weither, o da ist eine große Kluft zwüschen hier und dort. Aber auch dort sind wiederum viele Abteilungen gleichsam als Kerker und Gefängnusse, mehr und minder scharf und enge.

Wenigen von hier aber ists vergönnt, dahin zu gucken. Doch kann ich versichern, daß es Behältnusse sind vor alle Widerspenstigen, bey denen alle gütigen Anstaltungen in der Oberwelt und in diesen Vorhöfen und Schattengefilden fruchtlos und umsonst waren. Da kommen zum Ex. in die allergrauenvollsten Kerker die Tyrannen, alle unbarmherzigen, unerbittlichen, tigerartigen Seelen, voran alle Bekutteten, weiß, grau, schwarz, sich geistlich nennenden Mörder und blutdürstigen Henkersseelen aus allen Weltenden. Kein Sterblicher kann sich das Mordsspektakel vorstellen, so die Rasse von ungeheurer Menge blutlechzender Hundenseelen unter einander anrichtet. Dort sind wahrlich alle Teufel überflüssig. Sie selbst sinds einander zur genüge. Und die unschuldig Gemordeten zu Millionen, deren Seelen über ihren schwarzen Schatten schwebend immer Rache rufen, wenn nichts wäre, als daß sie sehen müssen ihre armen Schlachtopfer in einer besseren Sphäre über sich schweben und sozusagen über sie befehlen. Nächst diesen folgen alle falschen Verräter, geizigen, unersättlichen Menschen- und Geldschinder. Diese tappen im Finstern herum, ohne Rast noch Ruh, quälen einander unaufhörlich, suchen ihre Schätze und haschen nach Schatten. Tausende –»

Gn. Frau

«Ach, hör auf, mein lieber Seher, will viel lieber deine schwarzen Gemälde nicht sehen. Lieber wollt ich in die Wohnungen der Vollendeten sehen, als diese grausigen Behältnisse voll Unmenschen.»

Gespräch im Reiche der Toten

Tagebuch

Sonntag den 16. November 1788
Anhang zum vorigen 5. Oktober

«Möchte wieder einmal ein bisgen schwärmen und das aus folgenden Ursachen: Erstens bin ich ein bisgen unpäßlich, zweitens befällt mich abermals das um diese Zeit gewöhnliche Heimweh. Schon diese Herbsttage, so erwünscht schön sind, macht doch das Zurückweichen der holden Sonne, das Entlauben der Bäume und Absterben der ganzen Natur mir solch wehmütige Sehnsucht nach neuem Aufleben. Drittens der nahe Winter, der in der Einbildung schon schwer auf meinem Nacken liegt. Viertens das ewige Einerley, der enge Würkungskreis und dermalen verdrießliche Geschäfte. Fünftens das allmählige Absegeln auf dieser Welt, da man von Zeit zu Zeit einen Mitbruder, Mitschwöster zur dunkeln Grube hingleitet und in 24 Stunden vergessen ist. Ich habe große Lust, mich ein Weilchen in jene Schattengefilde zu versetzen, jene enthüllten Schatten nach meinen Begriffen oder vielmehr nach meinen Gefühlen schwätzen zu lassen. Charon hudelt Szepter- und Kronenträger hinüber.»

Gnädige Frau

«Hier in diesen Vorhöfen schon geht alles über meine vorigen Vorstellungen. Dütlich fühl ich schon jetzt die allgütigen Absichten meines Schöpfers, daß ich nicht zur Vernichtung, auch nicht zu Qualen eines rachsüchtigen Richters, der am Winseln seiner armen Geschöpfe Freude hat, bestimmt bin. Erst jetzt fühle ich ganz lebhaft meine vorige unnütze und vergebliche Forcht, Zittern und Beben vor Tod, Fegfeuer, Teufel und Hölle, erst jezt, da meine grobe Hülle und jene fünf Sinnen abgestreift, fühle ich jene süßen, doch niemals so süß geträumten Empfindungen meiner Seele, keinen Schmerz, keine marternde Leidenschaft. Schon mir alle meine Handlungen auf der Oberwelt noch ganz lebhaft vorschweben, sind diese Vorschwebungen doch gesäubert von allem groben Anhängsel. Nur die reinen Absichten schimmern durch.»

Seher

«Gut, gut, Liebe, jedem folgen seine Werke nach. Auch mir folgt das Tiefforschen nach. Meine Seele dürstete nach Wahrheit, und da ich Theologie gelehrt ward und gleichwohl alles aufschnappte, was sonst gelehrt klang, so wurde mein Geist in Laborinthe verwickelt. In einem Chaos von Systematikern und tausenderley Meinungen der Gelehrten wurde lange Zeit hinundher geschaukelt und gegaukelt, von einem Extrem aufs andere geworfen, daß ich zuletzt ganz müd und matt dalag. Endlich, nach langem Hinundherdenken, raffte ich mich von dieser Betäubung wieder auf, nahm all den Wirrwar wieder vor d'Hand, auch das große Hauptbuch der ganzen Christenwelt, in welchem ich von jeher immer die vortrefflichsten Lehren fand, schon ich dasselbe nie durchgängig so betrachtet wie der allgemeine Haufe. Nebst dem studierte ich die Natur in allen Dingen um mich her, belauschte sie in allen ihren Gängen. Von allen diesen Gegenständen kehrte dann in stille Einsamkeit zurück, in meinen eigenen Busen.

Machte Vergleichungen, wog nach meinen eigenen Empfindungen ab und bildete mir so ein eigenes System, indem ich alles prüfte und von allem nur das nahm, was mir mit meinem System zu harmonieren düchte, bis meine Überzeugung, daß ich den Stein der Weisen gefunden hatte, so felsenfest war, daß mich kein Sterblicher eines andern zu überzügen imstand gewesen wäre. Da ich die Thorheit begieng, auch andern meine Überzeugung aufzudringen, so habe ich mir dadurch den Namen Seher zugezogen. Sonst heiße ich Christophile. Endlich, da ich glaubte, ganz sicher in überirdischen Sphären zu schweben, und ganze Haufen Pläne in meinem Kopfe herumschleppte, welche Scharen ich noch durch meine Predigten dem Himmel zuführen wolle, – plötzlich zupfte mich der allgemeine Menschenwürger beym Pastorrock. Ein Schleichfieber machte nicht lange mit mir. Nun aber sind mir hier meine Geistesaugen erst recht aufgegangen. Nun sehe ich freylich wohl ein, daß ich mich gar sehr geirrt habe. Aber zu meinem Troste sehe ich, daß sich größere Gelehrte noch mehr irren.»

Gn. Frau

«Das dacht ich gleich, daß er einer von den kuriosen Köpfen war, die gar keinem Religionssystem fest anhangen, sondern von jedem Wind hinundher getrieben werden. Ich nicht. Ich war meiner Religion getreu bis in den Tod. Ich dachte immer, es komme auf Herzensredlichkeit an, und da hab ich mich nicht betrogen.

Welch große Anzahl neuer Ankömmlinge, bekannte und unbekannte. Dort ein paar gar bekannte. Ich muß sie sprechen. Willkomm, Nachbar Thomas, und du, Kurli.»

Schatten von Thomas

«Ach, wo bin ich? Weiß nicht, wie lang ich geschlafen, weiß nicht wo, noch was ich bin. Fühle mich und fühle mich doch nichts. Ha, so viele Schatten umschweben mich! Wer seid ihr, Wesen wie ich? Sagt, wo sind wir? In einer andern Welt, das fühl ich. Was soll aus uns werden, sagt, ich kann ohnmöglich hier so müßig und finster tappen.»

Gn. Frau

«Das glaub ich, dann hier gibts weder Kaufmanns- noch Handwerksgeschäfte. Vielleicht hast du droben in Handel und Wandel unrechtgethan. Da macht dir jetzt fürchterliche Träume. Wo wir sind, kann ich dir selbst nicht genau sagen. Hier ist ein Seher, der kanns. Du, Kurle, wie gehts dir hier? So schlimm wohl nicht!»

Kurle

«Mir ists wohl hier. Habe gelernt, mich in alles schikken. Sünden und Thorheiten habe droben ausgeschwitzt und abgebüßt.»

Thomas

«Pfui, schäme dich! Du warst ein reicher Mann. Hingegen hast du dein Vermögen verprasset und verludert, allen Huren und liederlichem Gesindel angehängt, bis du dich zum Bettler gemacht und allen Menschen zur Last wurdest, ein Unflat, den niemand herbergen wollte. Läuse und anderes Geschmeiß fraß dich auf die Knochen wund, und so starbest du ratlos, aus eigener Schuld. Dachte, du dürfest dich hier nicht sehen lassen, du Lumpenhund!»

Kurle

«Halts Maul, Leuteschinder! Ich rede nicht mit dir. Dort hab ich genug gelitten von dir und deinesgleichen. Hier will ich Ruhe haben. Meine körperlichen Bedürfnisse haben aufgehört.»

Ein Schatten (Aufseher)

«Schiert euch fort von hier. Das ist kein Ort zum Zanken, oder ich blas euch fort wie Seifenblasen. Du, Kaufmannsseele, dorthin mit dir, dort gibts genug zu schaffen vor dich. Sind lauter Krämer- und Kaufmannsschatten. Dort könnt ihr eure Kniffe einander ausbürsten.»

Thomas

«Ist dann der Teufel auch hier los? Droben schon mußt ich mich von jeder Hundsfut necken und picken lassen, und hier werden einem Bettler und Lumpenhunde vorgezogen.»

Aufseher

«Hier kommt kein Stand in Anschlag, Junker Fegbeutel. Nur wahre Verdienste um die Menschheit, uninteressierte, redliche Absichten sind hier gültig. Freylich hätte der Handelsstand die beste Gelegenheit, gemeinnützig zu sein, aber bey den mehresten heißt es nur mirnützig. Nichts galt bey dir, was deinem Beutel nicht fröhnte, und sollten hundert andere darunter leiden.»

Thomas

«Ich bins so gelehrt. All mein Tage hieß es bey jedermann: erst mir und dann dir. Das Hemd liegt näher als das Wams. Ich selbst bin mein Nächster. Den Löffel geb ich nicht von der Hand, bis ich genug gegessen habe.

Jeder vor sich, und Gott vor uns alle. Jeder thu, was er kann. Der Fluxer nimmts und der Gschwinder hats. Wer will, daß ihm ling, schau selber zu seinem Ding. Heißt bey jedem Kauf: Lappe thu die Augen auf. Zart Gewüssen – wenig Nüssen, liegen-triegen-biegen muß ein Kaufmann üben. Wie man mir mißt, miß ich wieder. Wohl wägen macht verlegen.»

Aufseher

«Herrliche Grundsätze in der That. Geh, packe dich, Schurke, der du bist!»

Thomas

«Nicht so rasch! Man wird mir Recht halten wie andern. Ich machts nur wie andere. Der Bauer, der Handwerker, Wirt, Krämer, Kaufmann, Rentherr, Richter, Amtmann, jeder thut, was er kann und mag. Der Bettler liegt, triegt, stiehlt und schwelgt. Der Bauer desgleichen. Verkauft 3/4 Holz vor ein Klafter, ein achttägig Kalb vor dreiwöchig, stampft Ziger unter den Anken, verkauft Wasser unter der Milch, leugnet Zinsen und Schulden. Jeder Handwerker hat seine eigenen Kniffe, vom größten Künstler bis zum Dachdecker herab. Selbst der Geistliche läßt sich sein Geschwätz teuer bezahlen, verkauft oft Lügen vor bare Wahrheit. Und wer will allen Krämern und Wirten genug auf die Finger sehen? Die Ärzte verkaufen Dreck und Unflat vor Universalmedizin zu einem ehrvergessenen Preis. Der Richter will seine rechten und ungerechten Urteilsprüche teuer bezahlt haben, und der Amtmann schröpft auf Mark und Bein. Ich allein sollte meine Vorteile nicht nützen? Ich armes, geplagtes Handelsmännchen sollte jeden andern mich bevorteilen, mich bescheißen lassen? Nein, Gerechtigkeit, Herr Aufseher!»

Kurle

«He, he, er hat Wasser im Wein verkauft, Wasser im Leder verkauft und alle Sachen verfälscht, Stein im Kaffee und Mäusedreck im Pfeffer verkauft, hat falsche Gewichtsteine gemacht und die Elle beschnitten, hat fünfzig geliehen und sich dafür hundert einschreiben lassen, hat, hat – kurz, kein Mensch könnt seine Schelmenstücke zählen. Der Lasterbube hat mir um das Meine geholfen, mit lauter butterglatten Worten.»

Thomas

«Schweig, du Tagedieb! Glaub ihm nicht, Herr Aufseher. Er ist ein Lasterbub, fressen, saufen, huren, ehbrechen, andern Leuten Geld verputzen, das sind Laster, seine Laster, von denen ich frey bin. Ich habe gut und ordentlich gehauset, gute Rechnung gehalten, fleißig gearbeitet und alle Tage fünfmal gebetet, alle Wochen drei- bis viermal zur Kirche gegangen, alle Jahre viermal zum Abendmahl gewesen, wenig notdürftig Bettler leer gehen lassen. Bin um Gottswillen Gevatter gestanden und zur Leiche gegangen und sonst viel gute Werke gethan.»

Aufseher

«Fort, sag ich, ihr Lumpengesindel! Ich bin nicht Richter. Dorthin in jenen weiten Raum, wo Legionen deines Schnittes eingesperrt sind. Herr Kaufmann, dort könnt Ihr Euch vergleichen, belehren oder bekehren, wie ihr wollt. Und du, Kurle, dort nebenhin mit dir. Dort sind ganze Heerscharen armer Sünderseelen, die sich auf

Gnad und Ungnade hin ergeben haben. Dort schmiege dich an und erwarte das Bessere.

Kurle

«O Gnade, Gnade! Steh mir bey, guter Engel! Ich hätte all das Schlimmste verdient. Nur vor jetzt diese Gnade! Nur nicht in Gesellschaft der Falschen und Blutgierigen, nicht in Gesellschaft der Spötter und Pharisäer, noch hochaufgeschwollener Geister, nicht in Gesellschaft dummer, frommer, zanksüchtiger Weiber!»

Thomas

«Gerechtigkeit, Herr Aufseher, das will ich haben. Ich appelliere an den höchsten Richter.»

Aufseher

«Die sollst du haben, aber zittere darvor! Nur einstweilen dorthin!»

(er will sich sträuben. Sie verschwinden)

Seher zur gn. Frau

«Hat sie alles gesehen und gehört?»

Gn. Frau

«Gehört hab ich alles und bin daraus belehrt worden. Aber gesehen? Ja, daß sie verschwanden, sonst nichts.»

Seher

«Freylich muß sie ein süßes Gefühl durchdrungen haben. Dann Gnade kann nie ohne wohlthuende Empfindungen ausgesprochen werden. Aber hat sie nicht gesehen, wie der Aufseher den Thomasschatten vor sich herstieß, durch die Lüfte wie ein Sternschaupe? Wo sie sich dort in einem Zirkel niederließen, wo alle Selbstgerechten aufgespart sind, bis sie sich bekehren und um Gnade anhalten.»

Gn. Frau

«Ich bin nicht gelehrt, kann auch aus deinen Sehereien nicht klug werden. Aber so viel sehe ich doch schon, daß die Seelen nicht so geradezu weder in den Himmel noch in die Hölle hinflattern. Aber ein paar Fragen möchte ich doch noch an dich thun: Erstlich hab ich hier noch nichts von kleinen, unmündigen Kinderseelen gesehen noch gehört. Wo bleiben denn die? Die zweite Frage: Wäre es unserem Schatten unmöglich, sich wieder mit seiner Hülle im Grabe zu vereinigen oder eine neue Gestalt anzunehmen und auf der Oberwelt zu erscheinen? Drittens: Wie lange müssen wir uns denn noch in dieser Ungewüßheit, in diesem Schattenreich aufhalten?»

Seher

«Gute, liebe, sie überfragt mich. Zum Teil bin ich noch selbst nicht belehrt, und zum Teil mutmaße ich nur und bete anderen Gelehrten nach, die eben so wenig Gewüßheit haben als ich. Einst in meinen jungen Jahren war ich stark von der Seelenwanderung eingenommen. Mich düchte, daß ich zu Abrahams Zeiten schon gelebt hätte, in einem seiner Knechten. Hernach bald in diesem, bald in jenem menschlichen Körper meine Behausung gefunden hätte. Aber ich stelle es dem Allmächtigen heim. Der hat gar ein unermeßliches, grenzenloses Reich.

Was die andere Frage angeht, so wäre es ganz gegen unsere Natur, sich wieder mit unserem in der Gruft modernden Körper zu vereinigen, und eine andere sichtbare Gestalt anzunehmen steht nicht in unserer Gewalt.

Drittens: So wenig wir im Leben in der Oberwelt unser Ende vorher wüssen konnten, ebenso wenig können wir die Dauer unseres Hierbleibens wüssen. Genug, daß wir nun gewüß wüssen, daß wir nicht zur Vernichtung bestimmt sind, gewüß wüssen, daß wir unter einer allgütigen Providenz stehen, gwüß wüssen, daß uns eine nochmalige Verwandlung und Versetzung bestimmt ist.»

Gn. Frau

«Zum Teil bin ich befriedigt, zum Teil aber nicht. Mich wundert doch erst jetzt, wies auf der Oberwelt unter den größten Gelehrten solche Narren geben kann, die so vielerley, der menschlichen Natur gar nicht angemessene Sachen fordern können, und so unbegreifliche Sachen versprechen oder unbegreifliche Qualen drohen, dem ungelehrten Pöbel weiß machen, seine Seele fahre geradezu beim letzten Atemzug in den blauen Himmel hinauf, allwo sie Gott von Angesicht zu Angesicht sehen werden. Gott, welche Majestät! Welch ein unbegreifliches Wesen! Ein Mensch, ein unreiner Wurm, vom Pflug, vom Ball, vom Spiel, von der Kueh, vom Bock weg, ungewaschen, ungesalbt Gott schauen – welche Lästerung, den Unermeßlichen, vor welchem Cherubim und Seraphim ihre Angesichter bedecken, soll ein unwüssender Erdenkloß, vom Unrat weg, wenn er nur noch in seinen letzten Augenblicken aus Todesforcht gewinselt und alle übliche Ceremonien gemacht hat, soll flux Gott schauen – oder im Gegenteil in eine Hölle, in ein Feuer zu unbeschreiblichen Qualen und Martern verdammt werden? Welche Ungereimtheiten, gotteslästerlichen Sachen, die weder in der Natur noch sonst irgendwo einichen Grund haben.»

Seher

«Ja gute, liebe, das freut mich innig, daß sie schon richtige Begriffe hat. Sie wird schon noch mehr sehen und begreifen lernen. Dann auf der Oberwelt hindern uns unsere groben Sinne und alle üsseren Gegenstände, obgleich die Natur in allen Dingen eine vortreffliche Lehrerin wäre, so sind doch die Menschen zum Schwärmen, zum Ausschweifen rechts und links geneigt. Alles muß übertrieben und wunderbar, ja gar unbegreiflich scheinen. Gar wenige wollen auf der richtigen Mittelstraße bleiben. Die Gelehrten sind so uneinig als Christen und Türken, und der gemeine Pöbel ist allerorten so dumm, unwüssend und abergläubisch, als die wildesten Nationen. Und doch wird jede Menschenseele vom allgütigen Schöpfer gezählt, und keine einzige soll vermißt werden. Durch was vor Mittel und Wege Solches geschehen werde, sehen wir zur Zeit noch nicht, werden aber in der Folge je länger, je mehr sehen und können zum voraus sehen, daß der beste Vater aller Menschen keine so scharfen Mittel braucht, wo immer gelindere anschlagen wollen, daß er gewüß kein Wohlgefallen an den Qualen seiner Geschöpfe hat. Seine gütigen Anstalten haben schon von jeher ihren Anfang genommen, werden auf der Oberwelt ununterbrochen fortgesetzt und hören auch hier nicht auf und werden in Ewigkeit nicht aufhören, so lange die Menschen sich fortpflanzen.»

Ulrich Bräker

Gn. Frau

«Das ist mir zu hoch, lieber Seher. Gott kam mir immer so förchterlich majestätisch vor, daß ichs nicht wagen dorfte, ihn unmittelbar anzurufen. Vor dem Wort Ewigkeit erbebte ich, und die zahllose Menge Geschöpfe von Anfang bis ans Ende der Welt zu beherbergen, kam mir unbegreiflich vor, schon ich hier jetzt die Grenzenlosigkeit dieses Schattenreiches wohl sehe. Doch ich zweifle an deinem Unterricht. Bin dessen vor jetzt müde. Mich befallt ein süßer Schlummer. Hernach mehr.»

Ich (Ulrich Bräker)

«Adieu, ihr lieben Schatten, adieu zur guten Nacht! Adieu, ihr lieben Schatten meiner lieben Kinder, meiner Eltern und Voreltern, alle bekannten und unbekannten lieben Seelen. Adieu auf glücklichs Wiedersehen! Ich verlasse euch nur noch auf ein paar Tage. Muß noch ein Weilchen auf der Oberwelt herumkrabbeln. Mein Haus ist noch nicht bestellt, meine zwar mörsche Hülle ist noch nicht ganz reif zum Abstreifen und meine lieben Mitwanderer haben mich auch noch ein Weilchen nötig. Adieu zur guten Nacht! Und du, mein lieber Nachwaller, wer du auch immer sein magst, zürne nicht auf mich! Zürne nicht auf mein Laiengelall. Zürne nicht, wenn ich nicht deine Begriffe hatte. Über ein Kleines werden wir uns dort alle sehen. Dann wollen wir einander in aller Güte und Liebe zurechtweisen. Jetzt zur Zeit wirst du mir und ich dir keine anderen Ideen einbläuen als die, die wir haben. Zürne nicht, suche Wahrheit. Wer suchet, der findet, wer anklopft, dem wird aufgethan werden. Wesen aller Wesen, Herr aller Herren, erbarme dich meiner! Geschrieben in wunderlichen nächtlichen Stunden, bey schwacher Lampe.»

1788

Mittwochen den 31. Christmonat
Anhang zum Beschluß, siehe 16. Nov.

«Keine Tage sind mir heiliger, wichtiger, erfreulicher als die letzten eines Jahres und die ersten eines neuen. Da ich aber meine dankbaren, fröhlichen und hoffnungsvollen Gesinnungen in dem vorigen Tagebüchel zur Genüge hergestammelt, so habe ich große Lust, mein voriges, sehr krüppelhaftes Gesprächsel im Reiche der Toten noch ein bisgen auszufeilen. Ursach: Ich habe letzhin meinen lieben Sohn Jakob im Traume gesehen und gesprochen. Es sind auch wieder Mitbrüder, Mitschwöstern hinübergesegelt und viele arme Mitmenschen liegen dermalen bey lebendigem Leibe unter Eys und Schnee begraben, vor Kälte, Hunger und Frost erstarrt, vor welche der Tot Wohlthat wäre.

Also, meine Seele, versetze dich am Ende eines so guten Jahres noch ein Weilchen in jene Schattengefilde, welche auch auf dich warten. Meine sprechenden Schatten kann ich taufen wie ich will, genug wann sie mich und ich sie kenne, genug zum Vorbericht.»

Schatten eines Knaben

«Wie, wo bin ich? Was bin ich? Fühle mich nichts. Und doch fühle, daß es mir so wunderlich wohl ist. Fühle mich leichter als ein Vogel. Fühle mich dahin schwebend, und doch beweg ich mich nicht. Kann mich meiner siechen Lebenstage erinnern, fühle mich sprechen, aber keine Ohren zu hören. Und doch scheint, jener Schatten höre mich. He, wer bist du?»

Zweiter Knabe

«Ha, willkommen, Brüderchen! Kennst du mich? Ich bin Hansjörg, dein Brüderchen. Ich dachte wohl, du werdest mir bald nachkommen. Du glaubst nicht, Brüderchen, wie sanft, wie wohl sichs hier in dieser aetherischen Luft umherschwebt, wie vielerley wunderbare Gegenstände wir hier zu sehen bekommen und so voll froher Hoffnung schweben.»

Erster Knabe

«Ha bists du, mein Lieber, Lieber! Ja, ich fühle mich selig, fühle, wie vergeblich meine Todesforcht, mein Zittern und Beben vor Grab und Hölle war.»

Zweiter Knabe

«Hier haben wir gar nichts zu förchten. Du glaubst nicht, Brüderchen, wie viel sanfte, liebreiche, holdselige Schatten uns hier umschweben. Auch ist hier gar eine menschenfreundliche Frauenseele. Sie schwebt herum mit einem jungen, gar liebenswürdigen Mägdchenschatten, dem sie alles zeiget.»

Erster Knabe

«Ha wie gut, wie wohl! Mein Geistesauge sieht je länger, je heller, lauter bekannte Geister, sanfte Wesen.»

Zweiter Knabe

«Ja Brüderchen, dann schwebt noch hierum ein Seher, der weiß alles. Du wirst Wunder sehen. Er kann uns alles sagen. Aller Schatten ihr Thun und Lassen sieht er aus ihren Bewegungen. Sieh, hier kommt ein Mägdchenschatten.»

Mägdchen

«Uhi, wie friert mich! Ich bin ein armes Bettelmägdchen – uhi, wie schauderícht siehts aus auf der Oberwelt! Dort gibts wenig Almosen. Das Garn gilt sehr wenig. Die meisten Leute sind arm. Ich habe nichts gelernt als betteln. Nicht einmal eine Stube fürben. Meine Mutter trug mich lange auf dem Rücken mit. Meinen Vater weiß ich nicht, welcher es ist. Bald lag Batschi, bald Tönni, bald Nöggi bey uns im Stall. Nie hat sie mir gesagt, wer mein Vater sey. Da ich größer war, mußt ich mitlaufen. Meine Mutter peitschte mich vor sich her und wollte mich doch nicht von sich lassen. Ja sie lud mir endlich gar ein Pündtel auf den Buckel, und wenn sie allemal wieder ein Junges hatte, mußte ich jämmerlich laufen und erbärmlich vor allen Häusern heulen, bis ich der armen Kindbetterin ein bisgen Mehl und Schmalz mitbringen konnte. Es fing an kalt zu werden, und wir hatten nichts als Lumpen und Lempen auf dem Leib. Die Harschier jagten uns auseinander. Ich ging ins Thurgäu, bettelte mir Strümpfe und Schuh, aber alles zerfetzt. Nun wards ungeheuer kalt. Watete eine Stunde mit halbnackten Füßen fort, war vor Hunger und Frost halb erstarrt, trank vor die acht Pfennig Branz, um dann noch vor Nacht übern Berg zu kommen. Ich ward warm, watete fort, bis ich vor Müdigkeit, Hunger und Frost meine Glieder erstarrt fühlte. Wollte ein bisgen ruhen. Ward schläfrig, legte mich in Schnee hin, schlief gar sanft ein. Und jetzt bin ich hie, weiß selber nicht wo, nackt und bloß – uhi – und friert mich so grüseli. Bin doch nicht tot. Meine Mutter hat mir nichts gesagt als, die Armen kommen, wenn sie sterben, in den Himmel und die Reichen in die Hölle. Bin ja also nicht gestorben. 's würd mich nicht mehr frieren, uhi.»

Zweiter Knabe

«Armes Mägdchen! Freylich bist du erfroren. Geduld, armes Mägdchen. Hier sind unzähliche, wohlthätige Schatten, die werden dich eines Besseren belehren. Doch dort schwebt ein Schatten daher. Der kann uns alles sagen. Heißt ein Seher.»

Mägdchen

«O ja, lieber Geist, oder wer du immer bist, lehre mich armes Bettelmädchen nichts. Sage mir, was ich bin und was aus mir werden soll.»

Seher

«Armes Ding, du meinst, deine Seele schwebe noch auf jenen schaurigen Schneegefilden herum. Nein, armes Mägdchen, du schwebst in einer sanften aetherischen Luft. Du schämst dich deines vorigen Lebens. Das macht dir deine Forcht. Das ist gut vor dich, armes Ding. Bald wird ein guter Genius dich von hier wegziehen, dich dort in jenen Zirkel einführen, wo all die armen Waisen getröstet werden.»

Erster Knabe

«Ach guter Seher, ich bitte dich, belehre uns ein bisgen. Wir sehen zwar immer heller, aber wir kennen die Schatten nicht alle. Dort seh ich einen Schatten. Scheint mir ein gar hochmütiger. Und doch fahrt er alle Augenblick zusammen und thut so böse.»

Seher

«Dieser war ein brutaler Wohllüstling. Der Bauch war sein Gott, ein Freydenker, aber kein Religionsspötter. Er war in seiner Einbildung der beste Christ und der Seligkeit gewüß. Aber nach seiner hohen Meinung von sich glaubte er alles nur vor ihn geschaffen. Keiner dorfte ungebückt vorbeygehen. Keinen Trank, keinen Leckerbissen ließ er sich wehren, keine Frau, kein Mägdchen sollte ihm was abschlagen. Doch mitten in seinen besten Tagen kam der Bote, da er sich eben vollgesoffen und heimfahren wollte, traf ihn der Schlag und seine brutale Seele kam hier an und beunruhigte alle andern. Bald schnaubt er vor Wut, bald schlagt er um sich wie ein Henker, bald bebt er zurück. Seine Phantasie hat ihm eine niedliche Tafel gezeigt. Er schwebt durch die Lüfte hinzu, will anbeißen, erblickt aber statt Leckerbissen lauter stinkendes Aß und Eiterknochen. Er ruft seinen Speisgesellen und Köchen herbey. Es erscheinen scheußliche Schatten. Sein Kummer wird unbeschreiblich, will er gar nichts für seine körperlichen Sinnen finden kann. Vor geistige Vergnügen hat er gar kein Gefühl. Ich hörte ihn erschröcklich lamentieren: Kommet her, all ihr Teufel aus der Hölle und zerreißt mich. So kann ich unmöglich leben, leben und nicht genießen. Hol der Teufel das Leben.»

Erster Knabe

«Das ist ganz abscheulich, guter Geist. Zeige uns doch lieber angenehmere Gegenstände. Aber wie konnte der

Kärl auch so gräulich verstockt werden? Haben ihm das die Seelenhirten nicht gesagt?»

Seher

«Ja, mein gutes Kind, das geht nicht so licht mehr auf der Oberwelt. Es gibt keine Nathans und Johannes Täufer mehr, die einem angesehenen geradezu unter die Nase sagen: Du bist der Mann. Man predigt wohl so ins allgemeine, was jeder auf sich applizieren könnte, was ihn träfe. Zudem war er kein auffallender Bösewicht, dazu dem Pfarrer und der Hoheit guter Kunde. Alle Religionsübungen machte er gedankenlos mit. Weil er nun den tierischen Wanst hat müssen zurücklassen, so erfüllt das seine Seele mit marterndem Heimweh, daß er ihr tausendmal gänzliche Zernichtung wünscht.»

Zweiter Knabe

«Genug, lieber Seher. Ich wünsche mir nicht seine, nicht alle Salomonischen Wohllüste genossen zu haben und wenn ich sie tausend Jahre mit dem besten Appetit hätte genießen können. O wie froh bin ich jetzt, daß sich mein Geist gewöhnt hat hinüberzuschauen, gewöhnt an geistige Beschäftigungen. Ha, wie nichtig sind alle körperlichen Ergötzlichkeiten, wie unsinnig aber auch alle körperzerstörenden Wohllüste. Was ist ein Leben droben überhaupt? Rauch, Wind, ein leibhafter Traum. Wo sind nun alle glänzenden, prahlenden Körper der Oberwelt, vom ersten Menschen bis jetzt?»

Erster Knabe

«Wohl recht, mein Lieber. Aber jenes Leben ist doch gleichwohl ein köstliches Geschenk unseres gütigen Schöpfers, wofür wir Sorge tragen dorften. Ja, ich könnte hier lange nicht so ruhig umherschweben, wenn ich mir Verwahrlosung meines körperlichen Lebens vorzuwerfen hätte. Du weißt auch, mein Lieber, wie lieb uns unser Leben war, wie schauderhaft uns Tod und Grab vorkamen, wie wir uns strübten und krümmten wie ein armes Würmchen und so gern unsere noch so siechen, beschwerdevollen Tage noch länger fortgelebt hätten.»

Seher

«Gute Kinder, ihr habt beide recht. Unser Erdeleben ist freylich eine edle Gabe des Höchsten, dessen Bestimmung ist, unseren Geist auszubilden, der in unseren Körpern eingeschlossen, wie das Kind im Mutterleibe, bis er seine behörige Größe und Stärke bekommt, frey umherzuflattern, wie das Kind, wanns gehen lernt. Gleichwohl muß er in jener leimrenen Hütte wohnen, wie das Kind bey der Mutter, bis er sich selbst nähren kann. Dann der Leib ist der Seele wegen da, wie die Mutter des Kindes wegen. Also ists recht und billig, Sorge vor unsern Körper zu tragen. In Vergleichung aber mit unserem geistigen Leben ist das körperliche freylich wie ein kurzer Traum und nichts wert, daß die Seele sich dessen Dienst widme, nicht wert, daß man den Körper mäste und ihm alle kützelnden, schnell vorbeyrauschenden Wohllüste zukommen lasse, nicht wert, daß man Tag und Nacht vor seinen Wohlstand und alle Bequemlichkeiten sorge, nicht wert, daß man im Erdentumolte die Bildung der Seele versaume und wie berauscht zur Grube hinfahre, wo dann hie die arme Seele nackt und bloß anlangt.»

Ulrich Bräker

Ein Schatten hinten zu

«Oho, Herr Staubimkopf, ich kenne dich gar wohl! Hast auch gar niedliche Bissen gegessen. So macht ihrs, ihr Schwärmer! Predigt andern Enthaltsamkeit und Verachtung der Welt und aller irdischen Sachen, aber euere Mucken habt ihr doch auch im Fleische stecken, da ihr gar oft eine fliegen laßt. Nu, ich habe nichts darwider. Aber dann solltet ihr andern auch ein Freudgen gönnen. Nein, Herr Finstermünz, nein, der liebe Gott hat nicht darum eine so schöne Welt und so viel herrliche Sächle drin geschaffen, daß ihm seine vernünftigen Geschöpfe dieselben verachten sollen. Er hat uns gewüß nicht darum so schöne Schwösterchen gemacht, daß wir dieselben anpfuien solleu, ergo sind wir in der Welt weltlich gesinnt, hier geistig und crst dort himmlisch. Versteht sich, daß wir unseren gütigen Schöpfer und besten Vater über alles lieben, ihn in allen seinen herrlichen Werken und unbegreiflichen Meisterstücken bewundern, loben und anbeten sollen, daß wir Freude an allem haben sollen, was er gemacht hat und noch macht. Aber die sündigen Menschen sind von jeher so mißgünstig gewesen und haben einander immer das Liebste verboten, andern immer verboten, was sie selber gern hatten. Nein, Herr Weltverachter, man darf die Welt wie sein Leben lieben und alles, was Gutes drinnen ist. Du hast durch deine Predigten und deine finsteren Bücher viel melancholische Duckmäusler gemacht, die dann auch hier noch schwerfällig daher schweben. Drum schweig jetzt mit deiner alten Leier. Laß die jungen mutigen Schatten freudig umhertanzen, voll Vertrauen auf den Allgütigen in ihr Leben zurückdenken und alle guten Botschaften aus der Oberwelt mit Wonnegefühl aufschnappen. Glaubs nur, all unsere Altväter schweben mit Vergnügen über die zahlreichen Herden ihrer Söhne – Millionen Schatten von Israels Söhnen schweben noch mit wehmütigem Wohlgefallen über ihr ausgeartetes Milch- und Honigland. Ihr lichter Flug durchstreicht tausend andere Welten. Aber noch durchwebt sie eine wohlthuende Anhänglichkeit an ihr liebes Canaan. Unsere Väter, unsere ersten Anbauer unseres lieben Helvetiens schweben mit Entzücken durch unseren Horizont und halten mit innigem Wohlgefallen stille über all den schönen Seen und Flüssen, herrlichen Weinbergen und Gärten, Feldern und Triften, bewundern die Kultur ihrer Söhne und ihres lieben Vaterlands, preisen sich selig, daß sie ihren Söhnen solch ein Land angebaut, daß sie ihnen solch rare Freyheit mit ihrem Blut erkauft haben. Endlich, lieber Sterngucker, siehst du nicht, wie alle diese mit inniger Selbstzufriedenheit ihre vorige Handtierung im Schattengemälde forttreiben? Siehst du nicht, so bist du kein Seher, wie dort ein Gelehrter einen ganzen Haufen Schüler um sich her hat, wie er sie freundlich anlächelt und wie gierig sie ihm zuhorchen. Siehst du jene Philosophen, wie sie mit ihren scharfsehenden Blicken die ganzen Sphären durchlaufen und ins Allerheiligste dringen? Und jene Autoren, siehst du, wie sie an der Feder kauen, mit Wohlgefallen auf ihr Schreibpult lächeln, nebenbey ihre schönen Leserinnen, wie sie ihnen mit holdem Lächeln Beyfall zunicken, wies jenen so wohl thut? Und jene Künstler? Guck, wie der Maler mit seinem Pinsel in die Luft malt und eine Göttin vor sich zu sehen glaubt. Und dort jener Uhrenmacher, wie emsig er seine Rädchen ineinander stellt, wie die Handwerker alle ihre Arbeiten treiben und einander zu übertreffen suchen, wie die Bauren sich Felder und Wiesen vorstellen und froh ihre Arbeiten zu verrichten scheinen. Ja, wie der Bettler noch kriechend bittet – Doch das alles siehst du nicht! Dein Geistesauge ist gewöhnt, nur auf das Schlimme zu sehen. So, wie du in deinem Leben nur die Fehler der Menschen sahst und auf dieselben losdonnertest, so siehst du auch hier nur die üblen Folgen des Bösen. Aber dein Auge täuscht dich gar oft, ebenso wie du in deinem Leben dich gar oft in den Menschen betrogen, gute vor böse gehalten und böse vor gute.»

Seher

«Fort, fort Kinder, weg von hier! Das ist ein Weltkind, ein Philosoph, ein Freydenker. Er muß seine Irrtümer noch heiß ausschwitzen. Freylich nimmt ein jeder seine vorige Denkungsart mit herüber. Nein, meine Lieben, ihr denkt nicht so, das weiß ich. Dann ihr gehört unter die Zahl der Wiedergeborenen aus Wasser und Geist.»

Zweiter Knabe

«Gott bewahre, nein, so denken wir nicht. Ich fühlte mein zwar kurzes Erdenleben hindurch doch immer, daß ich nicht vor jene Welt geschaffen war. Ein gewüsses unnennbares Sehnen, ein Heimweh, das ich mir selbst nicht zu erklären wußte, bewies mir das. Daher wars mir immer wie einem Wanderer in einem frömden

Lande nirgend recht. Konnte nie keinen Anteil nehmen an allen lärmenden Weltfreuden. Meine Seele verschloß sich allen Lockungen der Weltkinder.»

Erster Knabe

«Ist dir dann anderst worden, mein Lieber. Dächte, deine wunderliche Laune hätte sich hier verändert, daß du nicht mehr, wie bey deinem Erdeleben, von einem Extrem aufs andere fallest, von der lebhaftesten Lustigkeit zur tiefsten Traurigkeit herabsänkest. Mich dünkt, der vorige Schatten hat so ganz unrecht nicht. Einmal ich kann mich nicht erwehren, mein Denken nicht in jenes Leben zurückfliegen zu lassen und bey allem genossenen Vergnügen zu verweilen, kann mich nicht erwehren, an meine zurückgelassenen Lieben, Vater, gute Mutter, Freunde und alle guten Bekannten zu denken, mich oft in jene haldigen Wäldchen, wo die Vögelchen so lieblich sangen und ich in einem lieben Büchel las, bald aber die grasenden Kühe und herumkletternden Ziegen voll süßen wehmütigen Empfindungen betrachtete, zu versetzen.–»

Seher

«Gut, Gut, meine Lieben. Wir haben freylich noch nicht gar alle Schwachheiten abgestreift, sind noch nicht vervollkommnet, müssen noch immer wachsen und zunehmen. Hier ist der Ort der Läuterung, wo alle Schlacken müssen abgefegt werden.»

Ich (zum Nachklang)

Noch einmal: Adieu, ihr lieben Schatten, adieu auf glücklichs Wiedersehn. Ich kenne euch, lieb euch alle, sonderlich dich, erster Knabe, an dem noch meine Seele klebt. Gott weiß, wie oft sich meine Seele zu dir ins Schattenreich versetzt. Sie hangt noch an dir, wie Jonathans an Davids, wie Jakobs an Josephs Seele. Adieu noch ein Weilchen. Unser aller Vater, der Allmächtige, Allbarmherzige, Allversorger wird uns zu seiner Zeit zusammenbringen, an dem Orte, das er gut vor uns findet.

Und du, mein lieber Mit- und Nachwanderer, verzeihe mir alles, was dich nicht recht dünkt, auf daß dir Gott auch verzeihe. Halte zugute einem armen unmündigen Laien, der euch alle liebt, wenigstens niemanden haßt und gern jeden sein laßt, was er ist, denken laßt, wie ers kann, und nur auch das Gleiche von euch verlangt, nur Liebe, meine Brüder! Johannes ist mein Apostel.

Und du, mein liebes Büchel, so krüppelhaft, voller Auswüchse, Geschwüre, Kröpfen und Eiterbülen du immer sein magst, bist du dennoch ein liebes Kind meines Herzens oder meines Gehirns. Und welcher Vater liebt nicht sein Kind? Hat inniges Mitleiden mit seinen Gebrechen und Naturfehlern? Thut ihm in der Seele weh, wenn es andere ausspotten und beschimpfen. Das soll dir nicht widerfahren, mein liebes, gebrechliches Kind. Einsperren will ich dich in mein Cabinetchen. Kein menschliches Auge soll dich sehen. Und wenn mir etwa andere Gedanken wachsen sollten, daß ich dich in die Welt hinaus gehen ließe, will ich dich doch nur guten, verständigen Menschen anvertrauen, um deinen Verstand ein bisgen auszubessern, und sie bitten: Laßt doch diesen, meinen übelgeratenen Sohn, auch mitlaufen, wie der Narr unter den Hofleuten, Rüpel oder Harlekin unter den Schauspielern, Don Quixote unter den Rittern und Sancho Pansa unter den Schildknappen.

Und du, Unsichtbarer, ewig Allgütiger, der du die Herzen und Nieren prüfest, du kennst mich von innen und ussen. Vor dir darf ich mich nicht rechtfertigen, nur sagen: Herr, erbarme dich mein! Dir befehl ich ferner meine Wege, Hochgelobter in alle Ewigkeiten! Amen!

Ende

Etwas über William Shakespeares Schauspiele

Von einem armen ungelehrten Weltbürger,
der das Glück genoß,
ihn zu lesen

Anno 1780

Wann man dich auch citiren kann,
Komm doch ein Weil zu mir,
Und gönne mir, du großer Mann,
Ein kurz Gespräch mit dir.
Hört uns das Gsind und spottet mein,
So bitt ich, hilf du mir.
Ich will dir dann dein Rüpel sein,
Sonst kann ich nichts dafür.

Himmel, welche Dummheit! Ein ungelehrter Tropf, ein grober Tölpelhans, ein Flegel, der irgend in einem wilden Schneeberg von zwei Klötzen ausgeheckt worden, der weder Erziehung noch Talente hat, so ein Plock erfrechet sich, an dem größten Genie sich zu vergreifen, sich an den größten Mann zu machen, seine Schriften zu kritisieren, die von der ganzen gelehrten Welt bewundert und angebetet werden. – Himmel, bewahre mich – nein, mein hochgelahrter Herr, ich würde zittern, wann mir irgend ein kritisches Wort entwischen sollte, wann irgend ein tadelnder Gedanke in meinem Busen aufsteigen sollte. Ich ehre diesen großen Mann so sehr, als man einen Verstorbenen ehren darf, und wünsch ihn in jener Welt anzutreffen. Das Glück, seine

Werke zu lesen, dringt mir diese Zeilen zu seinem Lobe ab, und wenn Shakespeare noch lebte, würde er dies unmündige Lob nicht verachten; vielleicht mich zwischen den Rippen kennen und lächelnd ein gütiges Urteil fällen. Nein, nur über alle Teile etwas, nichts Kritisches, nur Gefühl, Empfindungen, Gedanken bei diesem und jenem Stück – mit diesem lieben Mann reden, als wenn er bei mir am Tisch säße. Ungereimte Fragen – ein Aber – oder ich dachte – ich hätte gemeint – oder ein Warum doch wird mir der gute William nicht übel nehmen.

Großer Mann – ich will zuvor abbitten – ich merk es nicht besser, du weißt gar zu wohl, wie fragsüchtig dergleichen Leute sind, wie bald ihnen unschickliche, ungeschliffene Worte entfahren – du hast eine ganze Welt in dir, wirst wohl auch so einen Kerl gezeichnet haben – er mag sein Portrait kennen oder nicht. Genug – wenn ich über alle zwölf Bände etwas schreiben will, wird dieses Bändchen voll genug werden.

Erster Band

DREI LUSTSPIELE

1. Der Sturm. 2. Ein Sommernachtstraum.
3. Die beiden Veroneser.

Der Sturm

Wie konntst du, großer William, so ein Meisterstück machen, ohne eine ähnliche Geschichte zu wissen – freilich an Erfahrung wirds dir nicht gefehlt haben. Da in den ersten Auftritten das wütende Meer, die brausenden Wellen, die stürmenden Winde, dann der Matrosen ihr desperates Verhalten mag dir bekannt genug worden sein. Aber wie konntest du so ein gräßliches Wetter, Feuer und Flammen auf die Bühne bringen – nein, das dachtest du nicht. Aber wie konntest du da einen Ariel erschaffen – Menschen, Luft und alle Elemente einem Geist untertan machen und – nein, du hast keinen boshaften Geist gemacht – doch er mußte ja dem edlen Prospero gehorchen. – Aber wie können Menschen die Geister sich gehorsam machen? Ei, wir haben ja noch heutzutag Exempel genug unter uns, daß es Geisterbeschwörer gibt – das Wettermachen wird dem weiblichen Geschlecht zugeschrieben. Wozu sonst all die priesterlichen Segnungen der Felder und Äcker – wissen wir doch, daß es Fürsten des Lufts gibt – aber wissen wir denn auch, ob sie einige Macht haben über die Elemente oder nicht? Freilich ists geschrieben, aber geschrieben ist nicht gedruckt, und gedruckt ist nicht erwiesen. Dein Sturm gefallt mir, lieber William, er hat keiner Seele Leids getan – und da hast du lauter so lustige Bursch, die imstande sind, einen solchen Sturm auszuhalten. Deine wüste Insel möcht ich gar für mein Eigentum, wenn kein Kaliban drauf wäre, und auch eine Miranda, wenn sie auch nur halb so gescheit wäre. Dein Prospero ist mir zu mächtig. Wir haben noch alleweil Leute genug, die bannen – gfrören – gestohlene Sachen rumschwören können – aber solche sind, wenn ichs auch glaubte, nicht meine Leute, und wenn sie so glatt wären wie Butter und so fromm wie Prospero. Antonio, Sebastian, Stephano hasse ich – Trinkulo, Kaliban machen mich zu lachen. Dem alten ehrlichen Gonsalo bin ich recht gut – am meisten aber bin ich in die Insel verliebt. Meine Ideen sind so anmutig, alles so reizend um Prosperos Hütte herum, das schönste Grün, die zierlichsten Bäume, mit lieblich duftenden Blüten prangend, der holde Gesang der prächtigsten Vögel – dann die herrlichste Lage. Ariels Musik in der Luft, die wiegt einen so in melancholische Träume ein, daß man ein gutes Weilchen da zu Hause ist, die schönsten Blumen pflückt und schier halb Ferdinand ist, und sich bald an Miranda vergriffe, wenn einen das Ungeheur Kaliban und der besoffne Kellermeister nicht weckte.

Wer muß dich nicht als einen wundertätigen Theatergott ehren: Erst läßt du alles zu Grund und Trümmern im Sturm, Wind und Wetter, in Feuer und Flammen aufgehen, wirfst alles durcheinander in ein Chaos, daß jeder alles ussert ihm verloren glaubt – und endlich bringst du wieder alles so herrlich zusammen, wie der

Küfer die Dugen zu seinem Faß. Was würde die Zauberkunst schaden, wenn sie alles so gut machte und der Gerechtigkeit auf den Thron hülfe. Genug, lieber William, dein Sturm hat mir viel Vergnügen gemacht, mir viel Materie zum Denken gegeben und oft in Labyrinthe geführt, in denen ich mit allen Freuden herumirrte und nicht herausbegehrte. Alle deine spielenden Personen, selbst das Ungeheuer Kaliban ist schön. Aber da sollst du sehen, lieber William, daß ich ein Klotz bin, grad die Personen, die vielleicht am schönsten sind, mag ich am wenigsten – Prospero und seine Miranda sind mir gar zu schön.

Ein Sommernachtstraum

Verzeih mir, lieber großer Mann, ich könnte dir auch mit Sommer- und Winternachtsträumen aufwarten, du würdest mir drauf hofieren. – Nein, so grob will ich deinem nicht begegnen – ich müßte ein Narr sein. Vielleicht schmeckt er deinen Engeländern ebenso gut als mir dein Sturm, und wann je ein Mann für allerhand Leute geschrieben, so hast gewiß du es getan. Dein Traum laß ich ungescholten, aber ich versteh ihn nicht – das Gereim hat mir einen ekeln Ton. Wenns mir je in meinem Leben träumt, daß ich im Schlaf in eine Gesellschaft komme, wos in diesem Ton fortgeht, werd ich gewiß schlafend übers Bett hinausspringen. Da kommt ein Theseus, Lysander, kurz jede Fee mit ihren hölzernen Versen daher. Ich weiß nicht, was die Feen für Dinger sind, und wann ichs wüßte, möcht ich doch nicht mit ihnen umgehn, sie wären mir zu geschwind.

Die Personen des Zwischenspiels, die sind in diesem Traum meine Leute: Squenz, Schnock, Zettel, Schnauz, Flaut, Schlucker – wenn sie nichts redten, nur die bloßen Namen sagen mir, daß sie närrische Kerl sind. Ei, mein gelehrter Kritikus, da verrät er sich, daß er ein Tor, ein Narr ist. Oho, mein feiner, weiser, ernsthafter Mann, mit allen Freuden laß ich mich in die große Narrenzunft der Welt einschreiben – oder sage mir, ist nicht die große Welt das große Narrenspital? O weiser Jüngling, der du auf die große Schaubühne der Welt auftrittst mit einem Kopf voll Pläne, einem ganzen Rodel voll weiser Projekte – am Ende wirst du sehen, daß deine Rolle nicht viel besser ist als des Zettels seine. Oder wer spielt seine Rolle am besten – der seine Zuschauer am meisten vergnügt, oder der sie am meisten belehrt? Ich weiß es nicht, aber das weiß ich, daß die größten Narren den größten Beifall finden. Ihr müßt mir aber meine Narren nicht mit den eurigen verwechseln, sonst käm ich zu kurz. Es gibt ja vielerlei Narren, und wenns darauf ankommt, was je einer aus dem andern macht, so ist wirklich die Welt platzvoll Narren – das müssen sich die größten Gelehrten gefallen lassen, die, welche von der halben Welt als Götter, als Weise verehrt werden. Die wissens, daß sie von andern für Narren gehalten werden, und wenn sie das nicht wissen, so haben sie schon ein Stück vom Ülishut. Aber was geht mich das an, ich hab es mit dem Sommernachtstraum zu tun – es freut mich, daß es ein Traum ist – sonst aber wollt ich am liebsten mit Squenz und seinen Gesellen in der grünen Flur zwischen Zaun und Hecken spielen. Gute Nacht, Sommernachtstraum.

Die beiden Veroneser

Das ist mir ein wohlgemachtes Stück, aber ich zähl es mir doch nicht unter die besten, aber unter die mittlern. Proteus hat mich böse gemacht, ich hätt ihm Hundsfott gesagt, wenn ers mir so gemacht hätte; nein, ich hätt ihn gar beim Kopf genommen, wenn er mir bei einer solchen Silvia ins Gehege kommen wäre. Doch Valentin dünkt mir auch ein Tor, daß er sein größtes Geheimnis seinem Freund offenbarte, der in diesem Fall noch keine Probe gehalten: ich meinte doch, wenn einer von Jugend auf mit einem Freund umgeht, sollte einen besser kennen, ob er imstand wäre, in diesem Fall zum Verräter zu werden. – Doch was tut die Liebe nicht – schon vor manch hundert Jahren hats geheißen, Wein und Weiber betören die Weisen. Der Herzog hat recht gehandelt – ich tät es auch nicht – nein, um alle Welt nicht, eine Tochter ließ ich mir nicht so leicht wegstehlen – und doch hätt ichs auch getan, wär ich Valentin gewesen.

Aber Julie, die arme Julie! Nein, Valentins Verbannung hat mein Mitleid nicht so rege gemacht als Julies Schicksal – nein, das ist zu viel für ein Frauenzimmer: so standhaft lieben, einen Untreuen, Meineiden lieben und von seiner Untreu Augenzeuge sein; nein, so ein Weibsbild gibts nicht in der Welt. Doch ich will das schöne Geschlecht nicht tuschieren, vielleicht gibts noch viele solche; aber man sollte sie zu Rittern schlagen, ein Ordenszeichen umhängen, daß man sie kennte. Lucette, du bist viel mehr Weib als Julie, und doch hast du Männerverstand, fast gar die Gabe zu weissagen. Zum Mitleid bewegend ist die Räuberbande gemalt. O, wie mancher ist schon von seinen Nebendgeschöpfen fast gezwungen worden, ein Bösewicht zu sein. Ja, meine zwei Hauptmänner sind noch dahinten, und die sind Skeed und Lanz. Mich nimmt wunder, lieber Sir William, wie du hast können zwei solche Kerls so meisterhaft zeichnen. Nimm mirs nicht übel, lieber Sir, wenn ich auf den Grund komme; es heißt, je fäuler Studenten, je besser Herren. Du mußt mir auch ein rechter Bube gewesen sein; man sollte dich nur so von zehn bis in die zwanzig gekannt haben – o ich weiß es gar zu wohl, die Sprünge gehn eim nicht so leicht vom Hirn weg. Ja, ja, Skeed, ja, Lanz, ihr seid wackere Kerls; ich wette zehn gegen eins, wo ihr auf der Bühne nicht mehr Beifall findet als euere Herren, und wenn ihr nicht gescheiter sind als sie, so will ich Hans heißen. Spotte nur nicht, lieber Autor, über Lanzens Freierei, über sein braunes Baurenmägdchen – melchen ist so gut eine Tugend als sticken und nähen – und der üble Atem ist von einer Stadtnymphe entlehnt; Lanz wirds besser riechen, er ist kein Narr nicht. Lieber Lanz, du magst wohl ein bischen ein ungehobelter Burscht gewesen sein, aber ich weiß doch, daß du feiner sein könntest, wann du nicht sähest, daß du deine Zuschauer belustigst. Aber wann dich irgend ein Junker agiert, ha, dann gibts ein läppischer Auftritt. Man lacht über dich, wann du so in allem Ernst mit deinem Hund Krab sprichst – aber lache du auch, wann ein Pastor ganze Stunden mit seinem Schatten spricht, ein Philosoph mit seiner Katze, ein Doktor mit seiner Salbbüchse – lache auch, ich will dir helfen. Meiner Treu, du und Skeed sind zwei brave Kerls. Wenn euere Herren sonst nichts verschuldt haben, als daß sie euch prügelten, so ist ihre Widerwärtigkeit verdient. Aber so spitzfindig seid ihr nicht, man tut euch unrecht – geradezu, wies im Busen steckt – das laß ich gelten – aber so Wortklauber, nein – und doch hab ich so Junkerdiener gekannt, die ein jedes Wort im Mund verdrehen konnten. Gut, ihr sind meisterhaft gezeichnet – Skeeds Gespräch mit seinem Herren, wegen Silvia, und Lanzens mit seinem Schuh und seinem Hund sind Meisterstücke, die von keinem Gelehrten ohne Erfahrung können gemacht werden. Aber wer sich in der Welt ein bißchen umgesehen hat, wird sich zu erinnern wissen, daß er Skeed und Lanzen genug gesehen hat. Ich habe mich oft verwundert, wie diese Kerl sich, nur ihren Herren zu gefallen, närrisch stellen mußten und Tag und Nacht nur auf die Wortspielerei studierten, daß sie ihren Herren in Gesellschaften Freude machen konnten. Zuletzt wirds ihnen zur Gewohnheit, daß sie nicht mehr vernünftig reden, alles nur vertrüllt; und wann sie selbst zu Herren werden, ist gar nicht mit ihnen umzugehn. Andere müssen wider ihren Willen närrische Kerl sein – und die sind froh, wenn sie von einem närrischen Herren weg und zu einem vernünftigen kommen können.

Zweiter Band

DREI LUSTSPIELE

1. Gleiches mit Gleichem. 2. Der Kaufmann von Venedig. 3. Wie es euch gefällt.

Gleiches mit Gleichem

In diesem Stück wird vorgestellt, wie ein Vincenzio, Herzog zu Wien, einen Statthalter gesetzt, ihm Vollmacht über die Regierung, über Leben und Tod gegeben. Er gab eine lange Reise vor, hatte aber nur im Sinn, in der Nähe, im Verborgenen zu bleiben und alles zu beobachten, kleidete sich in einen Mönchshabit und erhielt seinen Zweck. Angelo hieß der neue Statthalter; der trat die Regierung mit aller Strenge an, suchte alle Gesetze hervor, nach welchen ein Mann, wann er zu früh bei seiner Braut schlief, den Tod verwirkt hatte. In diesem Falle war ein junger Edelmann, Klaudio; der ward gefangen und sollte ohne Gnade sterben. Ein wilder junger Lucio nahm sich des Klaudio an, ging zu seiner Schwester Isabella ins Kloster, nahm sie zur Fürbitt mit zum Statthalter, konnten ihn aber nicht anderst gewinnen, als um Isabellens Ehre zum Lösegeld. Er wurde aber durch eine schöne List hintergangen. Eine Marianne, der er die Eh versprochen, aber treulos verlassen hatte, wurde ihm anstatt Isabella beigelegt. Hernach, als der Barbar Angelo dennoch Befehl gab, Klaudio den Kopf abzuschlagen, wurde er durch den Kopf eines Ragozins, der als ein berüchtigter Räuber im Gefängnis gestorben, betrogen. Der Herzog, als Mönch verkleidet sah dem Spiel allem zu und war selbst Anstifter des Betrugs. Endlich entdeckte er sich, und nachdem er die Verbrecher in die Enge getrieben und die Unschuld gerettet, mußte Angelo seine verlassene Marianne heiraten, und er selbst nahm die tugendhafte Isabella zum Weib, und Klaudio kam zum Vorschein und herzte sich mit seiner geliebten Juliette.

Dieses Stück zähl ich mir unter die schönen. Es ergötzt mich sonderbar das Unternehmen des Herzogs, um seinen Staat zu beobachten. Der Heuchler Angelo, wie streng er auf die Gesetze halten und selbst ein äußerlich strenges Leben führen und doch ein Bösewicht sein könnte, wie er stufenweis in seiner Bosheit ging, so natürlich wie die Menschen pflegen zu gehen. Man findet Stoff genug zu moralischen Gedanken, wie Angelo die Menschheit zu verteidigen und das Laster so schön zu beschönigen weiß. Und die Reden Isabellens sind vor allem aus schön; und wie schön ist ein Lucio geschildert, ein Mensch, der gewohnt ist, lauter Böses von seinen Nebendmenschen zu reden. Aber, o Isabella, deine Reden sind sonderbar schön, und doch hast du mich böse gemacht, du strenge Schwester. Wann dein unglücklicher Bruder vor dem Tode zittert, nennst du ihn einen Unmensch, einen feigherzigen, schändlichen, elenden, wolltest ihn durch einen Fußfall nicht vom Tod erretten. Was denkst du, hartherzige Schöne; ich denke, dein Bruder sei mehr Mensch als du, du willst mehr Engel sein als Mensch. Es dunkt mich menschlich, wann Klaudio sagt: Ja, aber sterben und hingehn ohne zu wissen wohin, in kalter Erstarrung daliegen und verfaulen, statt dieser warmen, gefühlvollen Bewegung ein starrer Erdklumpen zu werden, indes daß der wollustgewohnte Geist sich in feurigen Fluten badet oder in Gegenden von aufgehäuftem Eise zittert, oder, in unsichtbare Winde eingekerkert, mit rastloser Gewalt rund um die schwebende Welt getrieben wird, oder noch unseliger ist als das Unseligste, was zügellose und schwärmende Gedanken heulend sich vorbilden–das ist entsetzlich! Das jämmerlichste, armseligste Leben mit allem Ungemach behaftet, welches Alter, Krankheit, Dürftigkeit und Gefangenschaft der Natur auflegen können, ist ein Paradies gegen das, was wir vor dem Tode fürchten. Dann das ängstliche, wehmütige Wort: Liebste Schwester, laß mich leben. O Klaudio, wie menschlich – Isabella, du bist hart; wie kannst du zu einem bebenden Bruder sagen: Stirb, Elender. O Klaudio, welch ein Sprung von deiner Schwester strengen Tugend zu deiner Menschlichkeit herab, und dann welch ein Abstich zwischen deiner fühlenden Brust bis zu einem versteinernden Bernardino herab. Deiner Schwester richterliches Rufen: Stirb, Elender, und eines spottenden Rüpels Geschrei: Wach auf, Bernardino, du mußt dich hängen lassen! Du bist eine ausgesuchte Jungfrau, Isabella: ich wette, wos all zum andern Haus so eine gäbe. Aber nein, es ist kein Spiel, Bösewichter müssen fallen, und die Unschuld muß an den Tag über kurz oder lang. Angelo, der Betrüger, den alle Welt für einen Heiligen hält, muß vor der Welt Augen zu Spott und Schanden gemacht werden. Der gefallene Sohn, der arme Klaudio, muß in die Not kommen, aber zuletzt mit Ehren angenommen werden. Und dir, Isabelle, gehört ein Herzog – aber mich nimmts wunder, wenn du von hier absegelst, ohne einen Fleck zu bekommen. Und dir, Herzog, wie wohl that dir dein Verstecken, da du hören konntest, was die Leute von dir sprachen. Lucios Reden sind treffliche Lehren für dich, du wußtest sie auch schön zu applizieren; und dir, Marianne, wünsch ich Glück zu deinem Mann, du brauchst es wohl.

Habe Dank, lieber Sir William, für dieses schöne Stück Arbeit, es ist mir in aller Hinsicht wohlbekommen und hat mir den Sommernachtstraum reichlich ersetzt. Jede Szene vergnügte mich, jede Person vom Herzog bis zum Rüpel herab sind zierlich gemalt.

Der Kaufmann von Venedig

Antonio, ein reicher Kaufmann, verbürgte sich für seinen Freund Bassanio einem Juden Shylock für 3000 Dukaten auf drei Monat, und wenn ers nicht bezahlte, ein Stück Fleisch aus seinem Leibe, wo es dem Juden gefiele. Nach Verlauf der Zeit kam dem Antonio traurige Botschaft von allen seinen Kauffahrteischiffen, daß alles verloren sei. Er kam in Mißkredit. Der Jud drang auf Bezahlung, wollte sein Stück Fleisch von Antonios Herzen ohne alle Barmherzigkeit rechtlich haben. Es kam vor den Herzog und half kein Bitten, hatte allen Anschein, daß Antonio herhalten mußte; bis ein reiches Fräulein, die hernach Bassanio freite, verkleidet als Richter herkam und einen salomonischen Ausspruch tat: daß zwar Shylock sein Pfund Fleisch vermöge der Verschreibung haben solle, aber er solle keine Unze mehr oder weniger, auch keinen Tropfen Blut mitnehmen, sonst er selbst des Todes sein solle. Der Jude wollte gern leer abziehen, aber es kostete ihm noch sein Hab und Gut. Die weise Portia spielte noch mehr gescheite Possen. Das Lotteriespiel mit ihrem Kästchen ist sehr possierlich und ein rechtes Gemälde von dem scheinbaren und dem echten Glück dieser Welt. Ungemein schön weiß mein weiser William hier zwei Geschichten, die Grausamkeit des Juden und den Liebeshandel des Bassanio zu vermischen als ob es eine Handlung wäre. Recht artig wissen die zwei Dinger Portia und Nerissa ihre Liebhaber mit einem Ringe zu täuschen und als Doktor und Schreiber zu betrügen. Aber verzeihe, lieber William, so eine Portia ist nirgends zu Hause als in dir. Du teilst dem jungen Ding gar zu viel von deinen Gaben mit. Doch wer weiß, was für Geschöpfe du auch magst gekannt haben. Einmal ist Portias Weisheit wohl viel für ein so kleines Jüngferchen; ihre oder vielmehr deine Reden, anfangs, oder wer es auch sagt, so ist es immer wohlgesagt und entzückte mich mehr als Antonios seltener Charakter. Wenn Tun so leicht wäre, sagt Portia zu Nerissa, als Wissen, was man tun sollte, so würden alle Kapellen Kirchen und armer Leute Hütten Paläste sein. Das ist ein guter Prediger, der seinen eigenen Lehren folgt. Ich will lieber zwanzig Leuten sagen, was gut zu tun wäre, als einer von den zwanzigen sein, die meinen Vorschriften folgen sollen. Das Gehirn kann wohl Gesetze für das Blut aussinnen, aber ein warmes Temperament springt über ein kaltes Verbot hinweg. Der Jüngling Unsinn ist ein solcher Hase, daß er über das Netz des Krüppels Vorbedacht hinwegsetzt. Aber alle diese Überlegungen etc. – genug, Portia ist ein so weises Ding, daß ich schwerlich glaube, daß Salomon unter allen seinen tausend Weibern eine so weise gehabt habe – denn ihre Reden sind die schönsten unter allen, und doch treten große Männer auf. Antonios Charakter ist, sonderlich unter Kaufleuten, ein seltener Charakter. Und doch zweifle ich nicht, daß es nicht solche gebe. Ob sie aber ihre Brust dem grausamen Messer eines Juden so ruhig und gelassen und noch für einen andern darböten, weiß ich nicht. Die Grausamkeit Shylocks ist entsetzlich. Traurig, daß man sie unter den Menschen findet, und wollte Gott, allein unter den Juden. Hingegen die Freundschaft unter den Christen Antonio, Bassanio und ihren Freunden ist so etwas Reizendes, daß man von Stund an wünscht, solche zu haben und ein solcher zu sein. O was ist wahre Freundschaft! Himmel auf Erden – Jonathan und David – gewiß, der Tod selbst muß unter Freunden süße sein – wos man so herzlich meint, mit Gut, Leib und Blut Freund ist. O du heiliger Himmel, edle Freundschaft, zuckersüßes Leben, in welchen Winkel haben dich unsere Zeiten verjagt, wo ist dein Wohnort, edles Leben? Unter Bettlern, unter Saufbrüdern, nicht unter Göttern dieser Erden. Edler Antonio, kein Wunder, daß du arm wardst, aber ich dachte nicht Sturm und Wellen, sondern dein freundschaftlich Herz habe dich arm gemacht wie Timon. O sei immerhin arm, du triffst mehr arme Freunde an als reiche. Die sind nur Freunde, wo sie nichts geben dürfen, wo man ihren Geldsäcken und ihrem Ehrdurst fröhnt, Freunde, wo sie Schmeicheleien hören, wo ein leerer Ton von Freundschaftsbezeugungen ihre Ohren kitzelt. Da sind sie Freund, so lang der Schall ihre Ohren füllt, bis ein anderer Schall sie verdrängt. Noch eins: Lanzelot, der junge Gobbo, gefällt mir recht wohl, da in seinem Selbstgespräch; wie der ehrliche Bursch aus ihm spricht, wie er mit seinem Gewissen zu Rate geht, ob er aus des Juden Diensten fortlaufen solle oder nicht. Und dann das Gespräch mit seinem Vater, dem blinden, alten, ehrlichen Gobbo; gewiß ein recht schönes Paar, Vater und Sohn, so ehrliche Landskinder, die nichts gelernt haben als ehrlich sein – und doch der junge Gobbo, der so was von den Stadtmanieren aufgeschnappt hatte, das so mit seiner ländlichen, ehrlichen Einfalt nicht harmonierte. Gewiß, lieber Sir William, mir däucht, du seiest in der Schweiz gewesen, habest irgend ein Bauernjung in Basel gesehen, den sein Vater besuchte und seinem Herrn ein Präsent brachte. Mir ist, ich habe selbst jung und alte Gobbos gesehen.

Wie es euch gefällt

Mir gefällts, in der Tat, mir gefällts recht wohl. Freilich ist nichts daran gelegen, obs mir gefalle oder nicht, mir aber ists genug, wenns mir gefällt. Gewiß, mir ists ein allerliebstes Stück, bin ganz in etliche Personen verliebt. Da kommt ein Orlando vor, gewiß liebenswert gezeichnet, der von seinem ältern Bruder Oliver, einem

Bärnhäuter, ein rechter Kain, geneidet, unterdrückt wird, der ihn gar mit Manier aus dem Weg räumen wollte, indem Oliver ihn zu einem Wettkampf mit einem handfesten, verwegenen Kerl, einem Ringer, aufhetzte und diesem winkte, Orlando den Hals zu brechen, der aber herrlich über den Kerl siegte. Dann Adam, ein ehrlicher Bedienter, der in seinen alten Tagen dem Orlando so treu davon half aus der Schlinge, die ihm nach dem Sieg von dem bösen Herzog und seinem verräterischen Bruder gelegt ward. Man möchte den redlichen Adam auf seinen Rücken nehmen und in eine bessere Welt tragen. O Redlichkeit – du mußt dich oft müd und matt unter einen Baum hinlegen, verfolgt von deinen verräterischen Feinden – Falschheit –, mußt du im Elend darben, indem sie sich in Wollust badet und auf Thronen schwelgt. Da kommen dann auch zwei weibliche David und Jonathans daher, so liebenswürdig, o so reizend, daß man von Stund an ihr Packträger werden möchte: Celia und Rosalinde, des vertriebenen und des regierenden Herzogs Töchter, die miteinander die Flucht nehmen nach dem Ardennenwald, den alten Herzog aufzusuchen. Ich möchte diese possierliche Reise mitmachen, Hunger und Durst, Frost und Hitze und alles Ungemach ausstehen: der Rüpel ist auch nirgends so aufgeräumt als bei diesen zwei allerliebsten Geschöpfen. Und dann der alte edle Herzog Friedrich, wie edel in seiner Verbannung, in der reizend beschriebenen Einöde. Wie schön beschreibt er da ein freies Leben, gegen dem falschen Hofleben, wie schön auf der Jagd gegen das unfreundliche Wetter trotzend und doch zufrieden. Dann seine Gefährten, Amiens und Jacques, edle Kameraden, die in die Verbannung folgen. Jacques, wie er da am Bach über einen angeschossenen, ächzenden Hirschen moralisierte, der in den Strom hinein weinte, der doch keines Wassers bedurfte. Der arme, verlassene, haarichte Tropf – edler Jacques, du hast recht, so treibt das Unglück die Flut der Gesellschaft zurück. Wie eine sorglose Herde vorbeistrich, wohlgefüttert und stolz: Ja, schwärmt nur vorbei, sagst du, ihr feisten und aufgefütterten Bürger, ja das ist eben die Mode. Du hast recht, die Menschen sind alle Räuber, Mörder und Tyrannen. Die Tiere sind in ihren von der Natur angewiesenen, angeborenen Wohnplätzen nicht sicher, sie schrecken sie heraus und töten sie. Sie machen dir Vorwürfe, guter Jacques, daß du selbst ein ausschweifender Bube warst und nun deine Sünden der Welt aufbürden wollest. Ach, sie machen es so, besser, wir halten das Maul. Wer je in seinem Leben einen Fehltritt getan, den laßt man gar kein Wort mehr über die Sitten sagen, anderst die Farbe des Volks begünstige ihn. O du hast recht, eine Harlekinsrolle. Gewiß, man hätte große Lust, ein Narr zu werden. Wie der gute Orlando auf Wildbret ausgeht und seinem treuen Adam zu leben befiehlt, den alten Herzog und seine Leute unterm Baum beim Essen überrascht. O, da ists all so angenehm, so reizend beschrieben, wie er die Mahlzeit der Not heischt, wie sie darüber philosophieren und als Freunde da im freien Felde so patriarchisch tischinieren. Dann die ländliche Gegend, die Schäferei, die Schäfer und Schäferinnen – wie angenehm, wie reizend, o, Sir William, du hast gewiß dies holde Schäferleben nach der Länge studiert, bist wohl oft wonnetrunken von den Schafhürden nach der tumoltischen Stadt zurückgekehrt. Ein verliebter Sylvius und eine spröde Phöbe mögen oft dein Herz gerührt haben, daß du deine Rosalinde selbst zur Schäferin gewünscht. Wie artig paßt ihr da ihr Schäferkleid, indem sie eine ganze Schäferei kauft. Aber sie spielt dem guten Orlando ein bischen wunderlich herum, kommt schier ins Abenteuerliche hinein – aber ich verzeihe ihr alles, weil ich schon von Anfang in sie verliebt bin. Schönste Rosalinde, du möchtest nun zur Zauberin oder noch so wunderlich werden, wie es dich immer gelustet, ich müßte dir dennoch gut sein; Hosen und Wams stehn dir so trefflich wohl an. Der Rüpel und Audrey sind so zierlich; so grob und ungeschliffen sie sind, so stellen sie doch den größten Haufen von Menschen vor. Sie möchten so sehr über diese Heirat lachen, als sie wollten, so würden sich doch viele tausend hier gezeichnet finden, wann sie sich selbst kennten. Genug, hier gefällt mir alles, voraus diese einöde Gegend, die schöne Gesellschaft von Hirten und Jägern und wundertätigen Schäferinnen. Ja, du hast Himmelsmacht, göttlicher Mann: einen tyrannischen Herzog, einen barbarischen Bruder bekehrst du plötzlich wie jener Blitz einen Saul, machst Helden wie David, der Löwen besiegt, machst die wunderbarsten und glücklichsten Ehen, hilfst der verstoßenen Unschuld auf den Thron und stürzest hohnsprechende Goliaths zu Boden. Wem sollte deine Arbeit nicht gefallen, du Wundermann? Vielleicht einem stolzen Städtler, einem brutalen Höfling, der nur Gefühl hat für die rauschende Lust, oder für verzärtelte Nerven. Mir gefällts, lieber Mann. Ich bin dir viel Dank dafür schuldig. Du hast mich ergötzt, belehrt und beruhigt. Mir gefällts wohl.

Dritter Band

DREI LUSTSPIELE

1. Der Liebe Müh ist umsonst. 2. Das Wintermärchen. 3. Der heilige Drei Königs-Abend oder Was ihr wollt.

Der Liebe Müh ist umsonst

Nein, sie ist nicht umsonst, wer nur auf eine gescheite Art zu Werke ginge. Freilich, so alberne Kerl können lang herumgehen wie die Katz ums heiße Mus, ohne es zu kosten. Aber die Liebe hat immer ihre getreuen Anhänger belohnt, wenn sies nicht selber verderbt haben. Der Titel müßte mir anders stehen, nicht so allgemein: Der Liebe Müh ist umsonst. Verzeihe mir, großer Mann, ich dachte allerlei über dieses Stück. Oft dacht ich, dein Lehrjung habe es gemacht und so einige Strophen von dir geborgt; oft dachte ich, du habest es etwa in müßigen Stunden, bei übler Laune, irgend in einem Bierhause in dein Taschenbuch niedergeschrieben, indem du eine spitzfindige Liebeszänkerei behorcht, hernach sei es, weils von dir war, aufgeschnappt worden, wie von jenem König der Abgang zu Schnupftabak; oft dacht ich, nein irgend ein Papagei, ein Nachschwätzer habe es in deinem Namen gemacht. Ich laß es gestellt sein, doch, wenn ich gewiß wüßte, daß du es gemacht und im Ernst es als etwas Erhebliches für die Nachwelt geschrieben hättest, so würd ichs Dir zu Gefallen verehren. Gut, ich will glauben, du habest es nicht gemacht, und wann dus gemacht hast, seis dir doch nie in Sinn kommen, daß alle Welt soll Freud dran haben. Ha nu, zum Andenken, daß ichs gelesen habe, will ich doch hersetzen, was ich daraus behalten habe – das Beste oder nicht. Erst kommen da ein König von Navarra mit einigen dummen Hofleuten aufs Tapet, unter welchen ein närrischer Biron der gescheiteste ist, die sich durch einen tölpischen Eid auf drei Jahre zum Studieren, Kasteien und Fasten verschwören. Hernach kommen einige Witznarren mit ganzen Säcken voll unnützen Worten: ein Armado, Dull, Kostard u. s. f. Dann kommt da eine Prinzessin aus Frankreich mit ihren Hofdamen Rosalinde, Maria, Catharina und andern Burschen. Aber ich weiß nicht, was sie machen, ussert daß diese und jene einander einen Besuch machen und jenen eidbrüchig werden und 's diese höhnisch und spöttisch aufziehn. Das sind aber Weibsleute, die keinem ehrlichen Burschen Anfechtungen machen. Es ist wüst, wenn die Dinger tun, als wenn sie allen Witz allein gefressen haben und sich so brutal und spröde stellen. Freilich verdientens jene Gecken nicht besser, aber 's ist doch nicht hübsch. Ich habe mir im ganzen Stück kein sonderbaren Charakter bemerkt. Alltags-Charakter genug, Geschwätz, Zänkereien, Spitzfindereien genug, aber ich wüßte nicht, was mir lehrreich sein sollte. Birons Räsonnimang vom Studieren – ja das. Dies Stück stellt die halbe Welt vor, die mit ewigem Geplauder von lauter Nichts die Zeit vertreibt; stellt Millionen Autoren vor, die mit ewigem Geschwätz ganze Folianten füllen, mit lauter Worten ganze Beigen Papier übersalben, die alle zusammen kaum so viel sagen als ja und nein. Hast dus gemacht, großer William, so freuts mich, daß dein Geist auch so niedrig fliegen konnte. Ich weiß, das Stück hat dir mehr Müh gemacht als alle deine schönen Stück, die wie eine reiche Quelle daherflossen, da dein Geist munter war und eine ganze Welt in sich hatte. Aber warum sollte dein Geist nicht auch schlummern. So kommts dann, wann man etwas erzwängen will.

Das Wintermärchen

Schon wieder besser, ein recht artiges Märchen. Der große Geist ist schon alerter, fliegt schon höher, über Stauden und Hecken, über Meer, über Zeiten hinweg. Wenn doch etwas gefällt oder nicht gefällt, Himmel, welche Kleinigkeit! Ein Mensch gefällt, der andre nicht, und sind doch gleiche Menschen. So ein paar Augen, so gewisse Züge, ein Ton, eine Miene, man kann oft nicht sagen warum, nur er gefallt mir, der andere ist mir widerlich; weiß nicht warum, genug, er gefallt mir nicht. Ei, es muß doch irgend eine unsichtbare Geisterharmonie sein, die müssen sich aus gewissen Zügen, einem Ton, einem Blick kennen – was aus dem Geist fließt, fließt wieder in einen solchen, aus einem andern gefällts nicht. O, wer nur das Geisterreich in dieser Körperwelt verstünde.

Leontes, König von Sizilien, und Polyxenes, König von Böhmen, sind gute Bekannte und Freunde von Jugend an. Polyxenes besuchte den König von Sizilien. Wie angenehm und reizend wird da die Freundschaft gezeichnet, bis ein mißgünstiger Teufel, der reine

Freundschaft nie leiden kann, dem Leontes die Eifersucht einhauchte, die Freundschaft jämmerlich zertrümmerte und entsetzliches Unheil angerichtet, wenn unser großer Theatergott es nicht zu verhüten gewußt hätte. Aber er wußte die edle Hermione auf eine wunderbare Art zu erhalten und den jungen Mamillius, und nach vielen Jahren alles wieder herrlich zusammenzubringen.

Wie schön ist der Charakter eines Kamillo, wie edel in seinen Handlungen, nachgebend und doch der Wahrheit getreu, nicht verwegen und doch für die Unschuld alles unternehmend und beherzt. Wie sieht man so allgemach das Feuer der Eifersucht in der Brust Leontes aufglimmen, daß man den armen Tropf eben so wohl bedauert als die gute Hermione. Wenn so ein Stück Arbeit nicht auch Lust und Freude macht, bald zu innigem Mitleid bewegt, bald in Zorn bringt und Rache im Busen lodert, so taugt es nicht viel. Wer muß hier nicht den edlen Polyxenes, die gute Hermione, den jungen Mamillius bedauern; wer nicht sich über einen rechtschaffenen Antigonus, Kamillo und eine Paulina freuen, über einen Leontes ergrimmen! Aber wie innig rührte mich die Szene, wo Antigonus mit einem Kind auf dem Arm, in einer Wildnis, am Rande des Meeres, in Sturm und Wetter das Kind hinlegt und segnet. Wie sein Herz blutet und sein Auge tränet! Mein Herz möchte mitbluten, sich bei der jungen Perdita hinsetzen und bewachen wie ein Vogel seine Jungen. Ich möchte dem guten Antigonus zu Hülf elen, den Bären umbringen, zerfetzen und zerhacken, ihn und das Kind in die Hütte des Schäfers führen. Welch ein Sprung machst du da über 16 Jahre hinweg, und da setzest du dich zu einer Schafschur hin; so lieb sind dir ländliche Freuden! Gewiß, mir auch. Deine Schafschurfreuden haben innig wohlgemacht. Welch ein Florizel, eine Perdita, ein Schäfer, ein Rüpel, selbst der Spitzbub Autolykus ist schön. Da schaffst du alles her, was zu einem lustigen Feste gehört. Aber du zeigst auch den Unbestand zeitlicher Freuden. Armer Florizel, schöne Perdita, wie bebte mein Herz für euch, eh ich das Ende wußte. Ich hatte meine Hand an ein gesalbtes Haupt gelegt und den harten Polyxenes nach Hofe gewiesen. Aber wie freut ich mich, da sich alles so herrlich endigte. Tausend Glück wünscht ich Florizel, Perdita und der auferstandenen Hermione und dankte dem wundertätigen Kamillo und Paulina – und erwachte von meinem Traum, – denn ich war ganz da.

Der heilige Drei Königs-Abend oder Was ihr wollt

Ist auch ein schönes Stück von viel bündtigen Reden. Freilich gehts da an den Küsten von Illyrien in Kreuz und Quer durcheinander, daß mán oft selbst nicht weiß, wo man zu Hause ist. Da kommt ein Herzog, der in ein schönes, reiches Fräulein Olivia verliebt ist, aufs Theater. Er spricht recht artig von der Liebe. Hernach kommt Viola, die in den Herzog verliebt ist und in Mannskleidern sein Bedienter wird. Da gibts einen ganzen Haufen Irrungen, daß man zuletzt fast schnurrig wird. Der weibliche Wankelmut wird bei der Olivia nett gezeichnet. Erst verschwört sie sich, sieben Jahr um einen Bruder zu trauern, ihr Gesicht soll nur die Luft nicht küssen – und kurz drauf entschleiert sie sich einem Bedienten, wird in ein Weibergesichtchen verliebt und will, was sie nicht will. Olivia heiratet zuletzt Sebastian, Violas Bruder, weil sie meinte, es sei Viola, die Mannskleider trüge. – Die zwei Geschwister sahen einander so ähnlich wie zwei Bienen, hielt je eins das andere im Schiffbruch für ertrunken. – Viola nannte sich Cäsario. Endlich, wie der Betrug entdeckt wurde, heiratete der Herzog seinen Bedienten und Olivia den Sebastian. Narren, Saufbrüder, Spaßmacher hats genug in dieser Komödie. Da ist ein Rüpel, ein Sir Tobias Rülp, ein Andreas Fieberwange, der ein Aug auf Olivia hatte und die andern ihm brav absoffen, ein Fabio, ein Malvolio. – Am besten gefällt mir der Spaß, den Maria, Olivias Kammermädchen, und die andern Kerls dem närrischen Malvolio spielten, die den einbilderschen Lümmel konnten glauben machen, er werde seine Herrschaft Olivia bekommen. Sein Charakter ist nicht selten, und von den übrigen Spaßmachern, Schmarotzern ist die Welt voll.

Vierter Band

DREI LUSTSPIELE

1. Die lustigen Weiber zu Windsor.
2. Die Kunst eine Widerbellerin zu zähmen.
3. Komödie der Irrungen

Die lustigen Weiber zu Windsor

Dies Stück müßt mir der dickwanstige Falstaff heißen, denn er macht die Hauptperson des ganzen Spiels aus. Sonderbar lustige Weiber hab ich keine angetroffen: freilich hatten sie den Kerl zum besten, aber das würden fast alle einem solchen Koloß nicht besser machen. Falstaff ist ein possierlicher Kerl, aber doch find ich ihn an einem andern Ort weit schöner gezeichnet, sein Charakter fällt beim König Heinrich IV. weit besser in die Augen. Hier kommt wieder so ein Gemengsel von Saufbrüdern, Wortspielern, Spitzbuben u. dgl. lustigen Purschen vor. Falstaff versteht sich besser auf Schelmenstreich, aufs Windmachen, als auf Liebespossen. Der Beschreibung nach konnte sein Körper den Frauensleuten keine großen Anfechtungen machen. Er wird von einer Frau Furth und Frau Page etlichemal hintergangen, mußte sich allemal verkriechen, wenn Herr Furth dazukam, ins Ofenloch, unter die Wäsche, wo sie ihn dann hinaustrugen und ins Wasser schmissen. Es ist aber nicht so natürlich, daß ein so verschmitzter Kerl wie Falstaff von den gleichen Weibern sich so oft betrügen lasse und sich noch allemal selber bei dem Manne angab – freilich ist er ein offenherziger Kerl, der seine Schelmenstreiche gar nicht geheim hielt. Ich fand hier viel schön gezeichnete Charakter, aber doch keinen, der mir recht schön vorkam. Das Spiel da mit Anna Page, die drei Bewerber hatte, einen, den sie wählte, einen, den ihr der Vater und einen andern die Mutter geben wollte, das muß recht lustig lassen, wenn Falstaff da bei Hernes Eichbaum mit einem Rehkopf erscheint und die Feen um ihn herum tanzen, ihn kniepen und brennen. Aber ich möchte die Weiber mit ihrem Hohngelächter nicht sehen, sie gefallen mir zum voraus nicht. Die drei Nebenbuhler, die Freier der Anna Page, Fenton, Schlender und der Doktor Kajus, der so deutsch daher stolpert, die möcht ich sehen. Wenns wirklich so auf der Strauben stünde, daß jeder nach Anna Page zielte, jeder nach seinem Merkzeichen zielte, Schlender nach dem weißen, Kajus nach dem grünen Kleid, wie jeder mit der vermeinten Braut ganz entzückt davonschlüpfte, und Schlender einen Postjungen, Kajus einen Bauernjung und nur Fenton die rechte Anna hatte: ha, die Kerls würden große Augen machen. Kein Wunder, wann sie s' schon wacker abgeprügelt hätten: unserm H. Wälly möcht ich nicht gern auf die Art seine Braut sein. Ich meine doch, es gehören eigene Leute, oder wenigstens besondere Gemütsstellungen dazu, wann dies Stück recht gefallen will. Freilich geht man nicht in die Komödie, um zu beten und den Kopf zu hängen, aber doch, dünkt mir, kommt auch gar keine Person vor, die einem die Seele bewegt. Verzeihe mir, großer William, dein großes Genie scheint zwar überall hervor, aber doch scheints mir, du habest dies Stück in irgendeinigen leichtsinnigen Tagen, da deine Gemütsstellung ein bißchen aus dem Gleise war, gemacht, vielleicht nur zu Gefallen, lustige Damen zu ergötzen. Sonst bringst du in andern Stücken auch hie und da Personen her, die einem beweglich ans Herz reden. Ja, meinetwegen, es sind lustige Weiber zu Windsor, aber nicht nach meinem Humor. Gute Nacht, Fallstaff!

Die Kunst eine Widerbellerin zu zähmen

Ha, schon besser nach meinem Humor. Lieber Petruchio, mache auch einen Besuch in unserm Land, ich will dir Kunden zuweisen, daß du davon leben sollst. Wann deine Rezepte probat sind, so will ich dich gebeten und ganz de- und wehmütig ersucht haben, im Namen aller deren, die von Käthen geplagt und jämmerlich mißhandelt werden – deren ich ganze Legionen kenne, in Compagnien verteilt und ungleich montiert; wiederum zu unterscheiden an dem Dupe, denen es die Cathreinen jede nach ihrer eigenen Art frisiert – bei denen will ich dich aufs beste rekommandieren –. Aber wann du kommen willst, so laß uns doch wissen und bringe ja gute Attestate mit, denn es sind einige unter uns sehr kleingläubig; weil sie schon ihren Witz abgestumpft und alle ersinnlichen Mittel umsonst verschwendet haben, – so sind sie so sehr verzagt, daß sie ehender glauben, das Meer auszuschöpfen und Berge zu versetzen, als eine solche Zunge still zu machen. Ich zweifelte selbst schier an deiner Methode, wann ich dein Käthchen nicht in ein Schäfgen verwandelt sähe. Und dennoch will oft noch Zweifel in mir aufsteigen, daß ich argwohne, dein Käthchen möchte noch nicht vom rechten Leder, vom recht zähen Schlage sein. Einer von uns hat ein Käthchen, welches ihm alleweil Lausknicker sagte, welches ihn so sehr angriff, daß er schon alles darwider probierte. Aber das ist ihr eben recht, Lausknicker ist alleweil auf ihrer Zunge. Als sie einst gar nicht wollt aufhören lausknickern, geriet er in einen heftigen Zorn, schmiß sein Käthchen in einen tiefen Brunnen – und tief im Wasser, da sie Maul und Nase zuhalten mußte, knickte sie noch beständig mit den Nägeln an ihren Daumen. Das ist eine, die wird Probe halten: Lieber Petruchio, mache dich doch wohl gefaßt und setze dich vorher auf alle Fälle in feste Positur. Lieber Sir William, du bist sehr schonend gegen das schöne Geschlecht. Wenn dein Käthchen der Kopie entspricht, so verdient sie den Namen einer Widerbellerin gar nicht, vielmehr verdient dein Petruchio den Namen eines groben ungeschliffenen Pflegels. Eine solche Kur wollt ich keinem Hunde gönnen, geschweige einem so schönen Geschöpf, das sich von einem solchen Bengel noch so leiten laßt und zuletzt das allerschönste Weiberherz entdeckt. Nein, ich weiß, William, du hättest aus deiner Vorratskammer ein viel scheußlicheres Ungeheuer können herbringen, aber ich kann mir wohl vorstellen, wies geht – wer so in die Welt hinein schreibt. Und was wollte man doch das ganze schöne Geschlecht, so viel schuldlose, edle Herzen mit einem solchen Schandfleck beschämen. Könnte man doch von unserm Geschlecht recht wilde

Ungeheuer, Bestien, Barbaren, Tiger, Löwen, Wölfe, Vollhengste aufs Theater bringen und jeden rechtschaffenen Mann ärgern. Ich dächte wohl, man sollte Gleichs und Gleichs an *ein* Joch spannen, aber das Schicksal kehrt sich nicht an mein Denken – wird freilich besser wissen, was zusammen muß, als ich. Am besten wärs, man ließ einander ungeschoren und fände sich in aller Stille miteinander ab, ohne daß man so in die Welt hinein lärmte und alle Element störte. Die Einleitung und Zwischenspiele mit dem Kesselflicker Christofer Sley dünkt mir recht artig. Das ist ein Trunkenbold, aber ganz von Falstaffs Art unterschieden – in kurzen Zügen ist er ähnlich genug – ich wollte doch lieber mit diesem als mit Falstaff teilen. Da brandmarkst du auch einen Nimrod, ein Lord, ein Hundeliebhaber, ein Tierverfolger, aber auch solide; – und doch magst du die Kerls überall nicht. O, du hast recht, ich mag sie auch nicht, sie kommen mir alleweil als blutgierige Leute vor. Die armen Tiere sind in der weiten Welt nirgends sicher vor diesen blutdürstigen Nimrods und ihren fräßigen Hunden. Der Betrug da, den der Pedant und ein Lucentio spielen, ist auch artig, aber viel besser gefällt mir der Schwung von Bianca, die erst als ein so zahmes Tierchen kommt, und hernach übertrifft sie Käthchen weit. Ja, ja, kleine kriechende Würmchen können auch zu großen Schlangen erwachsen. Närrische Kerl gibts auch genug in diesem Spiel: Gremio, Grumio, Biondello, Tranio usw. Aber Petruchio übertrifft sie alle. Ja, ja, Käthchen, du solltest eher deinen Petruchio zähmen, und Grumio gehörte gar ein Dreck auf die Nasen.

Ulrich Bräker

Die Irrungen

Ein Lustspiel. Freilich ein Lustspiel – ja am Ende wohl – aber doch anfangs mitleidbewegend genug. Man möchte mit dem armen gefangenen Ägeon zum Tode gehen und die unbarmherzigen Gesetze von Ephesus in die Hölle verdammen. Dann möchte man immer den irrenden Burschen zurechthelfen und dem armen lustigen Sklaven Dromios die Prügel vom Halse halten. Lieber Menschenmacher, warum machst du doch die sonst guten Herren so prügelsüchtig? Ists denn in allem Ernst so Mode in der Welt? Mich dünkts doch gleichwohl eine verzweifelt unwirsche Mode, mir schmeckt keine Suppe weniger als die Prügelsuppe, und meinem Herzen hats doch all mein Tage große Überwindung gekostet, solche anzurichten. Antipholis von Ephesus und Antipholis von Syrakus, zwei Zwillingsbrüder, zwei Dormio, auch Zwilling und den beiden Antipholis Bediente, machen das ganze Stück aus. Die sollen einander so ähnlich gesehen haben, daß man sie gar nicht voneinander kannte. Ich bin zwar wohl mit dir zufrieden, großer Dichter, du hast alles harmonisch und zierlich durch einander gewebt: aber das glaub ich dir in Ewigkeit nicht, daß man auf Gottes Erdboden zwei Menschen finde, die in keinem Stück voneinander zu unterscheiden wären, – so wenig als unter hundert Millionen Steinen am Bach man zwei findet, die einander vollkommen gleich sind, die in Form, Farb und Gewicht u.s.f. nichts Eignes haben. Das glaub ich mein Lebtag nicht, daß man auf allen vier Weltteilen ein Weibsbild fände, die ich für die meinige halten sollte, und wann man sie bis an die Ohren in meiner Frauen Kleider stecken würde. Nein, ich glaube nicht, daß ich nötig hätte, sie auf die Wagschale zu setzen, wenn ich nur das Gesicht sehen könnte, die Augen, die Nase, den Ton in der Aussprache, die Züge ums Maul etc. Nein, ich dürfte mein Leben wetten, wo ich sie nicht kennte, anderst ich hätte meine Sinnen verloren. Nein, Adriana, ich glaube, du seiest taub und blödsinnig gewesen, daß du darauf bestanden, ein anderer sei dein Mann. Und ihr Herren Antipholis, ihr waret grad auch schlechte Beobachter von eueren Bedienten, daß nicht irgend ein Zug, ein Haar, ein Blick, ein Ton, oder wenigstens ein Knopf, ein Fleck an der Montur eueren Irrtum verraten hat. Ja fremde Leute, daß die oft ein Mensch für das andere ansehen, das laß ich gelten, aber Leute, die Jahr und Tag mit einander auf- und niedergehen, nicht. Ein Doktor Zwick, Schulmeister und Schwarzkünstler, ist schön gezeichnet, ordentlich, wies dergleichen Leut machen. Ägaeons Charakter ist der beste.

Fünfter Band

DREI LUSTSPIELE

1. Viel Lärmens um nichts. 2. Ende gut, alles gut.
3. Macbeth, ein Trauerspiel.

Viel Lärmens um nichts

Freilich um nichts – und doch gings ums Freien, ums Heiraten. – Wenn das nichts ist! – Claudio, ein florentinischer Edelmann, ist in eine Hero, Leonates, des Statthalters von Messina, Tochter, verliebt. Don Pedro, Prinz von Aragonien, wirbt um sie für Claudio und erhält sie für ihn. Don Juan, ein unehlicher, melancholischer Bruder Pedros und ein boshafter Borachio machen Schelmenstreiche in diese Verlobung, die freilich großen Lärm, aber doch, glücklich entdeckt, ein lustiges Ende nehmen, daß die Leute lachen. Ein junger Edelmann aus Padua, Benedikt, ein lustiger Pursch, der's Heiraten verschwört, und Beatrice, gleichfalls ein lustiges Jüngferchen, die auch nur übers Heiraten spottet und die Mannsbilder auslachet, sonderlich den Benedikt gar nicht leiden kann, das sind zwei recht artige Geschöpfe, und doch wäre mir gar nicht bang, viel gleichartige zu finden. Diese Beatrice gefällt mir besser als Hero. Die allerpossierlichsten sind die zwei Gerichtsdiener Sogberry und Verges; wie die albernen Kerls daherschwätzen! Meiner Treu, ich kannte Richter und Beamte, die eben so dumm daherräsonnierten und doch angesehne Leute sein wollten und waren. Und das ist gewiß auch wohlgetroffen; oft werden Schelmstreiche durch die einfältigsten Buben entdeckt. Der Prinz und Claudio dünken mich zudem, daß sie so angesehene gesetzte und weise Männer sein wollen, ein bißchen bubenmäßig, sonst ist es ein recht angenehmes und lustiges Spiel.

Ende gut, alles gut

Das wird niemand in Abred sein, einmal ich nicht. Aber dergleichen zeitliche Sachen so zu lenken, daß sie ein solches Ende nehmen, da braucht's einen guten Fuhrmann. Helena, o Helena, du bist der Ball des Schicksals, um deinetwillen muß alles sein, was es ist, um deinetwillen muß der junge Graf Bertram so schön, so reizend geschaffen werden, dir zulieb mußte dein Vater sterben und dir ein geheimnisreiches Rezept hinterlassen und der Gräfin Roussillon Herz sich an dich fesseln. Um deinetwillen mußte ein König von Frankreich krank werden, um dein Rezept zu bewähren, dir zulieb mußte eine alte Witwe in Florenz und ihr Haus parat stehen und ihre Tochter Diana deinem widerspenstigen Bertram so reizend in die Augen schimmern, daß du deine Künste brauchen, deine Weiberlist probieren und ein albernes Mannsgeschöpf übertölpeln und einen Mann fangen könnest. Aber unsere Weiber würden dich wacker ausschelten, dich ein närrisches Ding heißen und sagen, ein Mannsbild, das sie verachte, sei nicht solcher Mühe wert. Aber du wirst wissen, wie stark und erfinderisch die Liebe ist. Genug, um deinetwillen mußte sich der florentinische Krieg in Frieden verwandeln, dein gefangener Vogel nach Frankreich fliegen, daß du dein

Kind und Ring an Mann bringen könnest. Dir zu Gefallen mußte ein nichtswürdiger Parolles zu Schanden gemacht werden, daß er dir aus dem Wege komme und deinen Vogel nicht mehr verlocke. Aber der Hallunk mußte eine harte Tortur ausstehen. Es muß etwas heißen für einen Schurken, in solcher Todesangst stehen, mit verbundenen Augen alleweil das Todesurteil anhören. Doch für Parolles wars noch eine gelinde Strafe – so viel die andern von ihm sagen, war er ein Erzverführer. Aber ich dachte, du, schöne Helena, du hättest gerade zugehen dürfen, nachdem du den Vogel im Schlag hattest; und nicht soweit umschweifen – aber nein, du mußtest deinen Bertram in die Enge treiben, mürbe machen, daß er zuletzt deiner froh werde. Nein, wenn ich Helena wär, ich möchte Bertram um alle Welt nicht haben, lieber den Rüpel, und doch ist er in diesem Spiel nur ein gemeiner Rüpel, ein Alltagskerl. Es gibt doch in aller Welt so kuriose Weibsbilder von so wunderlichem Geschmack und dazu so standhaft in ihrer Liebe, daß sie Einen vom Galgen herabschneiden würden. Gewiß, der Dichter hat das größte Recht, man mag auch darwider sagen, was man will, ein Frauenzimmer liebt heftiger und standhafter als die verliebteste Mannsperson, und das hat er an manchen Orten sehr schön vorgestellt. Dies ganze Stück habe ich mit Vergnügen gelesen. Es dunkt mich belustigend und doch viele Wahrheiten gesagt, aber hervorstechende Charakter hab ich nicht viel bemerkt. Parolles und Rüpel hats allerwegen. Die Gräfinnen von Rousillon und Lafeu dünken mir die schönsten.

Macbeth, ein Trauerspiel

Jawohl, ein Trauerspiel, ein greuliches, daß einem alle Haare gen Berg stehen. Macbeth, du Mördergrube, du Schandfleck des menschlichen Geschlechts, eingefleischtes Ehepaar vom Teufel und seiner Großmutter, du Ausdünstung aus der Hölle! Ist es eine wahre Geschichte? Wie konntest du, großer William, das all ohne Schauder hersetzen, all das gräßliche Zeug, was die Hölle nur Ungeheures hat, auf dem Erdboden zusammenbringen, und die Muttererde so scheußlich beflecken und ihre Söhne schänden! Sollte man nicht diese ungeheuren Schandflecken aus den Chroniken und Jahrbüchern auskratzen? Doch nein, es kann der Welt zur Warnung dienen, den Menschen Entsetzen und Abscheu einjagen vor dem Laster. Hätte vielleicht Macbeth ein solches Trauerspiel gelesen, wär er zurückgebebt vor solchen Greueltaten. Aber jener Mann Gottes sagt, wer fromm ist, sei immerhin fromm, und wer böse ist, sei immerhin böse. Ich förchte schier, der Erdboden trage heutzutag noch solche Menschen, die, wenn sie Macbeths Reizungen und seine Gewalt in Händen hätten, eben auch Macbeths Taten begingen, sie möchten dieses Stück gelesen haben oder nicht. Aber es ist doch entsetzlich, einen so sanften, huldreichen König, wie er angegeben wird, auf eine solche Art zu ermorden. Und das tut keiner, dem er übel begegnet, der ihm deswegen feind ist, nein, einer, der sein bester Freund dem Schein nach ist, Macbeth, sein General, den der edle Dunkan bis an den Himmel erhebt. Schier stund ich in Gefahr, die weise Vorsicht zu beschuldigen, daß sie eine so gute Seele in die Hand eines solchen Verräters übergeben. Aber Gott bewahre! seine Absichten sind weise. Ich ging in die ältesten Geschichten zurück und fand von Anfang an solche Zulassungen.

Welche Überwindung kostete es dem edlen Macbeth, bis der Teufel sein Herz und seine Hand hatte; wie bebte er vor dem Dolch zurück! Hingegen welcher Mut und schwarze Entschlossenheit in seiner Lady. Ei, wenn die listige Schlange erst die Eva hat, weh dir dann Adam!

Die Ermordung Banquos ist mir nicht so nahe gegangen. Dieser mag auch mit Unglück schwanger gangen sein, und Spitzbubenfreundschaft endigt sich leicht so. Aber wer kann ohne Schaudern Macduffs Schloß überrumpeln sehen, den edlen Jungen, seine Mutter, die schöne Lady Macduff und alles niedermetzeln sehen ohne Entsetzen. Und die Söhne des Königs, Malcolm und Donalbain, so schuldlos entfliehn, in der Irre herumwandeln und einen Vatermord auf sich haben: das heißt auch was. Aber die sind glücklich, das Traurige fällt auf die Verbrecher. Du elender Macbeth, wie lang magst du schon in der langen Nacht vor dem Dolche gezittert und vor Banquos Geist geflohen und vor Birnams Wald gebebet haben, und du unglückliche Lady Macbeth, wie lang wirst du schon eine ängstliche Nachtwandlerin sein, deine Finger wüschen und immer wüschen und doch nicht abwüschen, du magst deine Flecke verfluchen, wie du willst. O du elendes Weib, um ein elendes Titelchen sich solche Angst auf den Hals laden. Teufel, du bist ein Schelm! Mußte der Mörder

Macbeth am Ende noch den jungen Siward in der Schlacht bei Dunsinan ermorden. O, ich hätte in dieser Schlacht greulich um mich gehauen, auf der Seite Malcolms. Zwei edle Männer, Malcolm und Macduff – an ihrer Seite hätte ich gefochten wie ein Löw. Aber das Greulichste hab ich auf die Letz erspart. Da will ich dich noch zu Rede setzen, William, warum bringst du da in drei Hexen die halbe Hölle auf die Welt, das Scheußlichste, das ich in meinem Leben gehört habe? Ists dein Ernst, warst du nach der damaligen Moden auch so ein Hexenmacher? Nein, ich kanns nicht glauben, so ein Geist wie der deinige hat sich weit über diese Sphären erhoben, so ein Mann, der die große und kleine Welt uß- und inwendig kennt, bindet sich nicht an die allgemeinen Moden. Aber du wolltest den schrecklichen Aberglauben in einer ungeheuren Gestalt zeigen, der Nachwelt hinterlassen, welche gräßliche Phantaseyen die damaligen Köpfe beherrschten. Aber darfst du da die grausigsten Sachen, die die Erde samt ihren Abgründen hat, auf die Bühne bringen? Es werden ja auch saubere Damen Zuschauer sein, darfst du dann vor ihrem edlen Aug die unsaubern Hexen all das garstige Zeug kochen lassen: Schlangen, Kröten, Froschzehn, Fledermaushaar, Hundszähne, Eidechspfoten, Drachenschuppen, Hexenmumien, Judenleber, Türkennasen etc. Pfui, fort mit den Hexen und ihrem schmutzigen Geköch. Wegen der Geistererscheinungen will ich ein ander Mal mit dir reden. Dein Genie ist in diesem Stück sehr groß, aber die Hexen sind nicht dein Geschöpf.

Sechster Band

DREI HISTORISCHE SCHAUSPIELE

1. Leben und Tod des Königs Johann. 2. Leben und Tod Richards II. 3. Erster Teil Heinrichs IV.

Leben und Tod des Königs Johann

Ein charmantes Stück Arbeit, ich möchte es alleweil lesen und immer wieder lesen, und wenn auch nichts darin vorkäme als die Reden Faulconbridges und Arthurs. Nein, überhaupt hab ich noch keines gelesen, wo mir alle Szenen besser gefallen. Faulconbridge ist der schönste Mann im ganzen Spiel. Keiner als dieser und Arthur, dem ich durchaus gut war. König Johann und Leonore waren ehrsüchtige, gewalttätige Herodes, Pembroke, Essex und Salisbury wären gute Lords, wenn sie nicht durchliefen. Philipp, der König von Frankreich, und all sein Anhang war ein Erzlumpenpack. Der päpstliche Gesandte Pandulpho, ein erzdummer, giftiger Pfaffe, dem hast du die Worte viel zu gut in den Mund gelegt. William, gewiß konnte der Kerl nicht so sprechen. Constantia, die ist rasend schön. Blanka steht so auf dem Kreuzweg, zuletzt weiß man nicht, wo sie hingekommen ist. Herzbrechend ist der Auftritt, wo Hubert und Arthur auftreten. Gewiß, lieber William, wärst du selber Arthur gewesen und Hubert wäre mit dem glühenden Eisen auf deine Augen losgeschnurrt: in dieser Höllenangst hättst gewiß nicht rührender, nicht wehmütiger, nicht herzbrechender, und doch gesetzter und natürlicher sprechen können. Aber wärst du Hubert gewesen, o du hättest gewiß diesen holden Knaben nicht so lange um seine Augen wimmern lassen, nein gewiß nicht. Der harte Hubert, ich hätt ihn bald prügeln können, wann er dem liebenswürdigen Knaben nicht nachgegeben. Auch hätt ich ihn kaum können von der Mauer herunterspringen lassen. Was die Kriege, all die Metzeleien betrifft, bin ich kein Liebhaber. Aber du bist ein Mann, William, wenn du da die Feldherrn redend gegeneinandern aufführst. Ich glaube nicht, daß Goliath und alle enakischen Hohnsprecher ihre schwülstigen, kriegerischen, hoch daherdonnernden Worte so haben förmen können. Aber du wärst auch Manns genug, zu zeigen, wie es solchen Prahlern geht, wenns auch das Schicksal nicht tat. Zuletzt kommt da noch ein französischer, ehrlicher Edelmann, Melun, tödlich verwundet, aufs Theater, der die abtrünnigen engelischen Lords warnt, sich vor seinen Landsleuten, den Franzosen in acht zu nehmen. Gott, es ist doch von jeher so bunt durcheinander gegangen in der Welt. Mußten doch die Menschen von Anfang an so blutgierig sein.

Leben und Tod Richards des Zweiten

Allererst tritt eine schimpfende Partei auf, Bolingbroke, und Mowbray, die einander des Hochverrats anklagen, daß eim alle Finger schwitzen. Es ist entsetzlich, wann die Menschen, die armen Erdenwürmer, ihres elenden Worts wegen, Leib und Seele aufs Spiel setzen, Himmel und Erden zu Zeugen herbeirufen und oft den lieben

Gott beschwören, daß er ihr Zeuge sein soll. O es ist ein brutales Ding um die Menschen. Oft um nichts, nur weil sie ein einziges Wort nicht widerrufen wollen, kosts Leib und Leben. Hier war ein König nicht vermögend, diese ergrimmten Lords zu besänftigen, bis er sie verbannte. Mowbray mag in der Verbannung gestorben sein, aber Bolingbroke wurden seine Güter eingezogen. Diese und andere Ungerechtigkeiten erregten große Gährungen in England. Bolingbroke fand bald einen gewaltigen Anhang. Richard ginge wider die Walliser ins Feld. Unterdessen bemächtigte sich Bolingbroke des Königreichs. Dem König wurde alleweil Botschaft gebracht, wo ihn je eine stärker angriff als die andere. Richards Reden und Verhalten, von dem ersten Gerücht bis zu seiner Arretierung und seinem Tod, dünken mich sehr schön, machten mir viel Gedanken. Freilich ist der Fall groß von einem Thron herab ins Kot. Ein nichts bedeutender Weltbürger kann nicht so hoch abfallen, und je tiefer einer fallt, desto weher wirds tun. Doch ist schon mancher nur aus dem Kot in Dreck gefallen und hat jämmerlich genug geheult. O Richard, es muß schmerzen, so tief fallen; aber mancher arme Tropf hat in seinen Ideen mehr als du hattest, und fallt in seinem Leben nicht nur einmal, sondern manchtausendmal von seiner Herrlichkeit ins tiefste Elend. Und du hattest noch das Vergnügen, tausend Beispiele ähnlicher Fälle gefallener Fürsten zu lesen. O mancher sich in Elend krümmende Wurm gäbe, was er hätte, wann er so viel Vorgänger abgemalt vor sich sehen könnte. Eben, das ist sein größtes Leiden, wann er glaubt, der Einzige zu sein von Anfang her, dem es so begegnet, daß er so unbemerkt, unbedauert in seinem Elend allein zabbeln müsse. O Richard, du konntest sehr schön über deinen Fall moralisieren, – das kann ein armer Tropf nicht – aber du konntest doch das Wehtun nicht hindern, du mochtest dir auch den Pomp und Pracht samt dem menschlichen Leben so eitel und hinfällig vorpredigen als du wolltest. Stolzer Bolingbroke! wie himmelweit mögen deine und Richards Gedanken voneinandern sein – aber dein Heraufsteigen ist gefährlicher als Richards Herabsteigen. Erbärmlich ist der Abscheid zwischen dem König und der Königin. Auch eine erbärmliche Szene, wo York seinen Sohn Aumerle selber als Verräter entdeckt und verklagt und die Mutter da auf ihren Knien Gnade schreit. Da müssen auch unruhige Köpfe Englands Söhne sein.

Erster Teil König Heinrichs des Vierten

Hier sitzt Bolingbroke auf dem Thron. Ich bin ihm nicht mehr gut wie in seiner Verbannung, ich möchte lieber wieder Richard als diesen. Großer Menschenmacher, mußt du deine Menschen immer umbilden, oder tun sie es? O, der Stand bildet alle um! Wie genau folgest du der Natur. Und wenns auch Bolingbroke nicht getan hätte, das ist der Menschen Art; Veränderung des Standes zeigt der Welt, was sie sind. Wie manches Glückskind predigt aller Welt Ruhe und Zufriedenheit; aber laß es nur ein Unglück überrumpeln, so wird sich der Hiob zeigen, wie er in der Asche heult.

Wie mancher Bettler klagt über den Stolz und Hochmut der Großen: laßt ihn groß werden, er wird der Ärgste sein unter Allen.

William, hier waren deine Tage recht heiter, hier hast du Charakter gezeichnet, die dir schwerlich einer nachmachen wird. Recht sonderlich bin ich in eine Hotspur verliebt, wie ich es in einen Falconbridge war. So sehr ich sonst blutdürstige Leute hasse, muß ich doch diese lieben, wegen ihren beliebten Launen; und so einem Helde verzieh ichs gerne, der nur Unterdrückungen nicht leiden kann. Hotspur ist ein Mann, dem ich Gesellschafter sein möchte, und wenns auch in die andere Welt ginge. Und seine Lady, sein Käthchen, ha, die ist so nett gezeichnet, daß man schwören sollte, man sähe das Original vor sich, man hätte sie in ihrem Leben gekannt. O Hotspur, ich verfolgte dich überall mit meinen Glückwünschen, und doch halfen sie nichts. Nun konnt ich nichts, als dir auf dem Schlachtfeld eine Träne weinen und denken, ha, das ist allemal das Ende rechtschaffener Helden, wo feige Memmen trocken hinterm Ofen sitzen. O Glück, deine Lieblinge sind dumme Gekken, falsche Spitzbuben, feige Memmen, Häßligesichter, Überbeiner, Högger und Kröpfe, die weder Sonne noch Mond kennen, denen Disteln und Rosen einerlei ist.

Hotspure, Douglas, Mortimer, Worcester, Glendower, o ihr davidischen Helden, man muß euch gut sein. Obschon ihr Rebellen sind, seid ihr doch wahre Helden; ihr allein wißt, wie schwer es ist, den Hals unter ein sklavisches Joch zu biegen, ihr allein, denen keine Sklavenseele gegeben ist. Und o ihr Fürsten, wie unsicher ist euer Thron, da ein einziger Stein mit Blut bespritzt, zum Grunde liegt. Ihr solltet euere Throne besteigen wie David, der wollte nicht Blut zum Grunde haben, war ein Vater echter Helden – o diese lassen sich nicht ins Bockhorn treiben, solang die Welt steht und es Helden gibt.

Nun kommt eine andere Klasse von lustigen Burschen aufs Tapet. Ich danke dir, William, hier hast du das Ernsthafte und Lustige auf eine angenehme Art zu vermischen gesucht. Prinz von Wallis, Königssohn, diesen rechne ich aber nicht zu der lustigen Bande, schon er eine Zeit lang aus Politik mitlief; aber Falstaff, Poins, Gadshill, Bardolph, Peto, die Wirtin Quickly: das sind lustige Brüder, in deren Gesellschaft man nie müde wird. Ich dachte oft, es sei eine Schande, daß ich so verliebt in diese Spitzbuben-Rott – je nun, ich kann mir nicht helfen, wenn ein Dichter so den lustigen Weltzank zu spielen weiß – der kälteste Pietist müßte ihn lieben. Falstaff ist ein Mann, man kann ihn unmöglich hassen; so sehr er auch ein Schurke ist, hat er alleweil soviel Vernunft, Witz und List, daß er sich beliebt machen kann. Seine Laster erscheinen an ihm bei weitem nicht so häßlich als an einem andern. Seine Bildung, sein schneller Witz, der ihm so flugs aus aller Verlegenheit heraushilft, macht sein Lügen zu lauter angenehmen Schwänken. Der Himmel verzeihe dir, Falstaff, du bist ein Erzlumpenkerl, aber doch hast du weit mehr Menschen belustigt als beleidigt. Wann ich schon zehen von unsern lustigen Brüdern zusammenschmiedete, könnt ich schwerlich so ein adelicher dicker Hans mit allen deinen Qualitäten, Formen und Figuren daraus machen. Gut, ich werde dich mehr antreffen, aber du wirst deinen Prinzen anderst finden.

Siebenter Band

DREI HISTORISCHE SCHAUSPIELE

1. Zweiter Teil Heinrichs des Vierten. 2. Leben Heinrichs des Fünften. 3. Erster Teil Heinrichs des Sechsten.

Zweiter Teil Heinrichs des Vierten

Bolingbroke hat das Feld gewonnen – ich gönn ihms nicht. Dem Prinz von Wallis wurde ein edler Charakter beigelegt, aber ich fürchte, es ist nur geschmeichelt, traue ihm nur halb. Den edlen Hotspur hab ich gesehen fallen, ihm eine Träne geweint und Glück auf den Weg gewünscht. Dem tapfern Blunt und allen denen, die in Königskleidern starben, wünsch ich Fried und Heil. Der Held Douglas allein hatte das Glück, davonzukommen. Worcester und Vernon hatten ein schmachvolles Schicksal, in die Hände eines ergrimmten Königs zu fallen. O ihr mordsüchtigen Fürsten! Auf, alter braver Northumberland, auf zur Rache, sie haben deinen Hotspur erschlagen. Aber du heiliger Vater York, ich weiß nicht, wenn Du mit deiner Religion drein kommst, so wirds hapern. Nein, die Religion ist nicht blutdürstig, besser du bliebest davon; aber das tust du nicht – ja meinetwegen. Ha, ha, das hab ich wohl gedacht! Du hattest noch mehr zutrauliche Ehrlichkeit, als ich einem Pfaffen zugetraut hätte. Du hast Westmorelands und Lancasters Herz ebensoviel getraut – hättest dur nur Mowbray Gehör gegeben. Nein, du wolltest die kleinen Welten besser kennen, aber es kostete dich deinen Kopf – ja, was macht das, einmal mußt es doch sein – nein, ich weiß doch, daß du ihn lieber länger in dieser Welt getragen hättest, daß du nicht recht gewiß warest, ob du in jener Welt auch wieder diesen Rang oder er dich bekleiden werde – ah, fahre nur frisch, man wird schon wissen, wer du bist. Fort mit den blutigen Szenen, mit den ernsthaften kriegerischen Auftritten – Bolingbroke ist tod. Komme du noch ein Weilchen, wichtiger Falstaff, nun erscheinst du das letzte Mal auf der Bühne; o sie wird nur halb so gut bestellt sein, du immer munterer Geist. Wann ich Protheus wäre, wollt ichs doch probieren, ob ich mir nicht selber so einen possierlichen Ritter machen könnte. Ich kenne so ein halbdutzend Leute, von denen nähm ich von jedem die tauglichsten Eigenschaften; von einem Doktor N. die Windmühle, von einem Schneider N. die Blähungen, von einem Balthis N. den guten Magen, von einem Lumpenhändler die Figur, von einem Beckträger die lustigen Schwänke, von einem Advokaten N. den Witz und die Tapferkeit samt der Geschicklichkeit zu borgen, das täte alles zusammen in einen Brenntopf hinein und ein bißchen eigenen Pfeffer dran und ließ es gären; würde mich doch wunder nehmen, wenn nicht auch etwas Falstaffisches herauskäme. Nein, William, ich gestehs, ich glaube nicht, daß ich just so ein Geschöpf zur Welt brächte. Dir allein gebührt das Lob; vor dir und nach dir wird keiner so eine wohlgemästete Figur bilden, so ein dickes Gehäus, ausgestopft mit lauter Witz und Laster vermengt, – das alle Welt blenden – niemand den Spitzbuben hassen kann. Falstaff, dein königlicher Hal tut dir unrecht, daß er dich nun nicht mehr kennen will, aber es ist auf dein Bestes abgesehen, wenn seine Eigenschaften so gut sind, wies ihm der Dichter andichtet. Freilich dünkts mich auch kurios, daß Leute einander so geschwind nicht mehr kennen, wenn der eine sich nur in einen andern Kittel steckt. Fahre wohl, Falstaff, ich wünsche dir in der andern Welt keine so brutalen Könige.

Leben Heinrichs des Fünften

Diesem Stück hab ich keinen Willen: Meinetwegen möchts alle Welt bis an den Himmel erheben. Und warum? O fordert doch nicht Rechenschaft, ich kann sie nicht geben, und was ich angebe, möchte grundlos sein. Meinetwegen, ich hab ihm keinen Willen – sonst keinen Grund – und den kann mir niemand geben. Großer Dichter, ich habe dich bei meiner Widrigkeit schuldlos gemacht, sie fiel auf deine Personen, nicht auf dich. Ich habe mich überredt, du habest der Geschichte getreu kopiert, und wann du irgendwo Parteilichkeit und Schmeichlerart gezeigt, so sagt ich doch, du warst es nicht, der Geschichtsschreiber wars – und wann dus warst, so wärs doch ein anderer Schriftsteller auf deinem Posten hundert Mal mehr gewesen. Ich kann mir vorstellen, was es auf sich hätte, Monarchen ihren Vorfahren etwas von ihrem schlimmen Charakter publik zu machen. Ich wollte um alle Welt nicht in die Welt hineinschreiben, was die Voreltern oft gemeiner Privatleute für Leute waren, und wann ichs so gewiß wüßte als Tag und Nacht; aber zu ihrem Lobe könnt ich doch auch nicht schreiben. Genug, lieber William, verzieh mirs, einmal war ich wider deinen Heinrich eingenommen von Anfang her, so sehr er gehoben und so auffallend sein Charakter ist. Der Grund ist, ich mag ihn nicht, ich glaub ihm kein Wort, ich trau ihm kein Haar, weil er mir nur als ein Gemäld vorkommt, das kein Original hat. Erst in Gesellschaft der liederlichsten Buben die Tage vertrillern und nur so windige Gründe angeben; hernach plötzlich so majestätisch tun, ein Weltweiser, ein Moralist, ein so feiner gehorsamer Sohn und bei allem so ein Held. Es gibt so ehrsüchtige Buben in der Welt, die, wann sie nicht können zu oberst sitzen, sich gar zu der untersten Klasse hinsetzen, eh sie vor lauter Unwillen in der Mitte sitzen würden. So was hab ich von deinem Heinrich schon im vorigen Stück bemerkt, als er seinem Vater die Krone von dem Bett wegnahm, aber du legtest ihm gar eine feine Entschuldigung in den Mund, daß man den Fuchs nicht spürte. Lieber William, du scheinst mir gar verliebt in deinen Harry zu sein, aber bei seiner Freiwerberei, da weiß ich gar nicht, wie dus meinst. Meinst du nicht gar, dein Heinrich da in seinen verliebten Anwandlungen, bei seinem Käthchen – und der vorige beim Antritt seiner Regierung, auf den Schlachtfeldern, bei allen seinen Entschlüssen, Aufforderungen u.s.f. seien zwei ungleiche Heinriche. Gut, aber ich habe noch nichts von den anderen Personen gesagt: Erst kommen da ein paar Erzbischöfe auf die Bühne, welche die guten Eigenschaften des Königs auf eine übertriebene Art herausstreichen, hernach denselben zum Krieg mit Frankreich anfeuern;

Canterbury und Ely hießen sie – sie mögen so politisch daherschwätzen, als sie wollen, man merkt doch, wes Geists Kinder sie sind. Hernach entdeckt der König eine Bande Verschworner wider ihn; Cambridge, Scroop und Grey waren die Rädelsführer, denen es die Köpfe kostete. Nym, Bardolph, Pistol kommen auch wieder auf die Bühne und man wünschte, Falstaff käme auch mit. Aber William laßt nur eine Quickly und ihre Kameraden auftreten, die so von seinem Ende reden, daß es Heinrichs Verfahren rechtfertiget. Heinrich muß für ein und allemal ein verdienstvoller König sein; so muß er reden, so muß er handeln bis ans Ende – schade, daß er bei seinem Weiben so unköniglich tut. Ich wollte mich in die Seele schämen, wanns ich nicht besser verstünde, solche Käthen zu fangen. Aber, William, noch eins: waren die Franzosen wirklich solche prahlerische Großsprecher, oder mußtest du nur deiner Nation zu Gefallen sie so tun lassen? Ich will deiner Nation die Tapferkeit nicht absprechen, nur mag ich deinem Harry all diese großen Siege nicht gönnen. Aber das ist von Anfang an so gewesen: der prahlende Teil hat verspielt. Und dein Heinrich hat auch erstaunlich hoch herabgesprochen. Es kann sein, ich weiß die Geschichte nicht, die Schlacht bei Azincourt mochte ein Wunder sein, und wenn dein König dem Himmel allein die Ehre gegeben hat, so tu ich ihm unrecht und bitte ab. Meinetwegen, was gehts mich an; doch hab ich auch ein Willen so gut als einer, und Falstaff hätt ichs nicht so gemacht.

Ulrich Bräker

Erster Teil Heinrichs des Sechsten

Hier kommt erst ein schwarzes Trauergeheul aufs Theater, das den Himmel schilt, daß er in des Königs Tod gewilliget, dem König, dessen Lob mir erst so verdächtig schien. Nun muß ichs glauben, weil erst nach seinem Tode gesagt wird, seine Taten seien unaussprechlich. Das ist mehr als viel – getrost, großer Friedrich Preußens, wie wirds wohl nach deinem Tode heißen – vielleicht noch mehr. Hier war der junge Heinrich, Sohn des vorigen, noch unmündig: da mag das engelische Heldenblut schon mit dem französischen vermischt sein – in diesem Teil tut er noch keine großen Taten. Seine Vettern und die geistlichen Väter kommen einander in die Haare. Die Kerl haben doch immer der weltlichen Herrschaft Sprünge gemacht. Das gedemütigte Frankreich hebt sein Haupt wieder empor und macht englischen Helden viel zu schaffen. Sonderlich wird man gar aufmerksam auf einen Held Talbot und folgt seinem Schicksal Fuß für Fuß. Ein Held Salisbury und Gargrave werden in Orleans auf einem Turm erschossen, die man herzlich bedauert. Talbot hält ihnen eine heldenmäßige Rede, mußte aber zuletzt selbst als ein Held sterben, über den man weinen muß. Es gibt mehr blutige als lustige Auftritte. Auf der französischen Seite hats wieder viel Prahlhansen; vor allen aus aber macht ein Bauernmägdchen Johanna d'Arc, eine Schäferstochter, viel Aufsehens. Sie erscheint oft in Kriegsrüstung und erhält den Sieg. Von den Franzosen wird sie als eine Göttin verehrt und von den Engelischen für eine Hexe gehalten. Zuletzt wird sie doch gefangen und ich glaube gar unschuldig verbrannt. Sie mag, als eine Amazonin von Genie, sich den damaligen Aberglauben zu Nutz gemacht haben.

In London entstund unter den Lords ein närrisches Gezänk wegen der roten und weißen Rosen, als Zeichen der Häuser York und Lankaster, das in der Folge elende Zweitracht stiftete. Mortimer aus einer langen Gefangenschaft – da sitzt der Knoten meines Unwillens gegen die Heinrichen. O, wie viel Anteil nahm mein Herz an dem Schicksal des alten Greisen. In diesem Spiel wird der junge Heinrich gekrönt. Da kommt auch ein Fallstaff aufs Tabet, aber das ist kein Fallstaff, ein Ritter, ein verzagtes Hasenherz. Heinrichs Vettern gaben ihm eines Grafen Tochter, der Knab laßt mit sich machen, was man will. Aber ein Suffolk machte in Frankreich eine Gefangene, Margaretha, König von Neapels Tochter, und wirbt um sie für den König – ja, der kanns anders als der vorige Heinrich – und dieser Knabe nimmt Margaretha und gibt der andern Abschied.

Achter Band

DREI HISTORISCHE SCHAUSPIELE

1. Zweiter Teil Heinrichs des Sechsten. 2. Dritter Teil Heinrichs des Sechsten. 3. Leben und Tod König Richards des Dritten.

Zweiter Teil Heinrichs des Sechsten

Nun bewillkommt der junge Heinrich seine Braut, seine schöne Margretha. Ach du armer Sklave, das hab ich wohl gedacht, daß das französische Blut das englische Heldenblut dämpfen würde. Welch ein abscheulich rares Stück hast du hier gemacht, großer William! Rasch und hitzig hab ichs gelesen, und wieder gelesen und dreimal gelesen, immer in Wut gesetzt – ungeduldig, bis die Rache befriedigt. Hier bringst du aber die ganze Höllenbrut auf die Bühne, entdeckst den ganzen teuflischen Wust des menschlichen Herzens. Hier hast du mehr als eine Schlange in Weibergestalten, mehr als einen Teufel in Kardinals- und Lordskitteln. Konntest dus ohne Tränen schreiben, ohne Zittern dein Vaterland, dein königlicher Hof zur Mördergrube machen? Nein, ich spüre, wie dein Herz bewegt war, wie feurig du einen König, einen Warwik über Glosters Tod reden ließest, wie geschwind du die Rache des Himmels über die verdammten Mörder Suffolk und den schwarzen Kardinal kommen ließest. O Heinrich, du unköniglicher König, welch eine Brut hat dir Suffolk in der saubern gefangenen Margretha hergebracht, welch eine Pest für deinen Thron! Möchte man nicht die Vettel ins Feuer schleudern wie Paulus seine Schlange. Dann ein Hume, ein Bolingbroke und das Hexengezücht allzusammen obendrauf, und den phantasierenden Pfaffen auf seinem Krankbette, – tuts eim nicht in der Seele wohl, denselben in den letzten Zügen zu sehen? Aber den edlen Gloucester, den redlichen Vetter des Königs, seiner Leonore Ehrgeiz so bestrafen sehen, das kann man so hingehen lassen. Aber ihm, so unschuldig, einen schwarzen Schwarm, der ihm den Tod geschworen, ihm so Fuß für Fuß folgen und ihn gefangen nehmen sehen, und dem teuflischen Pfaffen, seinem ärgsten Feind übergeben – o das bricht einem schier das Herz, daß man nach dem Schwert greift wie Petrus und auf diese höllische Rotte einhauen möchte. Der Abschied Suffolks von seiner Königin: Ha, da sieht man den saubern Kuppler und das treue Gretchen. Ihre herzbrechenden Worte zeigen einem das Pack deutlich genug, ohne daß das Mitleid rege wird. Man möchte dann die Seeräuber sein und diesen Bösewicht selber bei Kopf nehmen. Simpcox da und seine Frau als Betrüger, die da ein Wunder vorgeben, die achtet man gar nicht, so sehr glimmt Mitleid und Rache im Busen. Hans Cade mit seinem Korps Rebellen, das ist ein treffendes Stück. Wer je in seinem Leben empörte Bauern gehört prahlen, der muß dir zurufen: O William, wie gut kanntest du sie; doch muß man den heldenmäßigen Rebellen dort in dem Garten noch bedauern. Hätte der ehrsüchtige York dies Kalb nicht gesäugt, so wär er nicht so ein brüllender Stier worden. Es sind von je welther große Aufwiegler unterm Tüchle gesteckt, wann solche Wühlereien entstanden.

O Heinrich, du Sklavenseele, es steht mißlich um deinen Thron. Vorher mocht ichs deinen Vorfahren nicht gönnen, aber nun säh ichs gerne, wenns dem tyrannischen Hause York nicht in die Hände fiel. Aber des edlen Gloucester Tod muß gerächt sein, und deine feige Seele, dein stolzes Gretchen verdient keinen Thron. Unter allen Heinrichen hast du mir kaum ein besseres Stück gemacht.

Dritter Teil König Heinrichs des Sechsten

Nun muß ich mirs gefallen lassen, den mir verhaßten York siegen zu sehen. Ich kanns mir kaum vorstellen, wie die Grafen und Herzoge, Norfolk, Montague, Warwik, Salisbury, Prembroke, Hastings, Stafford und andere Edelleute, haben so blind sein können, und ein so ehrdürstiger Zweig einem blutdürstigen Verräter haben anhangen mögen. Er müßte dann sich ihnen nicht gezeigt haben wie auf der Bühne. Kaum hab ich ein Schauspiel gelesen, das mehr rührende Auftritte hat, ich wußt oft nicht, welcher mich am meisten rührte. Bald sah ich einen lieben Helden fallen, bald den Tyrannen triumphieren und das Recht unterdrücken, und bald darauf den Unterdrückten selbst wieder zum Tyrannen werden. O William, willst du deine Briten alle zu Mördern machen! Nein, ich habe dir unrecht getan, du schilderest die Menschen wie sie da sind, und wann es Könige sind. Ich dachte, du habest Heinrich V. mit Gold überzogen, aber weil du diesen so natürlich in seiner Schwäche zeigest, so muß ich dir jenen als einen edlen Helden gelten lassen. O was sind Thronen! Lieber ein Seifensieder, ein Schuhflicker, als ein König mit einer solchen Seele. O du armer Tropf, welch eine rührende Szene, wo du York, deinen Feind, auf dem Thron sehen mußt, und von ihm das Königreich auf lebenlang bittest und darüber alle deine Freunde verlierst. Wie weh tats, den alten, redlichen Clifford durchs Schwert fallen zu sehen, und wieder weh, den jungen Clifford Rache üben. O du bist härter als ein Marmor, Clifford, daß du dich des Knaben Rutland nicht erbarmt; wie konntest du so grusam sein, die schöne Seele von ihrem zarten Körper zu trennen, da er doch so innig um sein junges Leben bat. O du bist härter, als alles das Härteste.

Aber was übertrifft die Szene, wo York gefangen in den Händen Cliffords und der Königin. Zwar hat er was verdient. Aber welche Spottreden mußte er schlucken und mit dem Schnupftuch – rot von seines Sohnes Blut – die Tränen abwischen. O du Gret, Weib über alle Weiber, welcher Prophet hat seine Jesabell so gezeichnet, welcher hatte das Herz, eine Weiberzunge in dem Maul einer Königin so sprechen zu lassen. Edler Gloucester, du bist gerächt, wenn dich auch nichts gerächt hätte, als die Zunge dieses Weibs. Du häßliches Ungeheuer, du babylonische Hure, unstät und flüchtig sollst du sein, wie Kain, ein Unhold mag dich gezeuget haben, und deine Mutter hat Menschenblut gelust, da du ihr unterm Herzen lagest, und dich hernach an einer Wölfin gesäuget. Mordet immer, ihr britischen Helden, und bringt ein Ungeheur nach dem andern auf den Thron: ich will meine Brust hart machen, vor keinem mehr zu schmelzen. Der edle Gloucester, Rutland und dieser Heinrich haben mein Herz gestählt, daß es für euch andern nichts mehr fühlt. Es mag dir Warwick, Somerset und dir Margarete noch so bunt gehen, sie mögen deinen Sohn an deiner Seite ermorden, dich schmälen und spotten – meinetwegen. Eduard hasse ich, mich wunderte sehr, daß ihm das Schicksal zweimal auf den Thron half – dem wollüstigen Weibernarren. Von diesem mags mit Recht heißen, was vormals ein Malcolm im Macbeth mit Unrecht von sich sagte. Der sinnliche Narr schickte eine Gesandtschaft nach Frankreich, laßt um die Prinzessin Bona anhalten, während der Zeit fängt er eine Witwe Gray auf und macht sie zur Königin; zwar mochte sie besser sein als Margaretha. Gute Nacht, Eduard, dein bucklichter Bruder wacht für dich.

Leben und Tod König Richards des Dritten

Noch das grausamste und verhaßteste Stück, man wird es, ob Gott will, auf keiner Bühne spielen und das Ungeheur Richard vor gutartigen Menschen aufführen. Dank dir, Übersetzer, daß du es nicht in Prosa wie die andern geschrieben, nicht in der mir sonst so lieben, rührenden Schreibart, sonst hätten mich einige Szenen so sehr angegriffen, daß meiner Gesundheit nachteilig gewesen wäre.

Du Bluthund Richard! Kein Wunder, daß sie dich immer Krummbuckel genannt haben. Ich glaube, deine Seele war eben so krumm und bucklicht als dein Körper, wann du nicht schon im Mutterleibe für den Teufel angezeichnet warest; oder zeigst du nicht selbst in allen deinen Reden solche Gesinnungen, die sonst dem Teufel zugeschrieben werden. O du Unglückskind, überall graute dir vor keiner Tat, was du nur mit Manier tun konntest. Aber du mußtest doch noch die für dich viel zu gute Welt scheuchen, ob du schon das mörderische Handwerk von deinem Meister perfekt gelernt. Du konntest mit kaltem Blute deine Brüder, Brüderskinder, Weib, Vettern und deine besten Freunde morden. Und welch ein Meister im Heucheln! Da zwischen zwei Priestern in der Andacht dich vom Volk zum König bitten lassen und so demütig tun, so heilig abbitten, wo du dir den Weg zum Thron schon durch die greulichsten Morde gebahnt. O William, ich glaubte nicht, daß ein Mensch auf Erden sei, der ein solches Ungeheur mit solchen Zügen malen könnte, daß man einen Nero, einen Domitian so reden lassen, solche Gesinnungen selbst an den Tag geben lassen könnte, und doch müssen sie auch so gedacht haben. Richard mag ein treffliches Muster von allen Bösewichtern sein. König Eduard war doch noch zehn Teile mehr Mensch als dieser angebrannte Richard. Welch ein rührender Auftritt, wo da Clarence, Richards Bruder in der Gefangenschaft und sein Bewacher Brackenbury auftreten und Clarence seine schreckenden Träume erzählt, und da die zwei Mörder kommen und so miteinander und mit ihrem Gewissen moralisieren: o anders, treffender konnts nicht sein, dergleichen Kerl müssen so denken. O welchen Herzstoß, den edlen Clarence so vor dem Tode zittern und endlich durchbohren sehn und hernach seine

Gemahlin und seine Kinder über seinen Tod sprechen und heulen hören. O da muß das Herz wie Wachs schmelzen, und da gings immer ans Morden. Wie bedauert man den guten Hastings, der dem Teufel Richard erst Erdbeeren aus seinem Garten holen ließ und dafür schnell seinen Kopf hergeben mußte. Ratcliff, Rivers, Gray, Vaughan wurden auch geschlachtet. Buckingham war des Teufels vornehmstes Werkzeug, daß dieser Tyrann König wurde; aber er bekam seinen Lohn gut. Ihm war die Grafschaft Hereford versprochen, aber mußte zuletzt seinen Kopf als Verräter hergeben. Wieder so eine erbärmliche Szene, wo der Mörder Tyrrel die zwei jungen, zarten Prinzen im Tower auf des Königs Befehl ermordet. O man möchte diese Bande von Lotterbuben samt ihrem Haupt auf der Stelle in tausend Stücke zerhauen und das Gehäck wilden Sauen vorwerfen. Genug von diesem eingefleischten Teufel Richard, es brauchte ein Mann, so eine Pestie zu schildern. Noch dies: im Schlachtfeld, des Nachts, erschienen die Geister all der Ermordeten Richard und seiner Gegenpart, dem edlen Richmond, diesem sangen sie Glück und Sieg, jenem Rache, Tod und Untergang: gewiß so natürlich, daß diese Träume nicht ausbleiben konnten. Zuletzt wird man fast böse, daß Richard noch so gut von der Welt kommt. Margaretha und andere Weiber, Anna, Gray u.s.f. kommen auch wieder aufs Theater, fluchen und schmälen nach der meisten Weiber Art.

Neunter Band

EIN HISTORISCHES UND ZWEI TRAUERSPIELE

1. Leben Heinrichs des Achten (historisch).
2. Kajus Marcius Koriolanus und 3. Julius Cäsar (Zwei Trauerspiele).

Leben Heinrichs des Achten

So froh ich bin, daß die historischen Schauspiele zu Ende sind, wünsch ich doch mehrere zu lesen und diese wieder zu lesen. Froh bin ich, weil sie so viel traurige Wahrheiten enthalten, und weiß, daß es Wahrheiten sind. In den grausamen Szenen der Trauerspiele kann ich denken, ha, der Dichter hats nur so grausam geschmiedet, aber hier nicht. Alle gelehrten Männer, die die Geschichten inne haben, sagen mir, daß Shakespeare der Geschichte treu geschrieben; drum greifen einem die schrecklichen Ungerechtigkeiten so ans Herz. Und dann, wie erstaunt man über die göttlich Providenz des Himmels, daß sie diesen Ungerechtigkeiten die Wiedervergeltung auf dem Fuße folgen laßt. Die Geschichte rechtfertiget meinen göttlichen Dichter, daß er in allen seinen eigenen Erfindungen so geschwind mit Rache da ist. Es ist natürlich: wie die Zeiten aufeinander folgen, so folgen Strafen auf die Laster, das könnte jeder Lasterbube bei sich selbst finden, wann er nicht beständig berauscht wäre. In diesem wohlausgearbeiteten Stück kommen hauptsächlich vier Personen aufs Theater, die meine ganze Aufmerksamkeit auf sich zogen: der König Heinrich, seine Gemahlin Katharina, Herzog von Buckingham und der Kardinal Wolsey. Der König dünkt mich nach der Zeichnung ein Mann, der auch eine gute und eine schlimme Seite hat wie die meisten Menschen. Aber in seine Katharina bin ich mehr verliebt als in seine nachherige Anna Bullen. Buckinghams Charakter gefällt mir wohl, schon er ein ziemlich wilder aber doch liechtgläubiger Edelmann scheint. Mit Unwillen hört ich Wolseys Neid denselben anklagen, mit Wehmut folgt ich demselben in den Tower, vor Gericht und, wie ich glaube, fast unschuldigen Hinrichtung. Aber der vertrackte, ehrsüchtige, neidische Wolsey, der zog meinen ganzen Zorn auf sich. Einen verschmitzteren Pfaffen hab ich kaum angetroffen, der war an Buckinghams Hinrichtung und an Katharinens Verstoßung am meisten schuld. Es tat mir in der Seele wohl, denselben fallen zu sehn und ihm alle seine Schuld unter die Fressen sagen zu hören: Kardinalsünde, scharlachene Sünde, und was die ihn hassenden Lords nur auf ihn wußten. Ich hätte mein Teil auch redlich beigetragen, wann ich dort gewest wäre. William, du gabst diesem Kerl ein viel zu gutes Ende und einen so standhaften Mut – ich kanns kaum glauben, daß sein Gestirn so gütig gewesen sei wie du; – wenn so ein Pfaffe kein Fegfeur verdient, so verdient keiner eins. Aber der Königin bin ich in die Verbannung gefolgt, habe die guten Geister herbeigerufen, dann sie hatte das Fegfeur schon durchpassiert, und in jener Welt kann sie schon lange Königin sein, daß die schöne Anne Bullen weit unter ihr steht.

Es kommen auch noch bittere Religiösen aufs Tabet, die man haßt, ein Dr. Butts, Gardiner, Kämmerer u. s. f., welche einen redlichen Cranmer fälschlich anklagen, dem aber der König beisteht. Lustiges gibts nichts – als erst wird von einer unbeschreiblichen Pracht bei der Zusammenkunft der englischen und französischen Gesandten gesprochen, und zuletzt kommen da Türsteher und Knechte bei der Taufhandlung Elisabeths, die da auf eine trollichte Art Prügel austeilen, und endlich macht der Dichter diesem Kinde eine schmeichlerische prophetische Lobrede.

Kajus Marcius Koriolanus

Koriolanus, ein edler Römer, hatte sich im Krieg in vielen Schlachten sehr hervorgetan und als ein tapferer Held den Römern große Dienste getan. Deswegen wollte der Senat ihn zum Konsul machen; er hatte aber Neider unter den Tribunen, sonderlich Brutus und Sicinius, die das gemeine Volk wider ihn aufwiegelten; und weil der stolzne Held sich nicht herabzwingen konnte, dem Pöbel zu schmeicheln, so zog er dessen Haß und Wut auf sich, daß sie ihn zum Tod verdammten, durch Fürbitt aber dahin gemildert, daß er nur aus Rom verbannt wurde. Der ergrimmte Held ging gerade zum Feind, dem Volscier, über und machte mit ihrem Feldherr Aufidius gemeine Sache, wider die Römer zu fechten, und siegten auch eins ums ander bis sie nahe bei Rom waren. Die Römer wollten zur Buße kriechen, schickten eine Gesandtschaft nach der andern in der Volscier Lager, aber Koriolanus war in seinem racheübenden Heldensinn felsenfest, bis ihn seine Mutter Volumnia durch eine herzbrechende Rede überwand, daß er zurückzog. In Aufidius Brust war schon Eifersucht aufgestiegen, und dieser Rückzug machte dem Helden wieder Feinde, daß sie ihn in einem Tumolt ermordeten. Kürzer hätt ich den Hauptinhalt nicht fassen können.

Wie dies Spiel eingericht, die Art und Weis, die mannigfaltigen Abwechslungen der Szenen, o, da wäre ich nicht im Stand, es zu schreiben. Die Geschichte gefällt mir nicht, diese mörderischen Auftritte sind freilich traurig genug, und doch sind unter den historischen Schauspielen mir viele trauriger vorgekommen. In diesem kriegerischen Rom, meinte ich, waren dergleichen Sachen, Sachen die gewohnt so kommen mußten. Aber die Sprache der Personen, die aufgeführt werden, die tut mir in der Seele wohl. Großer Dichter, herrlicher Mann, göttlicher William, hier scheint mir dein Genie ausgeruht, ganz in einer neuen Schönheit, in vollem Mittagglanz; hier bist du gar nicht Brite, ganz ein Römer, ein Held damaliger Zeiten. Ich glaubte, wann du da in Rom oder unter den Volsciern gelebt hättest, du hättest jene Sprache nicht besser geredt, jene kriegerischen Charakter nicht besser getroffen. Welch einen Heldenstolz, mit Menschheit vermengt, hatte dein Koriolanus und dein Aufidius, der ihm fast gleich kommt, schon du jenen ein bißchen besser machtest. Und welch ein lauiger Charakter des Menenius; meiner Treu, dieser ist mir der liebste unter allen. Wenns je in einem Weltalter solche Köpfe gegeben, so warens dort, und ich wünschte, wir hätten hützutag die halbe Welt voll solcher Köpfe. O hättest du doch diese flüssige Zunge in der Folge nicht so vertrocknen lassen, hättest du Brutus und Sicinius mehr das Maul halten lassen. Diese Hundskerl – doch nein, du hast recht, es hat von jewelther solche neidische Hunde unter den Menschen gehabt, und diese wollen freilich ihr Maul nienen halten, in allen Gesellschaften, in allen Winkeln, überall beißen und bellen sie; diese müssen ihre reizbarsten Nerven in der Leber haben wie der Verbuhlte in den Hosen – ja ich kann nicht helfen, helf der Doktor, oder jene müssen an dem Gallenfieber sterben und diese an der Polleng, wie der Held in der Schlacht und der Schiffer im Wasser. Nein, William, wenn du noch lebtest, dein Menenius müßte mir noch zehn Akte durchraisonieren; aber du verstundest es besser als ich, dann würden einige davon laufen und das ewige Einerlei im Stich lassen. Nein, ich höre alle gern sprechen, selbst die neidischen Hunde haben schönes Gebell. Und da bringst du so ein paar Römerinnen aufs Tabet, Volumnia und Virgilia, Koriolans Mutter und Frau, ein paar liebenswürdige Dinger, die Mutter schwatzt da so stolz in einer Heldensprache daher, stolz, daß sie einen Helden gesäuget, einen vaterländischen Krieger erzogen. Hützutage gehts anderst – die Weiber sind stolz darauf, wenn sie ein galantes Muttersöhnchen abgesäugt, oder einen gelehrten, schwatzhaften Witznarren, einen verschmitzten Kaufherrn oder so was. Doch ich denke, es sei alles eitel, so ein Held ist auch ein rauhes Ding. In jener Welt gilt nach meinen Ideen weder Held noch Gelehrt, weder Kaufmann noch Galant; wann einer nur mit einem guten Herzen in seinem Fach ein bischen nützt, das Weilchen, solang er da ist, muß einer eben kein Menschenschlächter, kein Allwisser, kein Schätzmacher, kein Engelchen sein.

Julius Cäsar

Unter den Trauerspielen das liebste ohne zwei, aber es soll nicht Julius Cäsar, sondern Brutus, Brutus – Markus Brutus heißen. Cäsar kommt ja nur ein paarmal zum Vorschein, hingegen Brutus ist das ganze Stück aus und aus die Hauptperson, die unsere ganze Aufmerksamkeit auf sich zieht. Ich glaube nicht den Inhalt dieses Stücks herzusetzen, ich weiß es auswendig wie das Vaterunser – aber etwas von Empfindungen, von Gedanken, deren ich oft voll war. Oft dacht ich, warum müssen wir doch hier die Mörder lieben und den Ermordeten nicht halb so viel bedauern als einen andren Unglücklichen. Nein, ich bedaure dich, edler Cäsar, und denke, jene patriotischen Geschichtsschreiber haben dich vernachlässiget, ihr Patriotismus seie mit des Brutus seinem in genauem Verhältnis gestanden. O, Brutus, wann du so ein seltener Mann warst, wie du hier auftrittst, wie konnten die Götter zugeben, daß du in blindem Eifer in solche gefährliche Klippen verstiegest. Konnte dein edler, weitsichtiger Geist kein ander Mittel finden, Rom ohne König zu erhalten, als Cäsars Blut und Leben – wars denn im Rat der Wächter beschlossen? Brutus, der edle Brutus, stolz auf seine gute Sache, auf seine redlichen Gesinnungen, stolz, daß er ein Mann war, der sich nichts vorzuwerfen hatte, diesen Brutus soll seine eigne Gerechtigkeit fällen, auf die er trotzet. O Brutus, wärst du mehr Zweifler gewesen, mehr argwöhnisch gegen deine Biedermannsbrust, hättest tief in den Rat der Götter eingeschaut, aber nun wars vor deinen Augen verborgen. Es muß wahr bleiben, der Mann, der sich auf sein eigen Herz verlaßt, der ist ein Narr. Die Klugheit der Welt muß zur Narrheit werden; du mußtest selber wie ein blinder Pfaffe Märtyrer machen und zuletzt selbst einer werden. Hätte doch dein edler Geist die Pflanzungen genossen, die unsere junge, gelehrte Welt genießt. Doch was halfs einen Werther, daß der Gelehrteste unserer Zeiten sein Vater war? Wer kann in die Labyrinthe des menschlichen Herzens, noch weniger in die Geheimnisse des Himmels einschauen? Ich will nicht grübeln. Vielleicht hat Cain auch gedacht, es sei nicht gut, daß Abel die unbewohnte Erde mit seinen frohen Gesichtern bevölkere und Caiphas mag auch patriotische Gesinnungen gehabt haben, als er seinen Juden sagte, es wäre gut, daß ein Mensch für das Volk stürbe. Ja, meinetwegen, mein Teil sei nicht mit diesen Blutschuldnern. Nein, Brutus, so wie du gezeichnet bist, warst du nicht neidisch, nicht blutdürstig, und doch ist der Mensch von Natur ein fleischfressendes Tier. Aber du warst edel gesinnt. Eine Seele in die Hölle schicken für tausend Seelen zeitliche Freiheit dünkt dir ein Geringes. Du hattest nur Augen, wies patriotische Helden haben, meinst, wer hier ein redlicher Mann sei, dem könns nicht fehlen – aber holla, die Vaterlandsliebe heischt nicht Bürgerblut. Getrost, ihr Toggenburger, wenn

Brutus, der edle Brutus durfte den besten größten Römer des allgemeinen Wohls wegen morden, so durften ihr Väter auch Rüdlinger und Keller als Verräter todschlagen, wann ihr gewiß wußtest, daß sie solche waren; und ich glaube, eure Gewißheit sei so stark gewesen, als des Brutus seine, daß Cäsar sie zu Sklaven machen werde. Aber ihr habt es, als aufgewiegelte Rebellen, in dummer rachsüchtiger Wut getan, hingegen Brutus konnte lieben und morden zugleich, ohne den geringsten Neid, morden, den morden, den er liebte, der sein Freund war. O, das glaub ich in Ewigkeit nicht, daß man seinen Freund morden könne, ohne andere Absichten, als weil man von ihm böse Folgen förchtet für das gemeine Wesen. Gewiß, Brutus, du hattest Absichten, und sollten sie von jenes Mordbrenners Art gewesen sein, der den Tempel zu Ephesus in Brand steckte. Ich liebe dich, Brutus, aber gewiß, du hattest noch andere Absichten, deine Maler mögen dich auch zeichnen, wie sie wollen und sich noch so viel Mühe geben, die geheimsten Falten deiner Brust zu verstecken. Um Gottes Willen, wie konntest du deinen Freund, der dich zärtlich liebte, auf so eine verräterische Art auf die Schlachtbank liefern und selbst einen Dolch in die Brust stoßen, du, der du deiner Portia so zärtlich begegnet, der du kaum so hartherzig sein konntest, deine Bedienten vom Schlaf aufzuwecken, – du konntest so unfreundlich auf die Brust deines Freundes zufahren, daß er nicht einst über dich herrsche? Nein, dieser Brutus hätte dies nicht können übers Herz bringen, er hätte gesagt: Nein, lieber Cassius, nein, wir wollen warten, bis wir dringende Ursachen dazu haben – es ist noch immer früh genug, sobald Cäsar nicht mehr der edle Cäsar ist; und dann werden die Götter vielleicht andere Mittel finden, daß wir unsere Hände nicht mit unsers besten Bürgers Blut beflecken. Aber du hasts getan, Brutus, darum warst du nicht dieser Brutus, nicht der, der sich nicht vorstellen konnte, warum ein Mann einen Eid schwören und wie er sein gegebenes Ehrenwort nicht halten sollte. Aber Cassius hat dich verführt, und doch dünkt er mich fast so gut als du; freilich hat er ein Funken von seinem Neid in den Zunder deiner Brust gelegt, aber dieser Zunder ist ohne Namen.

O, William, hier führst du lauter seltene Menschen auf, lauter verschiedene Charakter, von denen man keinen sonderlich hassen, vielmehr noch lieben muß. Was ist ein Casca, ein Trebonius, selbst Lucilius, Dardanius! Brutus' Bediente sind liebenswürdig; und welche zärtliche Gattinnen sind Kalpurnia und Portia! Und Antonius ist man so gut wie seinem Bruder, wenn man nicht einen verdächtigen Blick in seinen Busen tut. Welch eine zierliche politische Rede hielt dieser Antonius auf seinem Rednerstuhl bei Cäsars Leiche. Aber Brutus, der seltene Brutus, laßt ihm kaum Zeit, einen andern zu bemerken. O, Brutus, wie konntest du doch so mißtrauisch und argwöhnisch gegen Cäsar sein und von diesem gefährlichen Antonio so leichtgläubig und gutdenkend. – Du bist der wunderbarste Mensch von der Welt, der zärtlichste Gatte, der beste Herr, der herzlichste Freund, der redlichste Bürger und doch ein verräterischer Meuchelmörder. Höre, William, dies Stück hat mir mehr Denkens gemacht, als ich sagen könnte, oft hats mich, vielleicht ohne deinen Willen, tief ins Heiligtum Gottes hineingeführt. Mit Herzenslust hab ichs gelesen und wieder gelesen. Soll mir einer kommen, der so einen Cäsar, Brutus, Cassius und einen Antonius mache. Aber meine Anmerkung soll nichts gelten, sie ist bei übler Laune geschrieben.

Zehnter Band

DREI TRAUERSPIELE

1. Antonius und Kleopatra. 2. Timon von Athen. 3. Titus Andronicus.

Antonius und Kleopatra

Hier kommst du mir wieder wacker in den Wurf, armer Antonius. Man hat mir schon im vorigen Stück einen Wink von deiner Gemütsart gegeben, aber hier erscheinst du mir ganz zergliedert mit allen deinen guten und bösen Teilen. Ich habe Mitleiden mit dir, armer Glücksball; dich haben deine Leidenschaften umhergewirbelt wie eine Windsbraut die Wellen des Meers. Du warst ein trefflicher Held, aber Helden sollten sich nicht in den Armen der Wollust einwiegen lassen. Simson war auch ein Held, aber hättest du gewußt, wie seine Delila mit ihm gehauset, du wärest weit von deiner Kleopatra weggeblieben. – Nein, das warst du nicht, diese Reize sind zu stark für Leute, die so gesinnt sind wie du, und wenn sie Zwanzigen sähen die Augen ausstechen und böte sich eine Kleopatra oder eine Delila an, oder sähe man eine nackete Bethsabe, sie sprängen zu, wie der Stier unter seine Schlächter. Doch deine Kleopatra war keine verräterische Delila, sondern eine getreue allerliebste Buhlerin. Hier zu siegen brauchts andere Helden, Josephs, nicht Antonius. O, in deinen nüchtern Stunden warst du klug genug, das all zu übersehen und verlangtest von einem Boten zu hören, was das Gerücht von dir sage. O, sagtest du weislich, wir bringen lauter Unkraut hervor, wenn uns keine Winde des Tadels durchwehen; uns unser Böses sagen, ist eben so gut als uns umpflügen. Und weiter, welche Wahrheiten, was er sagte, als ihm der Bote sagte, seine Fulvia sei tod. In ihr verließ eine große Seele die Welt. Das hab ich gewollt – was wir mit Verachtung von uns stoßen, das wünschen wir oft wieder in unsern Besitz zurück. Das gegenwärtige Vergnügen wird durch beständige Wiederkehr das Gegenteil von sich selbst. Nun ist sie gut, nun sie dahin ist, eben die Hand, die sie fortstieß, möchte sie izt wieder zurückziehen. Gewiß, ein nettes Meisterstück hast du hier gemacht, großer William; so unterhaltend, daß man nicht aufhören kann, bis Antonius in sein Schwert rennt und Kleopatra an dem Schlangenbiß einschlummert. Man muß dieses unglücklich verliebte Paar verfolgen, daß man nicht Zeit hat, auf die andern acht zu geben. Oktavius Cäsar, Lepidus, Sextus Pompejus sind schön gezeichnet, aber sie interessierten mich nicht sonderlich wie das schöne Paar, deren Schicksal mir sehr am Herzen lag. Sie hatten auch das Glück, lauter getreue Bediente um sich zu haben, Enobarbus, ein lustiger Vogel, Eros, ein redlicher Freund, Alexas ein Schöps, Charian und Iras bei Kleopatra, auch lustige und getreue Kreaturen, ohne einen Schatzmeister Seleucus, der zum Verräter wurde. Ein Weilchen erscheint Oktavia, Cäsars Schwester, in einer reizenden Gestalt. Aber sie ist nur ein Schatten gegen Kleopatra. O, die Meisterhand Williams hat hier ein Paar geformet, geschmückt und charakterisiert, daß man ihnen in jener Welt die

Fortsetzung ihres Glücks von Herzen wünscht. Keinen Brutus für einen Antonius, Brutus ist mir zu finster und steif; keine Königin für Kleopatra, sie ist die schönste unter allen salomonischen Frauen, die schönste, die je der kunstreiche Maler zeichnen kann.

Timon von Athen

Großes Genie, göttlicher Dichter, du übertriffst alle deinesgleichen; alle Dichter, alle Schriftsteller, Autoren und Menschenkenner; alle gelehrten Schwätzer müssen verstummen vor dir; die Physiognomiker erblinden mit ihren läppischen Schlüssen; kein Härchen entgeht deinem durchdringenden Blick; nie wird man müde, deine Gemälde zu beschauen und bei jedem sagt man, das ist das schönste. Unter Tausenden wollt ich deine Züge kennen, und, wann ich blind wäre, deine Geschöpfe unter Tausenden am Ton kennen. Tausend Menschenmacher machen solche, die unter der Sonne nirgends da sind: mißgeschaffene Kreaturen, die keine Originale haben, zerstümmlete, gebletzete Geschöpfe von zusammengerafften Stoffen. Du ahmst die Natur nach, und wer trifft sie wie du! Wo ist der Anatomist, der so zergliedert und weiß, in welchem Winkel die Krankheit steckt, und jedes Fieber am rechten Ort findt und ihm den rechten Namen gibt. Unsterblicher William, du hast mir mehr gesagt, als alle Bücher der Welt mir sagen konnten, du hast mich in Gesellschaft deiner Geschöpfe geführt, wo ich mehr hörte als in allen Gesellschaften der halben Welt. Deine Personen haben die zierlichste

Sprache, alle Ausdrücke von dir gelernt und doch reden sie der Natur gemäß und verfehlen ihres Stands und ihrer Lage nicht. Du hast mich böse, zornig, ergrimmt, oft fast rasend gemacht, du hast meine Brust aufgerissen, in Mitleid schmelzen gemacht, hast mich traurig, betrübt und melancholisch gemacht und alles wieder geheilt. Du hast mich ergötzt, lustig und fröhlich gemacht, daß mir tausend Stunden wie der angenehmste Traum verschwanden. Du bist mein Arzt. Wann Sorgen und Unmut meinen Geist umhüllten, traf ich in deiner Gesellschaft Leute an, die mir so treffend ans Herz redten und allen Gram wegpredigten, Leute, die den geheimsten Schmerz von der Brust wegscherzten und mich gesund und mutig machten. Hastig tat ich meine Arbeit, dann flog ich wie ein Pfeil auf die Bühne, um auf die ruhevolle Art die lehrreichsten Szenen zu sehen. Halbe Nächte verschwanden wie Minuten, und kein Schlaf kam in meine Augen. Jakobs Dienst um Rahel konnte nicht so geschwind und anmutiger vorbeifließen als mir die Zeit bei deinen Spielen, wenn auch deren noch Tausende wären. Andere Schwätzer, die neu und gelehrt sein wollen, schläferten mich ein; das hast du nie getan, du immer munterer Geist, du laßt immer erwarten und betrügst nie; nie wird man müde, dich reden zu hören.

Hier bringst du unter so viel Wundergeschöpfen die allerhervorragendsten aufs Theater. Man muß erstaunen, so einen Schwarm Schmeichler und Schmarotzfreunde beisammen zu finden, erstaunen ob einem Timon auf der höchsten Stufe der menschenfreundlichen

Wohltätigkeit, der sich als ein Gott mit lauter Geben beschäftigt. Dann muß man erstaunen, so natürlich ist es, wenn man diesen Gott fallen sieht, einen Gott, in einen Teufel verwandelt, hört die ganze Menschheit verfluchen. O Timon, du vergaßest, daß du ein Mensch warst, daß deine Schätze erschöpflich sind, du vergaßest, daß deine Vergötterer, deine Anbeter Menschen sind von einem trügerischen Geschlecht, die das Heucheln allzugut gelernt haben. Hättest du dich und deine Schätze und alle deine Nebengeschöpfe besser kennen gelernt, so wärst du nie zum Gott, aber auch in keinen Teufel verwandelt worden. Hättest du doch gewußt, daß diese niedrigen freß- und habsüchtigen Geschöpfe es dem lieben Gott nicht besser machen, daß sie ihn anbeten, ihm vorheucheln, solang er Korn, Most und Öl gibt, ihn aber verächtlich von sich weisen, sobald ein dürftiger Gesandter in seinem Namen nur ein Kleines begehrt. O Timon, das Lobgetön falscher Freunde hat dich bezaubert, dein Ohr und alle deine Sinne verruckt, du hast dir eine ganz andere Welt, viel bessere Menschen vorgestellt, du hast die höchste Stufe bestiegen in deiner guten Meinung von den Menschen. Was Wunders dann, wann du in dieser Meinung so tief herunterpurzelst. So gut man von einem Menschen denkt, so schlimm denkt man hernach, wenn man sich betrogen findet und des Gegenteils überzeugt wird. So schwer es hält, einen Freund bei uns in Mißkredit zu setzen, ists doch hernach ganz unmöglich, wieder gut von ihm zu denken, wenn man von seiner Falschheit überführt wird. O Timon, bedauernswerter Timon, kaum geht mir ein Schicksal so nahe wie deins und doch hattest gewiß Vorgänger genug und tausend Nachfolger, die lieber mit dir in deine Höhle gingen, als mit einem König, unter einem Schwarm Schmeichler, deren heuchlerisches Lobgetön alle Ohren verhexen, einen Thron bestiegen. O Timon, hättest du deinem rauhen Freund Apemanthus und deinen redlichen Hausmeister Flavius zum Vorbauungsmittel deine Ohren geliehen! Aber nun ist deine Krankheit unheilbar, deine Raserei ist aufs höchste gestiegen; alle Elemente mit allen ihren verderblichen Seuchen über die Menschen zusammenzufluchen, ist Linderung für den Brand in deiner Brust. Nun ist deine Ruhstätte nicht sicher vor den tobenden Wellen; wie wird dein rasender Geist in den ungestümen Fluten herumtoben und mit den Seeungeheuern fechten, daß die Elemente zittern und beben; dann wird dich ein Wetter mit Sturm, Donner und Blitzen durch die Luft führen, und Labung wirds für dich sein, wanns dir vergönnt wird, Menschen zu zerschmettern. Aber die wirbelnden Stürme führen dich in die Flut zurück. Die Götter verziehen dir, edler Timon, du hast nicht ohne Ursach geflucht, die ganze Schöpfung hat kein falschers, tyrannischers Untier als den Menschen. Alle Elemente sind zwar bereit, mit tödlichen Waffen parat, die Menschen umzubringen, wilde Bestien, fleischfressende, reißende Tiere zerreißen die Menschen in Stücke, aber sie töten auf eine wohltätige Art; nur die Menschen martern nach Art der Teufel langsam zu Tode, ihr verfluchtes Genie erfindet unerhörte Marter, peinliche Instrumente, daß alle Elemente zu arm sind,

Materie herzugeben, um nach ihren erfinderischen Köpfen greulich zu töten. Wenig Bestien töten ihresgleichen und fressen ihr eigenes Fleisch, der Mensch, der Mensch allein, dies tyrannische Tier wütet gegen seinesgleichen. Gegen kein Tier, gegen keine ungeheure, wilde Bestie ist er so grausam als gegen sein Geschlecht. Dann sind sie noch so grausam und dichten dem Höchsten ihre eignen Grausamkeiten an, die sie von dem höllischen Bluthund, vom Vater der Teufel gelernt haben. Ah, dem Besten, dem Gütigsten, der diese wütenden Ungeheuer noch so lange unter seiner huldreichen Sonne duldet, dem liebreichsten Vater diese tyrannische Denkungsart beilegen, das sind Bruten von Teufel. O ihr Dichter, dichtet solche Stücke wie William, solche Stücke, von denen der Erdboden wimmlet, wos alle Tage nah und fern Stoff genug an die Hand gibt, diesem Geschlecht seine Schande vorzustellen. Dichtet euch nicht immer Menschen, die nirgend da sind, macht ihnen ihre verdienstliche Tyrannei recht schwarz, in ihrer natürlichsten Gestalt, wie sie ist. William, dir sei tausend Dank für dies treffende Stück.

Titus Andronikus

Ein schröckliches, ungeheures, grausames, teuflisches Stück. Wer die Menschen nicht kennt, die alten und neuen Geschichten nicht weiß, wird sagen: du lügst, du lügst, William. Ich sage das nicht, ich weiß, daß es von jeher Menschen gegeben hat, die dergleichen barbarische Taten zu verüben fähig waren. Aber das sag ich dir, großer Dichter: wann du das Ding für die Bühne selbst so gemacht hast, ohne eine solche wahre Geschichte zu wissen – schämtest du dich nicht in die Seele hinein, da du doch auch ein Mensch warst, schämtest du dich nicht, solche Ungeheur auf die Bühne zu bringen, welche die ganze Menschheit entehren? Dachtest du nicht daran, du möchtest einen guten Teil von deinem Kredit verlieren und dich verraten, als wenn du Lust hättest, solche Greuel zu schreiben, unmenschliche Handlungen auf die Bühne zu bringen? Ich wüßte nicht, was für eine Klaß Menschen dergleichen barbarische Spiele mit Vergnügen ansehen könnte. Dachtest du nicht, du möchtest die besten Zuschauer verjagen, wenn du da einen ganzen Tropp eingefleischte Teufel herbrächtest, die gleich anfangs die Bühne mit Blut bespritzten, gleich anfingen morden, und dann in einem fort morden, schänden und die abscheulichsten, teuflischen Taten verrichteten. Nein, William, du hast sonst nie solche Schandtaten so frei, ohne wehmütige Empfindungen geschrieben. Hier bringst du fast keine guten Menschen aufs Theater, und wenn du sie noch so gut reden lassest, handeln sie doch konträr. Ja, das ist der Welt Humor, freilich. Aber du hast doch sonst die Leute ihren Reden gemäßer handeln lassen. Ich weiß nicht – deine Personen in diesem Stück haben nichts von mir erhalten, als daß ich auf die meisten von Herzen böse bin, daß ich sie als Teufel in den Abgrund verwünschte und rasend der Mutter Erde sagte, daß sie nie mehr solche Ungeheur hervorbringe zu ihrer Schande. Bassianus, des Kaisers Saturninus Bruder, und Lavinia, Andronikus Tochter, sind die einzigen, deren Schicksal mir zu Herzen ging. Andronikus schien mir aus seinen Reden ein ehrlicher, menschlicher Kriegsheld zu sein, aber seine blutdürstigen, unnatürlichen Handlungen machten ihn mir nicht liebenswert. Und seine Söhne, dächt ich, wären vom gleichen, und sein Bruder Markus ist auch nur so ein geschnitzelter Großsprecher. Saturninus, der Kaiser, ist ein wollüstiger Bösewicht, sein Weib Tamora ist ein Ungeheur oder gar des Teufels Großmutter. Ihre Söhne Chiron und Demetrius, welche den Bassianus mordeten und Lavinia entführten, schändeten und jämmerlich verstümmelten, sind junge Teufel, ihrer Mutter ähnlich. Aron aber, ein Mohr, der Tamora Sklave oder Bedienter, Buhler – dieser übertrifft alle, in der Tat, der ist ein gräßliches Meisterstück. Ich dachte, wer den Teufel selbst von Person kannte, konnte ihn nicht anderst zeichnen. Die meisten Mord- und Schandtaten waren Erfindungen seines teuflischen Kopfs. Erst schlachten die Söhne Andronikus einen Gefangenen, Tamora Sohn, dann ersticht Andronikus sein eigner Sohn, hernach wird Bassiano ermordet, Lavinia mehr als gemordet, Markus und Quintus unschuldig geschlachtet und Andronikus um seine Hand betrogen. Aron ersticht die Wärterin und Hebamme, als sie ihm einen Mohr von der Kaiserin bringen, hernach schlachtet Andronikus der Kaiserin Söhne, ersticht sie und seine Tochter und der Kaiser ihn, der Lucius den Kaiser. Pfui, pfui, fort mit den schröcklichen Mördereien.

Elfter Band

DREI TRAUERSPIELE

1. Troilus und Kressida. 2. Cymbeline.
3. König Lear.

Troilus und Kressida

Nicht so gar traurig, nienen so traurig wie das vorige. Es fehlt ihm zwar nicht an Schönheit, überall sieht man des Dichters großen Geist, und doch ist es für unsereinen ein bißchen langweilig. Jedoch wollts ich lieber lesen als auf der Bühne sehen. Das griechische Lager vor Troja voll griechischer Helden mit ihrer über- und unterirdischen Weisheit, so in einem Götterton, wäre nicht nach meinem Humor. Ich hörte sie viel plaudern, aber wenig handeln säh ichs. Erst kommt Troilus, Kressida und ihr Vetter Pandarus auf die Bühne, hernach kommen einen ganzen Haufen schwätzhafte, prahlerische Griechen, die so hoch dahermoralisieren, philosophieren und einandern kritisieren, einen Agamemnon, Ulysses, Achill, Nestor, Ajax, Menelaus, Diomedes, Patroklus, Kalchas, Thersites. Dieser ist der lustigste, schon er ein boshafter, schmähsüchtiger Pflegel ist; ohne ihn und Pandarus wäre die Bühne gewiß trocken genug für die, welche dem Lustigen wegen dahin kommen. Pandarus ist ein ehrlicher Allerweltsplauderer, der Kuppeler zwischen Troilus und Kressida. Kressida scheint ein gutes liechtes Mädchen, das witzig genug ist, spröde zu tun, aber auch leicht genug, sich bald zu ergeben. Troilus ein feuriger Prinz, zur Eifersucht geneigt, Trojaner sind sonst ein Priamus, Hektor, Paris, Deiphobus, Helenus, Äneas, Antenor, denen bin ich allen günstiger als den Griechen, weiß nicht warum, mich dünkt, sie reden so allgemeiner, nicht so schwülstig wie die Griechen.

Die Hauptgeschichte soll eine Belagerung von Troja wegen einer geraubten Helena sein. Troilus und Kressida liebten einander im Geheim, Pandarus bringt sie zu sammen und knüpft ein Ehband. In der Brautnacht kommt ihnen Bericht, daß Kressida den Griechen gegen einen Antenor soll ausgewechselt werden – ha, das ward ein herzbrechendes Scheiden. Kressida wurde einem Griechen Diomedes zur Verwahrung übergeben, der ward bald in sie verliebt, mag sie nachher auch ziemlich besiegt haben. Troilus konnte ins griechische Lager kommen und heimlich durch einen andern in Diomeds Zelt, wo er horchen konnte, wie vertraut Diomed und seine Kressida taten, das war freilich ein harter Kampf für Troilus. Er sahe, wie sie dem Diomed seine Halskrause, das Ehpfand gab, das schwur er morgen an seinem Helm zu tragen, damit es ihr voriger Liebhaber kennen würde, das war Pulver in Troilus Busen. Morgens gings ins Feld. Einen Hektor fordert ein Grieche zum Zweikampf auf; seine Andromache und seine Schwester Kassandra wollen ihn absolut nicht gehen lassen, aber sein Heldenmut will nicht eher als mit seinem Tode befriedigt sein–. Ein Achill erlegte ihn. Troilus verlier ich gar im Schlachtfeld, daß ich nicht weiß, wo er hingekommen, und von Kressida wird sich nur nicht mehr gedacht. Wenn man mir vollends ihr Schicksal gesagt hätte, so hätte ich Mitleid mit ihnen gehabt, aber so frag ich nicht viel nach Troilus und Kressida. Sie hatte einen lustigen Bedienten, Alexander. Sonst blähete sich dein Geist in diesem Stück, lieber Sir William.

Cymbeline

Ich kann nicht glauben, daß du deine Werke, großer William, so wie sie sind, alle einandernach gemacht; nein, dein Gemüt, dein Geist sagt mirs, daß du bisweilen dies, bisweilen jenes gemacht hast. Deine Personen sagen mirs, daß du bisweilen dein Pferd Genie auch gespornt, bisweilen gings von selbst einen guten Trab, bisweilen galloppiert es daher so hitzig und feurig, daß man lieber hätte, es ginge sanfter, da man Zeit hätte, seine Form und seinen Gang zu beobachten. Hier hast du wieder ein Stück für mich, mir an die Seele gemacht, hier floß dein Geist wie eine sanfte Quelle, er fühlte all das Schöne, das Menschliche in der mittlern Sphäre. So schön, voll inniger Anmut, so beweglich, so rührend ist Cymbeline. Die herrlichsten Szenen – sei es Geschichte oder Roman oder was es will, genug, ich les es mit Vergnügen, kanns in die Seel hinein trinken, wie ein labender Trank. Troilus und Kressidas Liebe hab ich nur von weitem gesehen, aber Posthumus und Imogens ihre, o, die geht mir innig nah; jene schien mir nur geschnitzelt, aber diese so, o so lebhaft, so natürlich, so ehrlich fromm, daß ich schwören würde, ich hätte solche gefühlt und gesehen, schon du sie, o Dichter, an einen Hof verlegt hast. Dann der gute, gute, ehrliche Pisanio, so redlich und fromm – o, William, man merkt dir es an, daß du auch gar zu sehr in so eine redliche Seele verliebt warst, daß du, wie von einem Strom hingerissen, zuletzt gar einen Romanhelden aus ihm machest. Bei Cymbeline bist du schonend, dünkts mich, aber doch sieht man den Weibernarren deutlich genug vor sich. Dann seine Königin, o, die hast du wacker gebrandmarkt. Nett ist die verschmitzte Hexe gezeichnet. Was brauchte es mehr, einen auf so eine falsche Kanaille recht böse zu machen, daß man sie mit einer Peitsche wacker abhabern möchte, was brauchte es mehr, als deine Charakterzüge; und da hast du gar nichts Übertriebens – gewiß es gibt noch tausend solcher Weiber, die, wann sie ihre Macht hätten, es gewiß nicht besser machten.

Da ließest du einen guten, verbannten Posthumus in Rom so in eine Gesellschaft kommen, wie die Gesellschaften überall sind, von guten und bösen Menschen. Das ist ein redlicher Philario, danebend aber ein Spitzbub Jachimo. Ha, diesen Jachimo muß man überall verfolgen, man kann kaum erwarten, bis die Rache kommt. Welch ein boshafter Bube war dieser Jachimo, welch teuflische Schwänke bot ihm sein Spitzbubengenie dar. Als er in ihrem Zimmer die unüberwindliche Imogen vor sich hatte, hätte er ihr nur einen Schlaftrunk beibringen können, so wäre das Kleinod vom Arm nehmen und das Mal unter ihrer Brust begucken ein bißchen natürlicher herauskommen. Welch rührende Szenen, wo dieser Kerl Posthumus von seiner Imogen Untreu überzeugt – wie er da in einer Wut über das schöne Geschlecht herfährt und auch seine Mutter verdächtig macht – das war so natürlich – das schien ihm so, wann er an seinen Umgang mit Imogen dachte, wie fromm sie gegen ihn tat, ihn zur Enthaltsamkeit hielte – und dieser verruchte gelbe Kerl, o konnte er anderst denken. Aber noch rührender, wie Pisanio den Befehl zur Ermordung bekam, und Imogens Verhalten, als sie die Briefe las. Da möchte man den Engel ins Paradies führen und ihr einen zehnmal edlern Posthumus geben. Aber die Einsiedelei, wo Belarius, ein von zwanzig Jahren her verbannter Lord, mit seinen zwei gestohlnen Königssöhnen Guiderius und Arviragus sich aufhielt, das ist reizend schön, – aber verziehe, William, hier bist du aber ein Fürstenschmeichler. Ei, daß doch Fürsten extra Blut haben sollten, das sich hier in dieser kalten Wüste nicht verändert hätte. Cymbeline war mir auch der rechte, du hättest ihm eine ander Kappe aufsetzen müssen wie Heinrich dem Fünften. Warum sollte Kloten – doch nein, diesen hast du meisterhaft gezeichnet – solch einer Königin Söhnchen – ein so vornehmer, ochsenmäßiger Flegel hättst du nicht schöner malen können.

Aber soll das ein Trauerspiel heißen? Nein, lieber William, es ist kein sonderlich Trauerspiel, es hat mehr Freudiges als Trauriges; der Streich, den Jachimo zwischend Posthumus und Imogens Liebe spielt, ist freilich traurig, aber er endet ja desto freudiger – oder soll das klägliche Ende der Königin – freilich, daß sie eine Bösewichtin war, daß die Menschen so böse sind, das ist traurig – aber es ist ja befriedigend zu sehn, daß Bösewichter gestraft und der Gute nach den Leiden belohnt wird. Solls so traurig sein, daß Guiderius Kloten den Kopf abhackt und ihn per Spaß die Themse herunter schickt, der Königin zu sagen, wie er gefochten habe – nicht gar so traurig; solche Köpfe nützen nicht viel auf ihren Rümpfen, wann sie hundert Jahr darauf stehen – nein, das war lustig. Oder soll die Schlacht so traurig sein – nein, dergleichen Schlachten sind recht possierlich; die diente zum Glück Posthumus, Imogens, Belarius und seinen königlichen Helden, sie befreiten ja das Extrablut Cymbelines. Was wird das für entzückte Freude sein, zwanzig Jahr verlorne Söhne zu finden, todgeglaubte Imogen zu sehen und diese einen wiedergebornen Posthumus zu herzen, ein verräterisches Weib begraben und einen reuenden Bösewicht Jachimo in den Händen haben und Gnade erteilen. Gewiß ein charmantes Lustspiel, du hast es zierlich gedrechselt, William, habe Dank dafür.

König Lear

König Lear soll vor uralten Zeiten, schon zu Zeiten Joas, König von England gewesen sein. Der Hauptinhalt dieses vortrefflichen Spiels ist kurz dieser: Lear hatte drei Töchtern: Gonerill, Regan und Kordelia. Gonerills und Regans Männer waren Herzog von Kornwall und Herzog von Albanien. Lear, vom Alter gedrückt, wollte seine Tage ruhig zubringen und sein Königreich seinen Töchtern verteilen. Er befragte sie um ihre Liebe gegen ihn. Die zwei ältesten logen ihm viel süße Schmeichelworte von ihrer Liebe und Hochachtung vor. Kordelia, die jüngste, aber sagte aufricht und ehrlich heraus, sie liebe ihn, so viel die Pflicht von ihr fordere. Dies zog ihr den Haß ihres Vaters zu, daß er sie enterbte. Aber Frankreich heiratete sie ihrer Tugend wegen. Die zwei Ältesten bekamen das Königreich und sollten wechselsweis jede einen Monat ihren Vater erhalten mit einem angedungenen Hofstaat. Sie vergaßen aber ihre Kindespflicht und begegneten ihrem Vater grausam, daß er zuletzt wahnwitzig im armen Leben herumlief wie ein Bettler. Ein Graf von Kent hatte sich der Kordelia angenommen; wurde aber deswegen verbannt, und gleichwohl nahm er sich des unglücklichen Königs an und berichtete seine getreue Kordelia von seinem Elend. Zletzt wurde ein Krieg draus, und alle, auch Kordelia, nahmen ein trauriges Ende, ussert dem Herzog von Albanien, der nicht so viel Anteil an diesen Bosheiten hatte. Auch hat der Dichter eine grausame Geschichte von einem Graf Gloster und seinen Söhnen Edgar und Edmund hineingeflochten. Der Bösewicht Edmund, ein Bastard, ward zum Verräter an seinem Bruder, seinem Vater und an allem Unheil schuld.

Dies ist mir eins von den allerschönsten Stücken – es setzt alle Lebensgeister in Bewegung – ich las und konnte nicht aufhören, ich war ganz Leidenschaft, bald in Zorn entbrannt, bald so voll Mitleid, daß ich weinen konnte, bald voll Hoffnung, bald unwillig und aufrührisch in meinem Busen – und wann ich wüßte, daß es eine Fabel wäre, könnt ich mich nicht erwehren, an jeder Szene Anteil zu nehmen. Ich war ganz in jenen Zeiten, in allen Gegenden, ich verfolgte die heuchlerischen Hexen Gonerill und Regan und zupfte den eigenliebigen, liechtgläubigen Lear aus allen Kräften gleich anfangs beim Ermel. Ich begleitete mit tausend Segenswünschen die gute Kordelia und den ehrlichen Kent. Ich folgte dem Teufel Edmund mit Flüchen auf dem Fuße nach und mochte seinem redlichen Vater und Bruder seinen Busen entdecken, über Berge und Hügel laut ihn als einen teuflischen Verräter ausrufen. Ich irrte mit dem edlen Edgar in der Irre umher und verlor ihn im Gebüsch. Ich fand den armseligen Lear und seinen Narren im Sturm und Wetter, und der gute Kent stieß zu uns – wir fanden dich, armer Edgar, in einem elenden Schopf – der arme Thoms friert. Wer konnte mich in der Stube so in gräßliches Sturm- und Donnerwetter verwickeln, wer kann so die Sprache eines Ungeheurs, eines Koboldén reden als du, großer William. O, ihr aufgeklärten Zeiten, wo ihr die Sprache verfeinert, alle Künste aufs höchste gebracht und so viel hochfliegende Geister zeugt, warum zeugt ihr keine Williams mehr, warum – warum nur so langweilige Schwätzer, die halbe Tage von einem gelben oder braunen Haar, von einer bogichten Nase schwätzen; die ganze Bogen füllen von dem Hauch eines Fürsten und in ganzen Bändern die Meinung eines andern von einem Holzapfel zergliedern. Schreibt lieber, wie man Flöh und Wanzen vertilge und den Schneevogel stumm mache.

Gloster, edler Gloster, dein Schicksal geht mir am nächsten unter allen; konntest du nicht wie Arthur um deine Augen wimmern? – O, dieser Kornwall ist ein Ungeheur, er ließ sich nicht wie Hubert erweichen –. Aber ich habe des redlichen Bedienten Hieb einen wackern Nachdruck gegeben, daß er sich verbluten mußte. Armer, guter Gloster, du hasts erfahren, was es ist, ein paar holde Augen zu verlieren, sich einen boshaften Teufel aufs Gesicht stampfen lassen, den man noch so gut bewirten wollte. Wie liebenswürdig bis du noch, blinder Mann. Erst da du dein Gesicht verloren hattest, siehst du, siehst, daß du betrogen wurdest, daß dein Sohn Edgar edel und dein Edmund ein unnatürlicher Böswicht ist. Doch noch ein Glück für dich, daß du wieder deinem Edgar in die Hände fielst. Welch eine Szene, wo er dich auf eine Höhe führt und da die schauderhaften Abgründe, eine förchterliche Tiefe beschreibt, wo du so gerne hinabspringen möchtest. Armer, elender Mann; kein Wunder – bemeistert sich ja unser die Ungeduld, wenn wir nur Zahnweh haben. Aber auf diese Art in der Welt zu leben – dem denkt man nicht nach – eines Paar Augens auf diese Art beraubt sein, wo die Löcher noch schmerzen – so stockfinster in der Welt herum irren, welche mit solchen Tyrannen angefüllt, die eim stündlich was Ärgers drohn – dem mußt wohl eine solch gräßliche Tiefe ein sanftes Bette dünken. Wie wohl tuts eim zuletzt, den gottlosen Buben Edmund, die ungeheuern Lears-Töchtern gerächt sehen. Aber was hat nun Gloster davon? Edgar, Kent und Albanien allein haben dies Vergnügen, es zu sehen. Warum mußte doch Lear und seine schöne Kordelia ein Opfer des Todes werden? O Kordelia, ich könnte deinen Mörder zwanzigmal erdrosseln, ohne eine mitleidige Miene zu machen – aber Lear hätte doch noch ein Weilchen leben können.

Zwölfter Band

DREI TRAUERSPIELE

1. Romeo und Julie. 2. Hamlet. 3. Othello.

Romeo und Julie

Das ist vortrefflich, daß man drei, die allerschönsten, Stück auf die Letzt behalten, wiewohl ich Lear in diesen und Romeo und Julie in jenen Band verlegte. Romeo soll eine wahrhafte Geschichte sein, oder die Geschichte dieser zwei unglücklich Liebenden, will ich sagen, soll eine wahre Begebenheit sein, die sich zu Verona, zu Anfang des 14. Jahrhunderts soll zugetragen haben. Es ist freilich ein artiger Stoff zu einem Spiel, und durchaus scheints auch nur ein Spiel. Das Unglück der Liebenden dünkt ein doch romanhaft, seis wahr oder nicht. Montague und Kapulet, zwei angesehene Geschlechter in Verona, die von langen Zeiten her in Haß und Feindschaft lebten, zwei Häupter dieser Geschlechter gleichen Namens, hatten Kinder,die sich heftig ineinander verliebten. Romeo, Montagues Sohn, und Julie, Kapulets Tochter – diesen war es unmöglich einandern öffentlich zu heiraten, wegen der Feindschaft ihrer Eltern. Ein Pater Lorenzo kopulierte sie im Geheim – hernach sollte Julie einen Paris heiraten – dieser Pater erfand aber eine List, daß sie durch einen Trank am Hochzeitstag eine Leiche war, schickte einen Boten an Romeo, daß er seine Julie um bestimmte Zeit aus ihrer Gruft erwachend abholen und entführen sollte.

Dieser Bote verfehlte Romeo. Weil er schon von ihrem Tode gehört und von der List nichts wußte, eilte er nach ihrem Grabe, findt sie, meint sie sei tod, wo die Stunde ihres Erwachens beinahe da war. Er duelliert noch mit Paris, der eben auch ihr Grab besuchte, trank Gift und sank tod in ihr Grab hin. Indeß erwachte Julie und sieht all dies erbärmliche Spektakel, findet einen Dolch und ersticht sich selbst. Pater Lorenzo, voll Bestürzung, entdeckte, was er von der Sach wußte. Indeß waren diese zwei Opfer Ursach zum Frieden dieser Häuser. Gewiß ist es ein vortreffliches Stück, ein charmantes Spiel, und doch dünkts mir nur ein Spiel. Die zwei Verliebten kommen mir so stettig vor und melancholisch, so finster und eigensinnig, daß mir ihr Schicksal nicht sonderlich nahe geht. Julie hat Romeo kaum gesehen, so sagt sie schon, das Grab sei ihr Brautbette, wann dieser Mensch ein Verheirateter sei – eh sie ihn noch kannte. Ei, das ist zu hastig. Und Romeo liebte vorher so sterblich und nun ist er in Julie den ersten Augenblick verliebt und den ersten Augenblick sterblich verliebt, rasend verliebt. Er schwärmt daher wie ein Wahnwitziger, so unbedacht hitzig – ich hätte bald gesagt, wie ein Narr. Aber just zwei solche Geschöpfe brauchts zum Selbstmorden. Die Personen sind sonst, wie mich dunkt, trefflich charakterisiert, und doch reden die meisten so schwül und feurig daher, so hoch und schwärmerisch, wenns gleich die kaltblütigsten Kerl sind. O Dichter, hier konntest du dein feuriges, ungestümes Genie gar nicht verleugnen, nur nicht ein Weilchen verbergen. Alle Personen treten daher und reden deinen Götterton. Nein, ich lüge, die Bedienten Kapulets, Gregorio und Sampson sind – was sind sie – wahrhaftig so feurig wie getreue Hund; und doch reden sie ihre ungekünstelte Sprache. Des Julchen Wärterin, die ist perfekt gezeichnet, mir ist, ich höre die Plaudertaschen all vor mir reden; wahrhaftig, ich war recht oft verliebt in solche Dudelsäcke, die so in einem Atem daherschwätzen, Kreuz- und Quersprünge machen und jede alte Narrheit zum Heiligtum machen. Merkutio gefällt mir am besten unter allen, das ist ein lustiges Gemüt, ein aufgeräumeter Humor – wahrhaftig, Romeo hätte nicht so ein schwarzer Träumer sein sollen, wenn niemand gewesen wäre als seine Freunde Merkutio und Benvolio. So ein Freund wie Merkutio müßt den allerschwermütigsten Stockfisch von seiner Sucht heilen. Schade, daß der feurige Tybalt, der kollerische Prahlhans, diesen kurzweiligen Mann für diese Welt so pfeffern mußte – aber er bekam sein Teil Pfeffer auch von Romeo. Pater Lorenzo ist ein guter, feiner Mann; ich höre ihn recht gern so daher moralisieren von Morgen und Abend und anderen natürlichen Sachen. Aber Romeo, der stürmische Junge, hat mich böse gemacht, er will den guten Pater nie zu Worten kommen lassen, schreit immer über Hals und Kopf von Tod und Hölle, will von Anfang her alleweil mit Gewalt sterben. Als ihm der Pater seine Verbannung kund tut, wo er den Tod erwartete, schmält und lärmt er wie ein vernunftloser Narr, schreit immer tod, tod, tod, und Julie redt die nämliche Sprache. Nein, ich bin diesem ungestümen, geduldlosen Paar gar nicht gut; für dergleichen Narren gehört ein solches Ende. Guter Pater, ich wär müde geworden, einen so starrköpfigen Heuler zurechtzuweisen – ha, und dann wär ich so ungeduldig als er. – Ich kann mir nicht helfen. – Ich liebe die Lerche oder die Nachtigall mehr als dies gramsüchtige Paar, über deren Gesang sie am Brautnachtmorgen einen Liebensstreit hatten. Kapulet, der seine Julie mit Gewalt an den Paris verheiraten will, hat mich auch böse gemacht: er war ein kollerischer Grobian. Daß doch die Ungeduld nie harren, nie warten kann! Drum heißt sie Ungeduld und eben drum ist dieser Ausgang ihr Los.

Hamlet

Hamlet, du König unter allen Spielen, du Kern aller Werke, das je ein Dichter von der Art machen konnte, du Edelstein in der Krone, die dem Künstler mehr Ehre macht als dem, der sie trägt, du Ausbund unter den schönen, Zierde aller Bühnen, Diamant aller Büchersäle, Herz in den Herzen – ich wüßte nicht Worte mich auszudrücken, wie sehr du mein Liebling bist; ich werde nicht ruhen, bis du nebst deinen Bedienten, oder wenigstens einzeln, mein armseliges Bücherschrank zierst. Du nützst mir mehr als tausend Habermann und zehntausend Wetterglocken – mehr als alle Schmolcken und Zollikofer – machst mich wirksamer, tätiger als alle Bogatzkischen Sporren. Hamlet, du bist mir, was ich will – durch dich seh ich deinem Meister ins Innerste. Komm, großer William, da, hier will ich mit dir ins Allerheiligste eindringen – stoße mich nicht zurück, – besorge nichts, ich will nichts ausschwatzen, nur wie dein Hündchen hintennachschleichen. Du hast noch nichts deutsch herausgesagt, aber ich errate dich doch, vielleicht konntest du dich nicht deutlicher erklären. Recht, ich auch nicht, – schweige nur, ich will auch schweigen – die Geheimnisse vom Innern des Tempels wollen wir bei uns behalten. Halt, du gehst zu weit, Fantasei – wann ich nur das Einlenken verstünde. Ha, ich wollte den Hauptinhalt dieses schönen Trauerspiels hersetzen, in kurzen Zügen zusammenfassen – aber es wäre mir unmöglich – o, es wär himmelschad, ich würde den ganzen Bau jämmerlich verhunzen. Nein, ich will lieber wie ein Hummel auf einer buntgeschmückten, blumenreichen Flur frei herumflattern, mich voll Entzücken auf jede Blume setzen und Labung saugen –. Vergönne mirs, großer Mann, keine Blume soll nicht das geringste von Farb und Geruch verlieren, ich will nur Düfte mitnehmen, deren jede genug hat, wenn auch gleich Millionen von Hummeln darauf sitzen und jede ihr Leibgeschmack heraussaugt. Da find ich all die herrlichste, innigste Anmut in diesem Leben – Leidenschaften – zärtliche, wehmütige Handlungen – überzückerte Sünden, alles durcheinander gewebt und so zierlich gebaut wie ein fürstliches Schloß, wos Gefängnisse, Roßställe und auch güldene Zimmer hat. – Der anmutigste Irrgarten, wos die herrlichsten Rosen, die schönsten Blumen, aber stolzne Stinkrosen, übergüldete Sodomsäpfel auch hat. Hier irrt man wie begeistert, voll inniger Wonne herum, hat die anmutigsten, die herzlichsten Träume. Bald schmelzt man in liebender Wehmut zu Boden – ein heiliger Feureifer sprengt uns wieder auf, dann kommt ein sanftes elisäisches Säuseln mit feuchtenden Dünsten und schmelzt alles zusammen in ein neu belebendes Element, daß man keinen Ausgang wünschet. Die Handlungen sind so mannigfaltig und so abwechselnd und der Stoff so ausgesucht und getroffen, daß tausend Romeo sich verbergen davor. Hier geht alles so sachte, so ordentlich seinen Gang wie die ganze Natur. Vorher kann mans nicht erraten, und nachher sagt man, das hab ich wohl gedacht – oder ich hätts doch erraten sollen. Da gibt es Brüder – o, so herzliche Brüder Soldaten auf ihren Posten –, die da in der einsamen Nacht so brüderlich Gedanken wechseln und gerade so denken, wie einer, der kann denken, bei Nacht denkt – in der mäusestillen Mitternacht, wo all des Himmels Herrlichkeiten so majestätisch und ruhig ob unsern Köpfen hinschweben. Die heilige Stille, ein sanftes Schwirren um uns her, das dumpfe Getöse fort –, immerfort rollender Bäche – und dann der schwarze Flor – das all die Geister so belebt machende Todesbild – sollte Francesko, sollte – o, wer sollte nicht denken und viel denken! Kein Wunder, wenn Geister sich in solche Nächte verlieben, kein Wunder, Hamlet, daß deines Vaters Geist diese holden Schatten ausliest, um dir aus jener Welt Bericht zu sagen. Doch ich will nichts von Geistern bis dies Gehäus zerfällt – dann, dann, o dann all ihr Scharen guter wohltätiger Geister, dann nehmt meinen nackten Geist in euere Gesellschaft auf. Hamlet, Hamlet – ha, dein Grillisieren, Fantasieren über Gegenwart und Zukunft, über Leben und Tod, Schlafen und Träumen und all der rätselhaften Dinge – ha das macht einen so voll Gedanken – nicht unruhig – nein sanft träumend, dir nachspürend in der anmutigsten Sphäre. – Und dein Wahnwitz, Hamlet – nein, man sollte glauben, die andern, nicht du, seien wahnwitzig – Polonius, Rosenkranz, Güldenstern, Osrik – o, die sind wahnwitzig. Dein Lesen da und deine Antwort – ha, der satirische Bube da schreibt, alte Männer haben graue Bärte – und dort wolltest du Güldenstern pfeifen lehren – ja du warst mir auch der rechte Pfeifer. Aber auf dir möcht ich nicht pfeifen, und doch bist du mir die liebenswürdigste Pfeife – sonderlich, wenn dein rauhstes Tonloch verstopft wäre. Nur etwas mehr Milde, göttliche Milde, dann wärst du ein Halbgott, die schönste Seele. Und dein Horatio, dein Freund, den du so reizend beschreibst, o, so ein Freund ist mehr wert als eine halbe Welt. O Welt, warum bis du so dünn besät mit solchen Freunden, solch redlichen Seelen, solch edlen Herzen. O ihr Himmelssöhne, wo ihr immer seid, wohl euch, ewig wohl; ihr tragt einen Himmel in euerem Busen, Ruhe und Segen wird eueren Seelen folgen, die Scharen Geister solcher Engelssöhne werden euere Überfahrt besorgen, euch mit Jauchzen in ihre frohen, seligen Gesellschaften aufnehmen. O, laßt immer die falschen Freunde am Weg stehn, lächeln und lächeln und süße Gesichtli machen, die bittern Zahner ihre Zähne blöcken – nur getrosten Muts, der Himmel spottet der List des Schlangengeschlechts, er hasset die falschen Herzen, Angst und Unruh folgt ihren Tritten – weint ihnen doch eine wehmütige Träne, ihr redlichen Seelen, dann sie sind arme, elende Geschöpfe. – Doch ich verliere mich, möchte um viel kein Prediger sein. Die Szenen von Ophelia sind rührende Auftritte – ihre wahnwitzigen Liederchen, so sanft eindringend, welche Mark und Bein mit einer Wehmut füllen. Wann die Königin Gertrude nichts Gutes getan, hat sie doch dies getan, daß sie ihre Todesart so herzdurchdringend beschrieben. Man muß dir mit wehmütigen Schritten in die Flut hinein folgen, du schuldloses, zartes Lämmchen, wann dich der Strom so fortwälzt und du wie eine Wassernimphe singend daherfahrst und im Triumph dem Tode zueilst.

Aber alles übertrifft die Szene, wo die Totengräber ihr Grab machen – gewiß die Kerl könnten nicht netter gezeichnet sein. Wie Hamlet und sein Freund Horatio so zusehen, wie die Kerls mit den Knochen und Schädeln herumspielen und sie so drüber kritteln und Schlüsse machen. Gewiß, William, du hast diese Szene auf einem Kirchhof gemacht – ich weiß, wie da eim die Gedanken im Kopf rumwirbeln, wann das Totengebrumm der Glocken durch die Ohren fahrt und das Klaggeheul der Weiber und all die traurigen Feierlichkeiten so eindringen. Ja, ja, William, da fahren tausend Gedanken durch den Kopf, die man sonst selten denkt. Dein Yorik, Hamlet, dein Yorik – ich weiß wie nahe das geht, wenn man erst sieht die Knochen eines Vaters heraushudeln – wie das all durch die Seele fahrt. Gott, was sind die Menschen! Konnten du und Laertes bei allen diesen Feierlichkeiten noch so heftig ineinanderfahren. Ach das brutale Ding, der Mensch, tuts nicht anders, so lang er Luft in sich zieht. Nein, Hamlet, du und Laertes haben sich menschlich edel verhalten, einen anständigen Frieden gemacht. Laertes hatte recht, böse auf dich zu sein, warum hast du seinen Vater für eine Ratze erstochen; – schon er ein geselliger, plauderhafter Hofmann war, so war er doch sein Vater – und Laertes gefällt mir wohl. Aber gegen Rosenkranz und Güldenstern bist du streng, – vielleicht wußten sie gar nicht um den Befehl, dich hinzurichten, und doch gabst du Ordre, sie so traurig hinzurichten. Wie mögen die Männer Augen gemacht haben, daß man sie schnell zum Block führte, so bald sie nur einen Fuß ans Land setzten.

Den übertünkten königlichen Heuchler hast du gar zu gut gezeichnet. Aber warum hast du auf dem Duellplatz – Hamlet, warum hast du nicht das Billet wegen deiner Hinrichtung hervorgezogen, deinen Verräter entdeckt und deine und Laertes Wut auf ihn gerichtet und dem traurigen Spektakel ein Ende gemacht?

Ich möchte dies Stück auf der Bühne sehen spielen – und da dünkts mich, ich wolls lieber so – meine immer, es sei schade drum. Gewiß, man muß es verderben – ich glaube nicht, daß man so leicht ein Gesicht finde, das zu Hamlets Charakter paßt. Königs und seiner Gertrude gibts genug, Polonius, Rosenkranz und Güldensterns auch. Aber die Szene, wo der Geist in voller Rüstung auftritt, und wo die Totengräber auftreten und man das sanft schlafende Täubchen zur Ruhe hinsenkt, die müssen gewiß verhunzt werden. Nein, so lebhaft kanns nicht vorgestellt werden, als wie man sichs vorstellt, wenn mans liest. Genug, Hamlet, du bist ein wundervoller Mann. Hätte dich nicht ein großer Künstler gemacht, so wärst du nicht, was du bist – aber du hattest auch ein schweres Geschicke zu tragen.

Othello

Komm, schwarzer Henker, komm, mache den Beschluß. Ich habe dich nicht hindenher geordnet, du kommst mir sonst zuletzt. Wanns an mir gelegen hätte, ließ ich dich nicht so hintendreintrappeln, du wärst mir zu schwarz. Nein, im Ernst, du bist nicht so schwarz wie Aron, aber doch schwarz genug um von einem schlauen Teufel verführt zu werden. O Dichter, warum mußtest du eben das grausamste Stück auf die Letze sparen, willt du deinen weichherzigen Lesern zur Letze noch übel machen, daß sie dich umutig und böse wegwerfen? Gewiß, du hast dies barbarische Stück darzu eingerichtet – und wann ichs hundertmal lese und zehnmal mir als ein Gedicht vorstellen will, so kann ich mir doch so gewisse, wehmütige Übligkeiten nicht erwehren. Du hast alles so unter einen hübschen Mantel versteckt, alles so süß und glatt ineinandern verwebt und lassest zuletzt aufeinmal das Ungeheuer los. Du hast erst den Mohren viel zu gut gezeichnet und allzuviel Rühmens von ihm gemacht, daß man dies Gespenst nie hinter ihm suchen würde. Desdemona hast du zu einem Engel – daß man nie glauben würde, daß ihr solches begegnen könnte, gemacht; daß der Himmel je zugeben würde, daß solch ein neidischer Teufel, wie Jago, diese reizende Unschuld dahinbringen sollt. Du hast ein ganzes Korps gutmütige Menschen geschaffen und unter sie einen feinen Teufel hingestellt, den sie alle wie einen Engel des Lichts verehren. Sollte einem da nicht schwindlicht werden, der so zusehen muß, wie sie alle diesen Teufel zu ihrem Ratgeber machen, wie gottlos unverschämt er sie hintereinandern hetzt, wie sie in der letzten Not noch ihre Zuflucht zu diesem Bösewicht nehmen, der ihnen Trost zuspricht und doch fast allen den Hals bricht. O Dichter, Dichter, du hättest den Teufel selbst nicht scheußlicher können zeichnen, in einem so ehrbaren Gewand. Das Herz schwillt eim von Anfang her empor – man möchte immer helfen und helfen und diesen schwarzen Verräter entdecken. Aber da hilft nichts – die anderen, Othello, Kassius, Desdemona, Roderigo, alle, alle müssen immer wie schwätzhafte, närrische Kinder dastehn, und dieser Feurdrache Jago allein regiert das Spiel. Und wies aufs Äußerste kommt, muß sich Desdemona da stellen wie ein Kalb beim Schlachtbank, das zittert und schlottert, aber kein Wort sagt. Muß eim das Herz nicht klopfen, wenn man diesen wütenden Mohren sieht sein schuldloses, folgsames Lämmchen zu Bette schicken und sein Vorhaben weiß und sie in ihr Schlafzimmer verfolgt, ihre ängstlichen Ahndungen, ihre Worte, Gebet und Gebärden, alles sieht und hört – möchte eim das Herz nicht zerspringen, wann man diesen wütenden Tiger sieht zur Tür hinein kommen und diesen schlafenden Engel noch küssen – das alles ginge noch hin, wann dieser Mohr in seiner Wut zuführe; aber er mußte noch so lange zaudern – man muß ihn noch hören diesem Engel den Tod ankünden und sie sehen wimmern, beben, hören bitten: nur bis morgen – töde mich morgen – nur noch eine halbe Stunde, nur noch ein Gebet laß mich tun. Es ist zu spät, sagt der wütende Tiger. O das geht über alle Fassung hinaus. Welche verdammte Teufelsstreiche hat dieser unerhörte Jago gespielt. Roderigo, ein leichtgläubiger Edelmann, hat er so lange am Narrenseil herumgeführt, ihm all sein Gelt abgelockt, ihm immer versprochen Desdemona in die Arme zu führen – und zuletzt verwickelt er ihn bei Nacht und Nebel in einen Duell und verspricht ihm beizustehen. – Kassio war sein Gegner und Jago haßte ihn auch. Da geht der verruchte Bube Jago und sticht Kassio ein Bein durch, und als Roderigo verwundet zu Boden lag und jämmerlich um Hülfe schreite, ging er und erstach ihn selbst. Kassio hat er mit Desdemona teuflisch verleumdet, indem er dem Othello weis machte, sie gingen auf eine unerlaubte Art miteinander um – und dies hat er auf eine so eigene Art getan, auf eine so schlaue und verschmitzte Art, daß kein Mensch Böses argwohnen konnte, jedermann hielt ihn noch für den brävsten Mann. Aber seine Familie mochte wohl wissen, was sie für einen Mann hatte – aber hätte sie es früher geoffenbaret – doch Ehleute entdecken einandern auch nicht gern ohne Not; – aber es wäre dein eigen Glück gewest, Emilia, du mußtest deine zu späte Relation mit deinem Leben bezahlen. Und die gute Desdemona mußte ein Opfer der höllischen Wut werden, die dein ehrloser Jago ausgebrütet hatte.

Der redliche Kassio dauert mich auch in die Seele. Mußte er doch durch dieses Teufels schlaue Bosheit so in verdrießliche Händel verwickelt werden – und das alles so unschuldig; mußte sich da auf dieses Erzschelmen verräterische Veranstaltungen hin betrinken und im Rausch hitzig werden, welches ihm die Kassierung zuzieht. Da mußte noch der arme Kassio seine Zuflucht zu diesem erzfalschen Freunde nehmen. O Kassio, hättest du gewußt, was es heißt, einem falschen Kerl in die Hände fallen, hättest du gewußt, daß eben dieser Freund schuld an deiner Kassierung war, hättest du gewußt, mit was für einem noch viel größern Unglück dieser Teufel schwanger ging – o dann hättest du allen diesen schröcklichen Trauerszenen vorbeugen können. Ha, wann mans allemal wüßte, aber diese falschen Teufel schleichen im Finstern wie die Kröte. Welch Unheil hat die schwarze falsche Bosheit schon angerichtet. Wie mancher Redliche schlaft und träumt ruhig in seinem Bette, indes ein verruchter Jago für ihn wachet, um sein Glück zu untergraben, ihm verfluchte Lotterfallen in den Weg zu legen. Der Redliche erwacht froh und geht ruhig seine Straßen, der falsche Teufel schleicht nebenher und leitet ihn als Freund mit einem lächelnden Gesichte, bis er in der Schlinge ist, oder er schleicht von ferne nach, um seine boshaften Augen an dem Fall seines unschuldigen Opfers zu weiden. Aber – o ihr Jagos, ihr seid elender dran als alle euere Opfer – ihr webt euer Garn, gleich tyrannischen Spinnen, und hockt irgend in einem Winkel – kommt eine unglückliche Fliege von welchem Ende der Welt hergeflogen und hängt sich an den geringsten Faden eueres Gewebs, so ist sie eine elende Gefangene von euch. Aber wenn ihr recht vollgestopft seid von dem Blute dieser armen, so gebt ihr ein recht fettes Opfer für irgend ein Ungeheur der Nacht. Wißt, es ist eine Wiedergeltung – Rache wartet euer. Und wann ihr zu tausenden irgend an einem Ort zusammenkommt in der andern Welt, so braucht es weiter kein Teufel – ihr Jagos, ihr werdet euch Teufels genug sein. Gott – bewahre mich vor euerem Garn, vor euerer Gesellschaft und vor euerem Teil in Ewigkeit. Meine Seele komme nicht in eueren Rat, und euer Bild sei ein Panzer für meine Brust, daß kein falscher Gedanke hineinfliege.

Nun, mein teurer, mein hochwerter Sir William, nun hab ich alle deine Stücke durchgangen, nun will ich abrechnen mit dir, aber ich werde dir tausend Dank schuldig bleiben – wenn du auch mein gerührtes Herz und den Nutzen, den du bei mir geschafft, für dich auch noch so hoch anrechnen wirst. Ich für mein Teil bringe dir ein Opfer – so groß es sein kann, ohne Abgötterei zu begehen – ich zähle dich unter meine Heiligen und verehre dich in deinen Werken als einen Liebling des Himmels, als einen großen Hofmann des größten Königs – und wenn ich je die unverdiente Gnade über alle Gnade genieße, bei diesem heiligen Korp nur der Allergeringste zu werden, sollst du die Ehre haben, mein Werber zu heißen. Doch was sollen diese verblümten Reden, dies ungereimte Lob. Ich beneide dich nicht, daß dich der Himmel besonderer Gnade gewürdigt – du hast der Welt deine Gaben mitgeteilt, und für deine Treu wirst du von einer mächtigen Hand belohnt werden, ohne den Lohn, den dir ein Wurm gibt, der auch von gleicher Gnade Leben und alles hat. Aber das sag ich noch, wenn die grobe Welt deine Arbeit verstünde – es könnte nicht anders sein, du müßtest mehr Nutzen schaffen als Millionen schwatzhafter Theologen mit allem ihrem Kram. Aber sie verstehts nicht, sie meint, du solltest all die Schandtaten und Liebespossen, die von Zeit zu Zeit in irgend einem Winkel der Erden sich ereignet haben, verborgen halten und nicht ans Tageslicht bringen. Die armen Leute! – Warum sind denn Davids und anderer israelitischen Könige Taten geschrieben worden? Ich verehre deine Gemälde – sie sollen in meinen Zimmern und überall vor meinen Augen hangen. Ich habe immer Stoff zu denken und meinen Gang zwischen allen Klippen hindurch zu richten, die ich vor Augen sehe.

Nun habe ich den Hauptinhalt aller 36 Stücke in diesem kleinen Bändchen, welches mich mehr freut, als wenn ich alle Stapferschen Werke abgeschrieben hätte.

1. Gleich im ersten Stück, welches mir eins von den schönsten ist, hab ich Bilder von Bösewichtern und von ehrlichen Menschen, einen guten Gonsalo und einen bösen Antonio. Kaliban, Trinkulo, Ariel sind wunderbare Geschöpfe, die einem mehr Denkens machen als hundert Alltagsmenschen.

2. Im zweiten hab ich wenigstens einen Squenz, Zettel, Schnauz, Schnok, Flaut, Schluker, in denen ich eine halbe Welt sehe.

3. Im dritten hab ich ein paar Freunde, Proteus und Valentin, zwei Frauenzimmer, Julie und Silvia,

und zwei Bediente, Skeed und Lanz, welche sechs Personen meine ganze Aufmerksamkeit nach sich ziehen und rege machen.

Doch ich bin müde. – Ich habe mir zwar vorgenommen, alle Stücke noch einmal durchzugehen und alle Personen, die mich am meisten interessiert haben, in eine Reihe hierher zu rangieren. Aber das Feur hat ein bischen nachgelassen – ich müßte alle wieder durchlesen und die Flammen wieder anblasen, ohne welche keine Feder fließt und alles Geschrieb einen abscheulich langweiligen Ton bekommt, – und zudem dachte ich doch, es wäre Wiederholung, indem ich keine von denen mir wichtigen Personen unbemerkt gelassen und ein Gedanke über jeden Charakterzug gemeldt, den wenigstens ich in der Folge wieder verstehe. An vielen Orten hab ich weniger geschrieben, als ich schreiben mochte, weil ich oft selbst gegen meine Gedanken mißträuisch war – und weiter nicht gern gegen mich Mißtrauen erregen möchte.

Und nun, ihr meine besten, lieben, günstigen Herren Kritiker meiner Kritik – aber ich leugne es schlechtweg, ich habe keine Kritik gemacht, es mag auch dreinsehen, wie es will – ich hatte pur allein die Absicht, aus allen Stücken des vortrefflichen Shakespeares etwas in ein Bändchen zu sammeln, was mir aus einem jeden das Schönste, das Angenehmste wär, damit ichs beisammen hätte, wovon in jedem Stück gehandelt wurde. Nehmt mirs nicht übel, ihr meine teuren Herren Freunde, die ich im Herzen hochschätze, ohne daß es der grobe Körper und der ungewöhnte Mund bezeugen kann. Verzieht mir, wo ich das Schönste, das Beste verfehlt, ich gebe mich für keinen Kenner des Schönen dar – doch werde ich auch dürfen meinem eigenen Geschmack folgen wie ein anderer freier Weltbürger. Aber ich bin doch nicht so dumm, mein Geschmack für delikat und gut zu glauben – und wanns ich glaubte, so dächte ich doch dabei, ich hätte diese Torheit mit andern großen Weltbürgern gemein.

Ich hätte dieses Etwas meinem besten, größten Herren Freund und Wohltäter dediziert, wenn ich es wert gehalten hätte, auch nur einem lieben Bertold zuzueignen (der doch ein altes Weibermärchen nicht verachtet und die arme Schnecke im Weg würdigt mit seinem Schuh zu überschupfen), geschweige einem so großen, von lauter Güte fetten Herren. Doch weiß ich, daß sie und jede edle Seele dies unmündige Etwas – oder Nichts wie man will – nicht verachten oder ausspötteln würden – und ein gutes Lächeln verdient es und nicht mehr – und ein in hoher Sphäre fliegender Geist wird es nie zu Gesicht bekommen – ein solcher, der wie ein Bube, der in dem Gipfel eines Kirschbaumes hockt und sich mit den besten Kirschen füttert, einem armen Tropf, der unter dem Baum sitzt und hinauf gähnt und doch nicht klettern kann – spöttisch herab lächelt – komm, komm herauf, armer Schelm – komm, komm – ei, wie sind das so gute Kirschen – dems aber nie in seinen Sinn kommt, ihm die Hand zu bieten und herauf zu helfen, der ihm noch einen Schupf gäbe, wenn er wollte klettern lernen – und wenn Kirschen da wären, daß sie die Vögel des Himmels nicht alle auffressen könnten.

Dank euch, ihr edlen Seelen, die belohnende Hand des Höchsten wird euchs vergelten, die ihr hie und da einem armen Tropf an die Hand geht mit Rat oder Tat, die ihr nie glaubt, daß ihr nur für euch in der Welt seid, nie zweifelt, ob ein schmutziger Bauer mit Haaren überwachsen auch eine Seele habe, denen nichts zu gering, nichts zu armselig ist, eines Blicks zu würdigen. Und nun Dank, tausend Dank meinem guten, besten Herren, den ich im Innern ohne Worte verehre und hochschätze, der mir nebst andern Guttaten auch dieses schöne Werk in die Hände geliefert. Ich kann nicht schmeicheln – und wollte der Himmel, keine Schmeichler mißbrauchten Ihre Güte – Dank sei Ihnen, und kein Dank bringe Sie aus der Stellung der lautersten Absichten – Dank sei Ihnen für das Gute an jedem andern – aber nicht ich – der Himmel dank Ihnen – aus meinem Dank können Sie nichts kaufen. Gott weiß, wie sehr ich alle guten redlichen Seelen liebe, wie viel ich meine besten Freunde, ja die ganze H. Z. E. Gesellschaft ehre, wie sehr ich wünsche, und wie stark ich mich bemühe, ihrer würdig zu werden, meine Seele von allen unlauteren Flecken zu reinigen und auch eine je länger je bessere Seele in meinem Busen zu tragen. Man mag mich auch halten, wofür man will, gleichviel – einer weißts – und wo ich mich auch immer betrüge und in einem andern irre – 's macht nichts – wenn ich Frieden in meinem Busen und eine halbe Welt voll guter Seelen um mich denke – Gott, welche Wollust!

Nun noch einen Dank und dann weiter meine Empfehlung. Dank für den lieben Sir William Shakespeare und nun meinen Urlaubpaß – aber noch nicht meinen Abschied. Heil und Segen müsse ein edles Paar begleiten, Friede und Ruhe bis in späte Jahre hinauf. Ein liebes Paar, das der Himmel zum Wohltun gemacht, das seiner Bestimmung mit willigem Herzen und frohem Gemüte folget, müsse im grauen Alter noch grünen und blühen, nie müsse der unfreundliche Boreas mit seinem mürrischen Surren ihre spätesten Tage belästigen, alles verdiente Lob müsse nie unedle Wirkungen machen und das falsche Schmeichlerwort von ihren Ohren zurückprellen; Bosheit und Undank müssen verschanzte Herzen antreffen und nie ihre unedlen Absichten erreichen; Verehrer und Kenner der Tugend müssen sie im Herzen segnen, redliche Wünsche als Opfer vor dem Thron des Höchsten hinlegen, und sie ihrem Lohn in der Ewigkeit mit frohem Blicken entgegen sehen. Amen!

Druckfehler

Der Druckherr bittet um gütige Nachsicht, die Druckfehler, die ohne Zweifel häufig sind, selber zu verbessern, indem die Buchstaben wegen häufiger Arbeit nur bei Nacht und Nebel gesetzt wurden – und der Setzer sonst nicht der akkurateste Kerl ist.

Anmerkungen zum Shakespeare-Büchlein

Seite 205. Rüpel = Narr im Spiel.

Seite 208. gfrören: gefrieren machen, hier unverletzlich machen (nach dem Volksglauben).

Seite 210. ein Stück vom Uelishut haben: Er ist nicht ganz gescheit.

Seite 216. all zum andern Haus: so gibt's nicht eine zweite.

Seite 222. haaricht: vielleicht = aarig = eigenartig, seltsam.

Seite 222. tischinieren: dejeunieren.

Seite 223. vgl. Apostelgeschichte 9, 4.

Seite 223. vgl. 1. Samuel 17. 34ff.

Seite 232. auf der Strauben stünde. Diese Redensart findet sich bei Bräker noch zweimal, und zwar in einer Gerichtssache: «Die Sache steht auf der Straube, die andere Partie hat auch ihre Gründe», und «das Urteil war auf Schrauben gestellt». Der Sinn ist wohl für alle Beispiele: Die Sache war noch schwankend, konnte so oder so ausfallen.

Seite 232. Hans Heinrich Wälly, Gerbermeister von Wattwil (gest. 1809) war wegen seiner Körperstärke berüchtigt.

Seite 233. Dupe = Toupet = Stirnlocke, in übertragenem Sinne: Einbildung.

Seite 241. vgl. «jener Mann Gottes», Offenb. Joh. 22, 11.

Seite 245. enakisch: Die Söhne Enaks, 4. Moses, 13, 22, 28. Riesen.

Seite 248. Häßligesichter: Schweinsgesichter.

Seite 252. Hal: Harry.

Seite 255. policiert: fein, gebildet.

Seite 259. wie Paulus seine Schlange: vgl. Apostelgesch. 28, 2ff.

Seite 261. Jesabell: Offenb. Joh. 2, 20f., 1. Könige 21, 2. Kön. 9.

Seite 268. lauig: hier wahrscheinlich verschrieben statt launig = gelungen.

Seite 269. Polleng: verballhornte Verdeutschung von poulain = Bubo syphiliticus, wohl eine Reminiszenz aus Bräkers Soldatenzeit.

Seite 272. Rüdlinger und Keller, zwei ehrgeizige und unruhige Volksführer im Toggenburg, die nur eigene Vorteile suchend die Interessen des Volkes verrieten, indem sie 1734 zur Partei des Landesherrn, des Fürstabtes von St. Gallen, übertraten. Im Dezember 1735 wurden sie von wütenden Volksmassen gelyncht, in St. Peterzell. Der grausige Vorgang ist ausführlich beschrieben bei Monnard, Gesch. d. Eidg. Bd. 1, S. 442–455.

Seite 275. Bethsabe, vgl. 2. Sam., Kap. 11.

Seite 277. Physiognomiker: siehe S. 151 ff.

Seite 277. gebletzete: zusammengestückte, geflickte.

Seite 284. nienen = nirgends.

Seite 287. abhabern: verprügeln.

Seite 291. mochte = hätte mögen.

Seite 294. in jenen Band verlegte: lieber in den 11. Bd. verlegte.

Seite 295. stettig: starrköpfig.

Seite 297. Johannes Habermann (Avenarius), 1516–1590, luther. Theologe, Verfasser einer Postille und eines Gebetbüchleins.

Wetterglocken: ein Andachtsbuch.

Benjamin Schmolk, 1672–1737, luther. Liederdichter, der zweite Gerhardt genannt, Verfasser von Gebets- und Andachtsbüchern.

Zollikofer: in diesem Zusammenhang der pietistischen Erbauungsbücher kann es sich nicht um den bedeutenden und berühmten St. Galler Pfarrer Georg Joachim Zollikofer (1730–1784) handeln, der von 1758 an in Leipzig und darüber hinaus einen großen Ruf als Prediger hatte, der aber in die vorderste Reihe der eigentlichen Reformer seiner Zeit gehört, welche das Kirchenwesen von Grund auf in allen seinen Formen dem neuen Zeitgeist anzupassen suchten (Wernle).

Eher handelt es sich um seinen Vater, den streng pietistischen David Anton Zollikofer, oder um den Verfasser der in Pietistenkreisen so beliebten «Gebetsmusik», der Tausendliedersammlung, 1738 in St. Gallen erschienen.

Karl Heinrich Bogatzky, 1690–1744, berühmter pietistischer Erbauungsschriftsteller, schrieb ein viel gelesenes «Goldenes Schatzkästlein der Kinder Gottes», auch Kirchenlieder. «Sporren» heißt hier wohl soviel als Absonderlichkeit, Übertreibung, Krankhaftes.

Seite 298. Stinkrosen: Mohnblume.

Seite 308. alle Stapferschen Werke: Johann Friedrich Stapfer, 1708–1775, von Brugg, Theologe, Verfasser des Werkes «Grundlegung zur wahren Religion», in 12 Bänden.

Seite 310. meinem besten größten Wohltäter: vermutlich Landschreiber Andreas Giezendanner in Lichtensteig, Gründer der Moralischen Gesellschaft. Bräker verkehrte in seinem Hause freundschaftlich und schätzte dessen Wohlwollen ihm gegenüber sehr.

Seite 310. Bertold: diesen Freundschaftsnamen braucht Bräker für den ihm sehr zugetanen Wattwiler Schulmeister und feinsinnigen Schriftsteller Johann Ludwig Ambühl (1750–1800).

überschupfen: überhupfen?, um sie nicht zu treffen.

Seite 311. H.Z.E. Gesellschaft: «die hoch zu ehrende», die übliche Anrede, gerichtet von den Vortragenden an die Moralische Gesellschaft in Lichtensteig.

Über das Shakespeare-Büchlein haben einläßlich geschrieben die Herausgeber:

Ernst Goetzinger im Jahrbuch der Deutschen Shakespeare-Gesellschaft, 1877.

Anmerkungen zum Shakespeare-Büchlein

Walter Muschg in der Ausgabe der Sammlung Klosterberg, Basel 1942.

Eine längere Abhandlung schrieb unter dem Titel «Ulrich Bräker und William Shakespeare» *Dr. Robert Habicht* in «Toggenburgerblätter für Heimatkunde», Jahrg. 2, 1939, Nr. 5/6.

Hinweise

1. Zur Auswahl

Tagebücher

Die wenigen in diesem zweiten Band versammelten Beispiele sollen Bräkers Tagebuch-Praxis veranschaulichen. Es ging ihm darum, Beobachtungen so genau wie möglich festzuhalten. Damit ließ er es aber nicht bewenden: er kommentierte auf seine Art Umwelt und Ereignisse, reflektierte über Gegebenheiten und Möglichkeiten der eigenen und der allgemeinen Existenz.

Wanderberichte

Bräker war ein leidenschaftlicher Spaziergänger, ein Wanderer, und bei dieser Beschäftigung, der er mit aller Gründlichkeit nachging, eben ein eifriger Beobachter und Schilderer. Die dargebotenen Ausschnitte mögen ihn Landschaften und Menschen gegenüber zeigen, seine Beziehungen in diesen sich gleichbleibenden und verändernden Verhältnissen verdeutlichen.

Der große Lavater

Bräker verehrte Lavater. Sein Bericht ist ein eigenwillig eindrückliches Porträt des Physiognomikers und Gelehrten.

Gespräch im Reiche der Toten

Die vollständige Wiedergabe dieses breit angelegten Capriccios soll die Art Bräkers vermitteln, wie er sich den Tod und das Jenseits vorstellte. Die Spannung zwischen ausgefüllter

Existenz und mutmaßlichem Leben nach dem Tod wird deutlich.

Shakespeare-Studien

Es gelingt Bräker offensichtlich, Shakespeare anders und einmaliger zu sehen, als wir es allenthalben gewohnt sind. Die Vergegenwärtigung der Shakespeareschen Figuren, die allmähliche Erarbeitung der Problematik und die unbekümmert verblüffende Einsicht in dramaturgische Details, die überraschende Gewandtheit in Bericht und Erläuterung: all das fasziniert in ungewöhnlicher und überzeugender Weise. Die Shakespeare-Studien sind vollständig wiedergegeben.

2. Dank

Herzlichen Dank zunächst meinem Freund Samuel Voellmy, der sozusagen carte blanche für diese zweibändige Auswahl aus seiner Basler Bräker-Edition gegeben hat. Dann danke ich ebenso herzlich dem Leiter des Birkhäuser Verlages, meinem Freund Chari Einsele, der Wünsche und Vorschläge großzügig akzeptiert hat. Und zu guter Letzt danke ich Daniel Keel, der mit dieser zweibändigen Ulrich-Bräker-Auswahl einen der bedeutendsten Schweizer Schriftsteller von neuem in Erinnerung ruft; diese Ausgabe ist eine Aufforderung an Leser.

Heinz Weder

Inhaltsverzeichnis

Inhaltsverzeichnis

Ulrich Bräker

Leben und Schriften des Armen Mannes im Tockenburg

Herausgegeben von Samuel Voellmy und Heinz Weder

Lebensgeschichte und Natürliche Ebentheuer des Armen Mannes im Tockenburg. Vorwort von Hans Mayer. detebe 195/1

Tagebücher / Wanderberichte / Bräker und Lavater / Gespräch im Reiche der Toten / Etwas über Shakespeares Schauspiele. Vorwort von Heinz Weder. detebe 195/2

Gottfried Keller
Zürcher Ausgabe
Gesammelte Werke
in der Edition von Gustav Steiner
in 8 Einzelbänden

Der grüne Heinrich in zwei Bänden. detebe 160/1–2

Die Leute von Seldwyla in zwei Bänden, wobei der zweite auch die *Zwei Kalendergeschichten* enthält. detebe 160/3–4

Züricher Novellen und *Aufsätze*. detebe 160/5

Das Sinngedicht und *Sieben Legenden*. detebe 160/6

Martin Salander, *Ein Bettagsmandat*, *Therese* und *Autobiographische Schriften*. detebe 160/7

Gedichte und *Der Apotheker von Chamounix*. detebe 160/8

Als Ergänzung:
Über Gottfried Keller. Sein Leben in Selbstzeugnissen und Zeugnissen von Zeitgenossen. Herausgegeben von Paul Rilla. Mit Chronik und Bibliographie. detebe 167

Jeremias Gotthelf
Ausgewählte Werke
in 12 Bänden
in der Edition von Walter Muschg
im Diogenes Verlag

Uli der Knecht. Roman. detebe 170/1

Uli der Pächter. Roman. detebe 170/2

Anne Bäbi Jowäger I. Roman. detebe 170/3

Anne Bäbi Jowäger II. Roman. detebe 170/4

Geld und Geist. Roman. detebe 170/5

Der Geltstag. Roman. detebe 170/6

Käthi die Großmutter. Roman. detebe 170/7

Die Käserei in der Vehfreude. Roman. detebe 170/8

Die Wassernot im Emmental / Wie Joggeli eine Frau sucht.
Ausgewählte Erzählungen I. detebe 170/9

Die schwarze Spinne / Elsi, die seltsame Magd / Kurt von Koppigen. Ausgewählte Erzählungen II. detebe 170/10

Michels Brautschau / Niggi Ju / Das Erdbeerimareili.
Ausgewählte Erzählungen III. detebe 170/11

Der Besenbinder von Rychiswyl / Barthli der Korber / Die Frau Pfarrerin / Selbstbiographie. Ausgewählte Erzählungen IV. detebe 170/12

Als Ergänzungsband erscheint
Gottfried Keller über Jeremias Gotthelf.
Mit einem Nachwort von Heinz Weder. Chronik und Bibliographie. detebe 169

Deutsche Literatur
im
Diogenes Verlag

Alfred Andersch

Die Kirschen der Freiheit. Ein Bericht
Sansibar oder der letzte Grund. Roman
Geister und Leute. Erzählungen
Die Rote. Roman
Ein Liebhaber des Halbschattens. Erzählungen
Hörspiele
Wanderungen im Norden. Reisebericht
Efraim. Roman
Hohe Breitengrade. Reisebericht
Mein Verschwinden in Providence. Erzählungen
Norden Süden rechts und links. Essays
Winterspelt. Roman

Rainer Brambach

Ich fand keinen Namen dafür. Gedichte
Für sechs Tassen Kaffee. Erzählungen
Marco Polos Koffer. Gedichte, mit Jürg Federspiel
Kneipenlieder. Mit Frank Geerk und Tomi Ungerer
Wirf eine Münze auf. Gedichte

Ulrich Bräker

Lebensgeschichte und Natürliche Ebentheuer des Armen Mannes im Tockenburg
Tagebücher / Wanderberichte / Bräker und Lavater / Gespräch im Reiche der Toten / Etwas über Shakespeares Schauspiele

Karlheinz Braun und Peter Iden (Hrsg.)

Neues deutsches Theater. Stücke von Handke bis Wondratschek

Wilhelm Busch

Gedichte
Max und Moritz
Die fromme Helene
Tobias Knopp
Hans Huckebein / Plisch und Plum / Fipps der Affe
Balduin Bählamm / Maler Klecksel
Prosa

Manfred von Conta

Der Totmacher. Roman
Schloßgeschichten. Erzählungen

Friedrich Dürrenmatt

Der Richter und sein Henker / Der Verdacht. Kriminalromane

Joseph von Eichendorff

Aus dem Leben eines Taugenichts. Novelle

Herbert Eisenreich

Die Freunde meiner Frau. Erzählungen

Ernst Fischer

Überlegungen zur Situation der Kunst. Essays

Egon Friedell

Konversationslexikon. Aphorismen
Die Rückkehr der Zeitmaschine. Erzählung

Franz Fühmann

Die Elite. Erzählungen

Felix Gasbarra

Schule der Planeten. Roman

Jeremias Gotthelf

Uli der Knecht. Roman
Uli der Pächter. Roman
Anne Bäbi Jowäger. Roman
Geld und Geist. Roman
Der Geltstag. Roman
Käthi die Großmutter. Roman
Die Käserei in der Vehfreude. Roman
Die Wassernot im Emmental / Wie Joggeli eine Frau sucht.
Erzählungen
Die schwarze Spinne / Elsi, die seltsame Magd / Kurt von Koppigen. Erzählungen
Michels Brautschau / Niggi Ju / Das Erdbeerimareili.
Erzählungen
Der Besenbinder von Rychiswyl / Barthli der Korber / Die Frau Pfarrerin / Selbstbiographie.
Erzählungen

Heinrich Heine

Gedichte

Heinrich Henkel

Eisenwichser. Ein Stück

Georg Hensel

Wider die Theaterverhunzer. Essays

Hermann Hesse

Die Fremdenstadt im Süden. Erzählungen

Otto Jägersberg

Weihrauch und Pumpernickel. Ein westpfählisches Sittenbild

Nette Leute. Roman
Cosa Nostra. Stücke
He he, ihr Mädchen und Frauen. Ein Lehrstück
Land. Ein Lehrstück
Seniorenschweiz. Ein Lehrstück
Der industrialisierte Romantiker. Ein Lehrstück

Erich Kästner

Das Erich Kästner Lesebuch

Gottfried Keller

Der grüne Heinrich. Roman
Die Leute von Seldwyla / Zwei Kalendergeschichten
Züricher Novellen / Aufsätze
Das Sinngedicht / Sieben Legenden
Martin Salander / Ein Bettagsmandat / Therese / Autobiographische Schriften
Gedichte / Der Apotheker von Chamounix

Hermann Kinder

Der Schleiftrog. Roman
Du mußt nur die Laufrichtung ändern. Erzählung

Jürgen Lodemann

Anita Drögemöller und Die Ruhe an der Ruhr. Roman
Lynch und Das Glück im Mittelalter. Roman
Familien-Ferien im Wilden Westen. Ein Reisetagebuch
Im Deutschen Urwald. Essays und Aufsätze

Heinrich Mann

Liebesspiele. Erzählungen

Thomas Mann

Der Bajazzo. Erzählungen

Ludwig Marcuse

Philosophie des Glücks. Von Hiob bis Freud
Sigmund Freud. Biographie
Argumente und Rezepte. Aphorismen
Ignatius von Loyola. Biographie
Das denkwürdige Leben des Richard Wagner. Biographie
Mein zwanzigstes Jahrhundert. Autobiographie I
Nachruf auf Ludwig Marcuse. Autobiographie II

Fanny Morweiser

Lalu lalula, arme kleine Ophelia. Erzählung
La vie en rose. Roman
Indianer-Leo. Geschichten
Ein Sommer in Davids Haus. Roman

Hans Neff

XAP oder Müssen Sie arbeiten? fragte der Computer. Roman

W. E. Richartz

Meine vielversprechenden Aussichten. Erzählungen
Prüfungen eines braven Sohnes. Erzählung
Tod den Ärtzten. Roman
Noface – Nimm was du brauchst. Roman
Büroroman

Herbert Rosendorfer

Der Ruinenbaumeister. Roman
Der stillgelegte Mensch. Erzählungen
Deutsche Suite. Roman
Großes Solo für Anton. Roman
Skaumo. Erzählung

Hermann Harry Schmitz

Buch der Katastrophen. Geschichten

Arthur Schnitzler

Spiel im Morgengrauen. Erzählungen

Arthur Schopenhauer

Die Welt als Wille und Vorstellung I und II
Über die vierfache Wurzel des Satzes vom zureichenden Grunde / Über den Willen in der Natur
Die beiden Grundprobleme der Ethik: Über die Freiheit des menschlichen Willens / Über die Grundlage der Moral
Parerga und Paralipomena I und II

Walter Vogt

Husten. Erzählungen
Wüthrich. Roman
Melancholie. Erzählungen

Robert Walser

Der Spaziergang. Geschichten und Aufsätze

Urs Widmer

Alois. Erzählung
Die Amsel im Regen im Garten. Erzählung
Das Normale und die Sehnsucht. Essays und Geschichten
Die lange Nacht der Detektive. Ein Stück
Die Forschungsreise. Roman
Schweizer Geschichten
Die gelben Männer. Roman
Nepal. Ein Stück
Vom Fenster meines Hauses aus. Prosa

Hans Wollschläger

Die bewaffneten Wallfahrten gen Jerusalem. Geschichte der Kreuzzüge
Karl May. Eine Biographie
Herzgewächse oder Der Fall Adams. Roman
Die Gegenwart einer Illusion. Essays

Diogenes Taschenbücher

Alphabetisches Verzeichnis

detebe-Kassetten

Titel mit * sind Erstausgaben oder deutsche Erstausgaben
Titel mit ○ sind auch als Studienausgaben empfohlen